ROMPECABEZAS

Una guía introductoria al trauma y la disociación en la infancia.

Sandra Baita

Dibujo de portada:
Mora L. Cademartori

Baita, Sandra
  Rompecabezas : una guía introductoria al trauma y la disociación en la infancia .
- 1a ed. - Ciudad Autónoma de Buenos Aires : el autor, 2015.
  90 p. : il. ; 20x14 cm.

  ISBN 978-987-33-6854-7

  1. Diagnostico. 2. Violencia Infantil . I. Título
  CDD 362.829 2

Fecha de catalogación: 18/02/2015

A Carlos, Mora y Maia

Indice

RECONOCIMIENTO

Todos los libros comienzan con una sección de agradecimientos, más o menos corta, más o menos concurrida.

Todos los autores incluyen en ella personas a las cuales agradecen su colaboración, su apoyo, su confianza, su paciencia.

Yo tengo sin lugar a dudas muchas personas a quienes agradecer. Pero no puedo limitarme a ello, porque cada una de esas personas merece además mi reconocimiento. Cada una de esas personas hizo algo por mí, me dio algo, me enseñó algo, me prestó, me alentó, me escuchó, y ese mérito no me corresponde a mí.

Yo quiero agradecerles por aquello que cada una de esas personas es, o tiene, y que quiso compartir conmigo para hacer este libro posible. Y ese valor que cada persona representa es aquello que yo deseo, además, reconocer aquí.

Las primeras personas son mis padres: ellos poblaron la corriente migratoria que llegó a la Argentina desde la hambreada Europa de posguerra. Ambos vivieron como niños los traumas de la última Gran Guerra en pequeños pueblos del norte de Italia. Dejaron su casa, sus cosas y sus seres más queridos (mi padre dejó a su madre y a su hermano mayor y no los volvió a ver sino hasta 20 años más tarde), se instalaron en el Gran Buenos Aires y vivieron siempre caminando hacia delante. Ellos, que no pudieron completar toda su educación como hubieran deseado y merecido, me alentaron a mí a estudiar siempre, y siempre más.

Y me enseñaron que el mejor capital al que uno puede aspirar es uno mismo.

El hombre que ha recorrido a mi lado la mitad de mi vida es la espalda ancha en la que pude siempre recostarme ante la frustración y el cansancio, pero también el sostén para seguir, el humor, el aliento, la inteligencia y la palabra sensata y justa en el momento más indicado. Carlos es el padre de mis hijas, Mora y Maia, que son la evidencia constante de que se puede crecer sin morir en el intento, que se puede aprender, que se puede tener curiosidad, que se puede preguntar, que se puede sentir enojo y el mundo no deja de ser seguro por eso. Juntos somos una familia y también somos un equipo. Sin ellos este libro sería solo un compendio de nociones frías.

Y después hay otro mundo.

Mi amiga-colega Paula Moreno, con quien hace muchos años venimos aprendiendo juntas contra todas las adversidades de la vida, tiene un derroche de creatividad que muchas veces me inspira. Compartir este trabajo con una amiga como ella es ciertamente todo un privilegio.

Maggie Libedinsky (alias Magalí Cherniavsky cuando todavía vivía en Argentina), fue muchas veces una fuente de aliento constante y seguro, y siempre confió en que era capaz de hacer cosas que ni yo misma imaginaba.

Sandra Wieland, psicoterapeuta canadiense y experta en disociación infantil, fue y sigue siendo mi mentora (aunque a ella no le guste que lo diga), pero además es la chispa permanente para investigar más, para aprender más, para hacer más. Cada presentación que tuve el honor de hacer junto a ella fue –a la vez- un seminario intensivo de aprendizaje.

Anabel Gonzalez Vazquez, quien es la verdadera experta en estos temas en el mundo de habla hispana; con ella comenzamos una relación cibernética en el 2004 para terminar conociéndonos cara a cara recién cuatro años más tarde en Chicago para presentar juntas un workshop preparado a la distancia.

Thom Rudegair y Suzie Farrelly son mis "hermanos adoptivos" de Nueva Zelanda. Un día vinieron a la Argentina y me dijeron que *tenía que ir* a la Conferencia Anual de la International Society for the Study of Trauma and Dissociation (ISSTD). Yo sonreí incrédula: esas cosas no las hacemos con facilidad en estos pueblos latinoamericanos. Entonces, ellos me llevaron por primera vez a un lugar que nunca imaginé que iba a conocer, (y mucho menos al que iba a volver): mi primera Conferencia de la ISSTD, en Chicago, en el año 2003.

Julieta Aristizábal, Gina Sanchez y todos los terapeutas colombianos que me enseñaron, como ellas, acerca de nuevas experiencias de dolor en la infancia, desconocidas para mí, me abrieron las puertas de su hermoso y fascinante país y me regalaron el sentimiento de haberles ayudado. Nunca podré terminar de agradecerles todo lo que aprendí de ellos, no solo como profesionales, sino como seres humanos extraordinarios.

Y hay otro mundo más.

Es el mundo de un grupo de profesionales que me han premiado con su generosidad. Que me alentaron y me ayudaron cuando trastabillaba hablando en otro idioma, que escucharon con respeto mis novatas experiencias como terapeuta cuando ellos mismos eran eminencias, que respondieron preguntas, mandaron artículos y compartieron sus presentaciones y su conocimiento conmigo. Gente de la que aprendí y de la que sigo aprendiendo.

Son Joyanna Silberg, Na´ama Yehuda, Renée Potgieter Marks, Fran Waters, y Els Grimmick, del Comité de Niños y Adolescentes de la ISSTD, del cual tengo el honor y placer de formar parte gracias a la invitación de una de sus cabezas, la ya nombrada y querida Sandra Wieland.

En ese mundo también está Frank Putnam, quien generosamente dio su permiso para la inclusión en este libro de las escalas de evaluación de síntomas disociativos en niños y adolescentes, y de las encuestas de relevamiento de situaciones traumáticas para padres y para niños.

Sin ellos yo no sabría lo que hoy sé.

Por último, este libro tiene protagonistas silenciosos que han sido la verdadera razón para escribirlo.

Son los niños, los adolescentes y los adultos que transitaron mi consulta a lo largo de todos estos años, quienes me enseñaron a ver, a verlos, y a entender que los seres humanos, entre tantas capacidades, tenemos una de un valor incalculable: la capacidad de sobrevivir a las peores adversidades.

Para ellos es el reconocimiento más grande y el agradecimiento por haberme honrado con la posibilidad de transitar con ellos un momento de sus vidas.

Querido Aldo, donde sea que estés, gracias por haberme dado la oportunidad de iniciarme en este camino.

Primera Parte

CAPITULO 1

INTRODUCCION
Acercándonos al tema.

En ese ir por el mundo sin
sentir que te ven, es muy
reconfortante sentir
que alguien te vio.
Luz.

Era el final del verano de 1993 cuando, varios meses después de haber recibido mi título de Licenciada en Psicología de la Universidad Nacional de Buenos Aires, yo todavía no sabía muy bien qué hacer, ni cómo hacerlo. Había salido un tanto desencantada de la Facultad, adonde había llegado esperando mucho más de lo que había recibido. Mi formación me había resultado monótona y altamente reiterativa: los textos de Freud se repetían una y otra vez en la gran mayoría de las materias y yo no terminaba de encontrar la forma de bajarlos a la realidad.

Absolutamente convencida de que a partir de entonces mi trabajo era atender gente que necesitara de mis servicios, -y luego de haber renunciado a un trabajo que nada tenía que ver con la profesión pero que me había pagado durante tres años mucho más de lo que la psicología me pagaría en una década- me acerqué a un pequeño Jardín Maternal que se había abierto en el barrio obrero en el que vivía, un barrio nacido y crecido a la vera del ferrocarril, en la zona norte del Gran Buenos Aires. Allí ofrecí mis servicios de principiante a cambio de un pago más que nada simbólico. Su Directora me invitó a evaluar a los niños del Jardín y a tener charlas de orientación con los padres relacionadas con uno de los temas prototípicos de la infancia: la puesta de límites. Cuando el Jardín cerraba sus puertas, por la tarde, la Directora solía ofrecer clases de apoyo a alumnos de escuelas primarias de la zona.

Una tarde me llamó por teléfono para preguntarme si estaba dispuesta a ver en mi consultorio (que en esos magros inicios funcionaba en la casa de mis padres, donde aún vivía yo) a un alumno al que ella le daba clases de apoyo escolar, que era, en sus palabras, "un caso serio".

El "caso serio" era un niño de 7 años, hijo de padres bastante grandes (el *hijo de la vejez*, como lo definiera su madre), con dos hermanos de 19 y 21 años, que había comenzado a cursar el segundo grado de la escuela primaria en un establecimiento público de la zona; esa escuela se caracterizaba por recibir niños provenientes de grupos de riesgo: familias disfuncionales, violentas o desmembradas, sumidas en la pobreza o en la marginalidad de las villas miserias, cuando no en la criminalidad, el desempleo, la droga o todo eso junto. Curiosamente, la familia del "caso serio" no aplicaba a ninguno de esos criterios. Era una familia de extracción humilde, sí, pero propietaria de una casa de material, a dos cuadras del ferrocarril, lejos de la marginalidad: la madre trabajaba realizando tareas de costura y el padre en una fábrica. El hermano mayor colaboraba con un empleo por horas y la hermana estaba terminando sus estudios.

¿Cuál era entonces el problema del "caso serio"?

Su conducta. Maestros y familia lo calificaban de *ingobernable*. En la escuela planificaban cómo hacer para que pasara allí el menor tiempo posible, porque ya habían bajado los brazos (y solo había pasado un mes del inicio de clases, aunque ya lo conocían desde el primer grado). Hablarle a él y hablarle a la pared podían dar exactamente el mismo resultado, según decían sus maestras. Sus cuadernos eran un compendio de hojas en blanco, o manchadas de palabras y uniones de letras incomprensibles. De repente podía levantarse y comenzar a molestar, o agredir a algún compañero que estaba tranquilo tratando de seguir la consigna de la maestra. Ningún compañero lo quería cerca, y cuanto más rechazado se sentía, más molestaba y agredía. Permanecía solo en los recreos, llegaba tarde a clase (a pesar de vivir a tan solo 5 cuadras de la escuela), y varias veces a la semana llamaban a la madre para que lo retirara mucho antes del horario de finalización.

Un día, en un intento desesperado por tenerlo cerca el menor tiempo posible, la escuela ideó un plan para nada recomendable: habían planificado una salida con los niños del segundo grado, pero temían que llevar al "caso serio" malograra la excursión. Entonces, cuando ese día él llegó a la escuela de la mano de su mamá, le avisaron que la maestra había enfermado, la excursión se había suspendido, y todos los niños eran enviados de regreso a su casa. El "caso serio" le dijo a su mamá que había visto a dos de sus compañeros asomarse al patio, y que tal vez no era cierto lo que les habían dicho en la puerta de la Institución. Su madre no respondió y siguió caminando el camino de regreso a la casa.

Pero el "caso serio" estaba en lo cierto.

Fue por ese entonces que lo conocí yo.

Con ese historial de fondo, yo tenía que hacer un enorme esfuerzo para que no se notara el pánico que sentía, porque justamente él sería mi primer paciente como psicóloga recién graduada.

Para mí, incluso desaprobando los recursos que la escuela había intentado implementar para sacarse al "caso serio" de encima, no fue difícil entender por qué podía resultar tan frustrante y tan irritante a la vez: era *verdaderamente* ingobernable. Una tarde, sabiendo él que yo lo atendía en el mismo lugar donde vivía, y viviendo él mismo a pocas cuadras de mi casa, llegó hasta allí imprevistamente y empezó a tocar el timbre con insistencia. No era la primera vez que lo hacía, y yo, que si había aprendido algo claro en mis años de alumna universitaria era que una terapia requería de un *encuadre*, insistía en que viniera el día de su sesión en el horario indicado. Esa tarde, luego de mi negativa a atenderlo, pinchó las dos ruedas traseras del auto que estaba estacionado delante de mi casa. Este es tan solo un ejemplo del estilo de conductas que mayor rechazo provocaban.

Cuando ya habían pasado varios meses de tratamiento y múltiples conversaciones con la escuela (para convencerlos de que aguantaran un poco más) más otras tantas con la madre (para convencerla de la necesidad de ofrecerle cierta estabilidad a un hijo al que –de la nada– se llevaba en tren largas horas hasta una provincia lejana a visitar a parientes enfermos durante días o semanas *"porque ya que en la escuela no me lo quieren al menos que me haga compañía a mí"*), y sin haber podido jamás entrevistar al padre (que pertenecía a ese grupo particular de personas que *no creen* en la psicología, como si se tratara de una religión), el "caso serio" se presentó una tarde en mi consultorio, educado, tranquilo, reposado, y, con un hablar pausado, después de que lo saludara por su nombre, me dijo que él no era quien yo creía que era y conocía, sino su hermano gemelo, que tenía, por supuesto, otro nombre.

Se describió a sí mismo con características completamente distintas de las que distinguían al "caso serio". Dijo que él era inteligente, obediente, bueno, que hacía todas las tareas de la escuela, y no molestaba a nadie. Solo que permanecía mudo la mayor parte del tiempo, observando cómo el "caso serio" hacía de las suyas. Y como no podía hablar, solo aparecía de vez en cuando.

Me quedé anonadada por la capacidad que tenía ese niño para cambiar la realidad a su antojo. Estaba segura de que esa era una puesta en escena para tratar de evitar la confrontación con sus múltiples inconductas que ya desesperaban a la escuela y a la familia. Y a mí también, por supuesto. Esperaba que apareciera de nuevo y de una vez por todas aquel "caso serio" que yo tan bien ya conocía.

Pero eso no sucedió en esa sesión. Ni en la siguiente. ¿Era posible que sostuviera la farsa durante tanto tiempo?

Es a este "caso serio", al que llamaré Alan, a quien yo debo mi propio acercamiento al tema alrededor del cual gira este libro.

Sobre él volverán a leer más adelante.

***

Al día de hoy la gran mayoría de las investigaciones, libros, artículos en revistas científicas, y estudios de casos sobre disociación, han sido dedicados a los trastornos disociativos en pacientes adultos.

Revisando dicha literatura nos encontramos con que los trastornos disociativos del espectro más severo, como el Trastorno de Identidad Disociativo (TID), tienen su origen en una exposición crónica y repetida a situaciones de traumatización interpersonal a edad temprana (antes de los 6 años para algunos autores, antes de los 8, para otros). (Putnam, 1985; van der Hart, Nijenhuis & Steele, 2006)

Sin embargo, el estudio de la disociación *en la infancia*–aunque avanza promisoriamente- está aún en sus inicios. Un factor para esto es la falta de conocimiento sobre el tema.

A su vez, podemos decir que hay distintas razones que colaboran con el desconocimiento de la disociación en la infancia. Entre ellas:

- No hay criterios diagnósticos "oficiales" (léase DSM, veremos que con el CIE hay una leve diferencia) específicos para la infancia.
- Hay desconocimiento general del cuadro clínico por parte de los profesionales de la salud mental.
- Hay poca formación de los profesionales de la salud mental en psicotraumatología, lo cual –a su vez- limita el campo diagnóstico del clínico.
- Puede darse una confusión de la presentación del cuadro o de algunos de sus síntomas, con otros diagnósticos más conocidos y más utilizados.
- Es posible que algunas manifestaciones disociativas en la infancia sean vistas como manifestaciones evolutivas normales, aún cuando su presentación pueda ser diferente.

En cuanto a la ausencia de criterios diagnósticos "oficiales" cabe destacar que mientras los trastornos disociativos en población adulta, cuentan con un apartado en el DSM y también en el CIE 10[1], no sucede lo mismo con los trastornos disociativos: la propuesta de incluir criterios diagnósticos específicos para la infancia y adolescencia fue rechazada por los revisores de la cuarta edición del DSM (DSM-IV) (ISST-D, 2004, op.cit.). A la fecha la situación no ha cambiado.

Asimismo, la mayoría de los modelos teóricos que a lo largo de los años se han utilizado para explicar la etiología de los trastornos disociativos, si bien le reconocen un lugar preponderante a la traumatización temprana, siguen estando orientados a comprender cómo se manifiestan, evalúan y atienden dichos trastornos *en pacientes adultos.*

Entonces ¿por qué sería importante dedicar un libro a la disociación infantil?

Este libro intenta rescatar lo que yo entiendo como la parte menos visible (aún) de un problema más grande, que es la traumatización en la infancia. Los niños constituyen el grupo etario más vulnerable a la traumatización en general, y a la de origen interpersonal en particular. Así lo demuestran los casos que engrosan las estadísticas del maltrato infantil.

Asimismo, en situaciones de trauma agudo causado por catástrofes naturales, accidentes o exposición a conductas delictivas de extraños, su dependencia de los adultos para sobrevivir y para reponerse es imprescindible. La idea de que la infancia en sí misma puede constituirse en un escudo protector contra las peores adversidades de la vida, ya no tiene con qué sostenerse: los niños no son inmunes a los eventos traumáticos.

Sin embargo, el estudio del trauma en la infancia siempre ha quedado en cierto modo, en un lugar secundario respecto del estudio del trauma en la edad adulta. Todavía es posible encontrar profesionales de diversas disciplinas que trabajan con niños, que desconocen y/o minimizan los efectos que eventos estresantes pueden tener en éstos, y en algunos casos incluso los eventos más graves a los cuales un niño puede ser expuesto, son poco o nada relevantes en la anamnesis y en el plan de tratamiento. Un ejemplo ilustrativo de esta postura (y que lamentablemente he escuchado muchas veces a lo largo de mi carrera) se da en casos de niños pequeños (generalmente de 3/4 años o menos) que han padecido situaciones de abuso sexual. Recuerdo el caso de unos padres que me consultaron por su hija de 4 años que había sido abusada por un familiar; estos padres habían sido derivados por el médico de la niña a una consulta con un psicólogo infantil, quien les dijo que la mente

---

[1] El CIE 10 reconoce la existencia de trastornos disociativos transitorios de ocurrencia en la infancia y adolescencia.

de los niños era como la cinta de las viejas máquinas de escribir: a medida que se escribían cosas nuevas y éstas se iban imprimiendo en el carretel de cinta, iban tapando a las cosas más viejas, de manera tal que lo que él les recomendaba era no insistir con el tema, ni evaluarla ni hacer ninguna terapia, ya que el paso del tiempo y las cosas que se fueran "escribiendo" en su historia, taparían la experiencia del abuso hasta hacerla prácticamente imperceptible. Otros argumentos que he escuchado incluyen la idea de que la corta edad de los niños garantiza que "no registren" las situaciones traumáticas a las que son expuestos, o que la ausencia de síntomas o conductas de externalización es sinónimo de que el niño no ha sufrido impacto alguno.

La evidencia presentada por distintos estudios hechos con población adulta demuestra algo bastante diferente.

Veamos los resultados arrojados por el estudio de las Experiencias Adversas en la Infancia (*ACE Study*, o *Adverse Childhood Experiences Study* en inglés; Felitti, Anda, Nordenberg,Williamson, Spitz, Edwards, Koss & Marks, 1998). Este estudio epidemiológico se encargó de investigar la relación existente entre la exposición a diversos eventos adversos en la infancia y distintas enfermedades y conductas de riesgo para la salud en población adulta. Se pide a los encuestados que señalen si –antes de los 18 años- han estado expuestos a situaciones tales como maltrato emocional, físico o sexual, negligencia emocional o física, si han perdido a alguno de sus cuidadores, si algún miembro de la familia o cuidador presentaba abuso de sustancias, alcoholismo, o sufría de depresión, otros trastornos mentales o tuvo intentos de suicidio, si la madre o madrastra fue víctima de violencia física, y si algún miembro de la familia fue a la cárcel.

Más de la mitad de los encuestados reportaron haber sido expuestos a un evento adverso, y una cuarta parte, a dos o más eventos adversos. Los eventos adversos mayormente reportados fueron, en orden de prevalencia: haber vivido con un familiar que abusara de alcohol o drogas; haber sido víctima de abuso sexual en la infancia; haber sido testigo de violencia ejercida contra la madre; haber sido víctima de abuso emocional; haber sido víctima de maltrato físico y finalmente, que algún miembro de la familia hubiera ido a prisión por una conducta delictiva.

Las personas que habían sufrido 4 o más eventos adversos en la infancia, comparadas con aquellas que no habían sufrido ninguno, presentaban un riesgo 4 a 12 veces mayor de alcoholismo, abuso de drogas, depresión e intentos de suicidio; 2 a 4 veces mayor riesgo de tabaquismo, de tener un número igual o mayor a 50 compañeros sexuales y de contraer enfermedades de transmisión sexual.

17

Otros estudios relacionados con la salud mental de población adulta expuesta a traumas crónicos de inicio temprano, pusieron en evidencia que:

- Un número importante de pacientes psiquiátricos reportan una historia de abusos en la infancia: entre un 50 y un 60% de los pacientes internados, un 40 a 60% de los pacientes ambulatorios, y un 70% de los pacientes de guardia psiquiátrica, tienen historias de abuso infantil (Herman, 1997).

- Los pacientes psiquiátricos adultos que fueron víctimas de malos tratos físicos o sexuales durante su infancia, tienen un primer ingreso psiquiátrico más temprano, suelen tener más hospitalizaciones, éstas suelen ser más prolongadas, reciben más medicación y tienen una mayor tendencia a autolesionarse y al suicidio que los pacientes psiquiátricos sin historia de maltrato infantil (Read, Goodman, Morrison, Ross & Aderhold, 2006; Schäfer,Ross & Read, 2008).

- El abuso sexual infantil, el maltrato físico y emocional severo, la negligencia, la falta de protección parental y la falta de un apego seguro son factores importantes en el desarrollo de trastorno límite de personalidad. (Howell, E.F. & Blizard, R.A., 2009).

Desde mediados de la década del 90 y primeros años del siglo XXI, se multiplicaron los estudios sobre presencia y prevalencia de diversos síntomas y consecuencias de la exposición al maltrato en general, tomando a los niños como población muestra. Diversas investigaciones han demostrado la relación existente entre exposición temprana a malos tratos en el ámbito familiar y síntomas tales como labilidad y reactividad emocional aumentada, afecto negativo aumentado, respuestas emocionales inapropiadas, dificultades en la comprensión y expresión de emociones, tendencia a la conducta agresiva, dificultades atencionales, problemas conductuales varios, dificultades para confiar en los otros, expectativa de ser dañado, habilidades sociales disminuidas, escasa efectividad interpersonal, y tendencia al aislamiento social, entre otras.

Estos hallazgos, en conjunto, fueron compilados en un documento que acompañó la propuesta original que se hizo al Grupo de Trabajo encargado de la revisión del DSM (DSM V), en apoyo de la necesidad de incluir un nuevo diagnóstico que rescate las múltiples consecuencias derivadas de la exposición temprana a eventos traumáticos de índole interpersonal. El diagnóstico sugerido, Trastorno Traumático del Desarrollo (*Developmental Trauma Disorder* en inglés, D´Andrea, Spinazzola & van der Kolk, en prensa; Baita, 2009; Stolbach, Dominguez, Rompala, Gazibara & Finke, 2009), sin embargo, no fue aceptado para su inclusión en la nueva versión del DSM por considerar que no existía suficiente evidencia científica que lo avalara. Desde entonces se han comenzado a realizar estudios de campo para recolectar la evidencia científica que respalde dicho diagnóstico; al momento de escribir este libro esta investigación se está llevando a cabo en 7 locaciones de Estados Unidos de Norteamérica.

El documento que reunía el relevamiento de investigaciones realizadas, y que según el grupo que proponía el diagnóstico de TTD, apoyaba la necesidad de incluirlo (D´Andrea, Spinazzola & van der Kolk, 2009), rescataba conclusiones como las siguientes:

* Los niños maltratados presentan una mayor labilidad y reactividad emocional, mayor presencia de afecto negativo, y respuestas emocionales inadecuadas.
* En comparación con muestras de niños no maltratados, los niños maltratados muestran déficits en las funciones ejecutivas, incluso en ambientes emocionales neutros. Asimismo suelen presentar perturbaciones en el foco atencional auditivo y dificultades en la integración viso-motora.
* Los niños expuestos a trauma interpersonal manifiestan perturbaciones en la memoria, y dificultades para concentrarse - independientemente de si la tarea requerida está o no en relación más o menos directa con un recuerdo traumático.

En el capítulo sobre trauma, se incluirán los criterios propuestos para el diagnóstico de Trastorno Traumático del Desarrollo.

***

Lentamente, con esfuerzo, pero con constancia, la visibilización del trauma infantil parece abrirse paso en la comunidad científica y clínica. Pero, nuevamente, entonces, ¿por qué dedicar un libro no solo al trauma, sino también a la disociación infantil?

Los seres humanos no venimos al mundo siendo portadores de una personalidad integrada: esto constituye más bien un logro evolutivo (van der Hart et al. 2006). De acuerdo con Siegel (1999), el desarrollo de una personalidad integrada puede ser entendido como un proceso en el cual la mente va realizando y organizando continuas conexiones de información, que le permiten un funcionamiento adaptado a las circunstancias determinadas de un momento dado (ISSTD, 2004; Siegel, 1999). Sin embargo, continuando con Siegel, "el desarrollo de la capacidad de integrar [una] coherencia mental está profundamente influenciado por la experiencia" (Siegel, op.cit, pg. 9). A edad temprana un apego seguro se convierte en un "catalizador" (Siegel, op.cit) de la resiliencia, en un colchón que permite una integración más ajustada de las experiencias que el niño debe enfrentar y de la información que su cerebro puede procesar. De esa forma la propia historia puede ser desarrollada y vista retrospectivamente a lo largo de una línea de vida que incluye el pasado (qué me pasó), el presente (quién soy hoy) y el futuro (qué puedo hacer/ser) de una manera coherente y continua, sin interrupciones.

El trauma temprano y el apego inseguro ponen en riesgo esa posibilidad, y cuando el trauma temprano se da en el seno de las relaciones de apego, el riesgo aumenta exponencialmente. La disociación puede ser entendida entonces como una falla o una disrupción evolutiva en este proceso de integración, (van der Hart et al op. cit).

Dedicar un libro a la disociación infantil tiene entonces un doble propósito: por un lado, el de volver a poner sobre la mesa la importancia de detectar, reconocer y prevenir la traumatización temprana, y por el otro, el de enseñar a reconocer a la disociación como una adaptación postraumática con efectos profundos en la construcción del sentido de sí mismo.

1.1
Importancia clínica de la disociación.

¿Por qué es importante para los clínicos aprender a reconocer la disociación en los pacientes que atendemos? La primera respuesta puede parecer obvia, pero no por ello deja de ser central a toda práctica terapéutica: la precisión diagnóstica nos permite establecer mejores líneas de acción.

Si un clínico pudiera recorrer retrospectivamente toda su casuística antes de retirarse de la profesión, posiblemente se encontraría con al menos un paciente que parecía "no encajar" en ninguno de los diagnósticos disponibles. Esta característica parece haber sido un rasgo distintivo del diagnóstico de los trastornos disociativos en pacientes adultos. En una investigación de principios de la década del 80 realizada sobre 100 casos de trastorno de identidad disociativo (en ese entonces llamado todavía *trastorno de personalidad múltiple*), Putnam reportó que estos pacientes habían pasado un promedio de casi 7 años en tratamientos varios, antes de ser diagnosticados correctamente con este trastorno, período durante el cual habían recibido un promedio de 3 o más diagnósticos erróneos (Kluft, 1985), y en consecuencia, tratamientos poco efectivos, aún cuando éstos estuvieran específicamente diseñados para el tipo de trastorno diagnosticado.

Los niños no son ajenos a esta Torre de Babel. Alan, el niño de 7 años cuya historia da inicio a este libro, había recibido -antes de llegar a mi consulta- un diagnóstico de trastorno por déficit atencional, más tarde un diagnóstico de trastorno de conducta y finalmente otro de psicosis. En el ínterin había sido medicado con metilfenidato -sin que se produjeran cambios significativos importantes ni en su conducta ni en su patrón atencional- y su escuela, agotadas las estrategias diarias para evitar que pasara tiempo allí, finalmente había solicitado su ingreso a un Hospital de Día para niños con diagnóstico de psicosis y autismo.

La persona que le diagnosticó un trastorno disociativo fui yo, pero solo pude hacerlo luego de acudir desesperada a mi supervisora de entonces, quien había vivido y trabajado varios años en Estados Unidos, y quien me acercó el primer libro que leí sobre el tema: *Childhood Antecedents of Multiple Personality*, de Richard Kluft. Alan nunca ingresó al Hospital de Día porque las profesionales del mismo y yo coincidíamos en algo fundamental: no era psicótico. Yo seguí atendiéndolo, haciendo lo mejor que podía intuitivamente hasta que me mudé y dejé de atenderlo. Más tarde supe que Alan había logrado terminar su ciclo primario en la misma escuela; para entonces, su comportamiento había dejado de ser tan disruptivo.

En 2003 Waters presentó el curso del tratamiento de Mark, un niño de 11 años severamente traumatizado, que, previo a recibir el diagnóstico de trastorno por estrés postraumático y trastorno disociativo de origen no especificado, había recibido otros cuatro diagnósticos: trastorno por déficit atencional con hiperactividad, trastorno negativista desafiante, trastorno bipolar y sociopatía. Luego de recibir el diagnóstico correcto y el tratamiento ajustado al mismo, mejoró sustancialmente en el curso de menos de un año.

Los casos más "problemáticos" (es decir, aquellos cuya conducta genera trastornos en por lo menos uno de los ámbitos en los que el niño se desenvuelve, ya sea la familia, la escuela o la institución en la cual resida) suelen ser los que reciben más cantidad de diagnósticos, muchas veces para concluir lamentablemente en la etiqueta extra oficial de "intratable".

Pero también reciben diagnósticos errados los casos menos problemáticos, a los que se les asignan muchas veces los diagnósticos que más atención clínica y académica (y en algunos casos también, farmacológica) están recibiendo en ese momento dado. La etiología traumática del comportamiento perturbador (ya sea la falta de atención, la irritabilidad, los cambios drásticos de humor, la conducta desafiante o abiertamente hostil, solo para mencionar algunas) es muchas veces minimizada, cuando no, pasada por alto. La sintomatología puede remitir o mejorar, y después de un tiempo aparecer nuevamente, a veces incluso con agregados. Así es como suele empezar la espiral diagnóstica.

En algunos profesionales puede surgir la duda acerca de si considerar la perspectiva traumática en la etiología y desarrollo de los

21

síntomas infantiles, no llevaría en cierto modo a suplantar los diagnósticos conocidos por uno nuevo. En realidad, se trata de incorporar una variable más de evaluación que puede cambiar sustancialmente la forma de entender al paciente y de tratarlo.

Pedro, de 6 años, es derivado a la consulta con el objetivo de evaluar si padece de Trastorno por Déficit Atencional con Hiperactividad (TDAH). En la confección de la historia clínica con la madre, ésta comenta que Pedro se pone muy nervioso cuando su padre está en la casa. Al preguntar a la señora si sucede algo en particular por lo cual ella cree que su hijo se pondría nervioso, ésta comienza a llorar y, con mucha angustia y mucha dificultad, refiere que en su matrimonio hay muchas peleas y discusiones y que su marido ha llegado a pegarle a ella en más de una oportunidad, presenciando Pedro muchas de estas situaciones. En la primera entrevista con el niño, éste cuenta que cuando está en la Escuela se pone muy nervioso porque tiene miedo de que su papá vaya a la casa y le pegue a la mamá.
¿Qué se necesita primero en esta situación: un tratamiento que permita al niño calmar su conducta y controlarla, o intervenir en la violencia a la que está expuesto en el seno de su propia familia, y preservarlo de la misma?

Si todos estamos convencidos de que un mejor diagnóstico mejora la calidad de la atención terapéutica brindada (o a eso debiera apuntar) y también los resultados de esa atención, es esperable que estos niños crezcan como adultos con menos sufrimiento y psicopatologías, e incluso que no reciban múltiples diagnósticos erróneos.

O al menos, eso es lo deseable.

***

Este libro está dividido en tres partes. La primera permite una aproximación teórica al trauma y la disociación. No pretende ser exhaustiva sino poder ofrecer a los lectores una guía que los introduzca a los conceptos más importantes.

La segunda parte pretende ayudar a conocer y reconocer algunos indicadores, a través de las herramientas de las que todo clínico puede disponer con facilidad: su capacidad de observar y de preguntar. Pero también ofrece, gracias a la generosidad de sus autores, una serie de escalas que en general han sido validadas o están en proceso de serlo, en diversos países del mundo. Es de esperar que en la medida que los países de habla hispana también vayan interiorizándose en el tema, se pueda también validar su uso en ellos. Por el momento, sirven para poder interiorizarse en el tema, y a quienes recién se inician en él, a armar un esquema sobre aquellos fenómenos y experiencias por los cuales preguntar y a los cuales observar. Una copia de dichas escalas traducidas al español, se encuentra en la sección Anexo.

Finalmente, y entendiendo que es imposible un correcto tratamiento de los niños y niñas sin una adecuada articulación con los otros sistemas en los cuales se desenvuelve, empezando por la familia y continuando por la escuela como los dos sistemas más importantes de la vida cotidiana infantil, la tercera parte ofrece herramientas de psicoeducación para familias y escuelas.

Si bien este libro está orientado principalmente a clínicos, puede igualmente ser de utilidad para cualquier otra profesión que se dedique a la infancia: maestros, trabajadores sociales, médicos, psicopedagogos, enfermeros, todos aquellos que trabajen con niños -no importa cuál sea el lugar de trabajo ni la población específica que se dediquen a atender- pueden encontrar aquí una mirada que les permita entender el comportamiento de algunos niños que conocen y atienden, o de reformular viejos casos que tendrán la oportunidad de convertirse en fuentes de las cuales aprender constantemente. Al menos esa ha sido una experiencia útil para mí cada vez que pienso en los primeros niños disociativos que atendí, empezando por Alan, quien inauguró la introducción a este libro.

La mayoría de las Referencias Bibliográficas utilizadas para escribir este libro, corresponde a literatura en lengua inglesa. Artículos de revistas científicas y capítulos de libros o libros enteros han alimentado mi aprendizaje sobre el tema. Pero en inglés. Este es el primer libro escrito sobre trauma y disociación infantil en lengua española. Si colabora en abrir el camino para un mayor conocimiento en los profesionales de habla hispana, es de esperar que los recursos en nuestra propia lengua, crezcan y nos ayuden a nosotros a crecer.

CAPITULO 2

¿QUÉ NECESITA UN SER HUMANO PARA SU DESARROLLO?

Conocí a Sara hace muchos años cuando trabajaba en un programa de atención a niños maltratados en el ámbito público de la Ciudad de Buenos Aires. Sara tenía 3 hijos, y un Juez la había desvinculado de ellos. Había vivido con un marido golpeador por muchos años, el padre de sus hijos, y finalmente había logrado que la Justicia le prohibiera acercarse a ella, cuidándola como víctima de sus malos tratos para que éstos no volvieran a repetirse.

Pero la Justicia había ordenado la desvinculación a raíz de un informe presentado por la Directora de la Escuela a la que asistía el mayor de sus hijos, por entonces de 10 años. La maestra del niño, al corregir los cuadernos de clase, había encontrado entre las hojas del cuaderno que pertenecía al hijo mayor de Sara, una carta. En ella, que no estaba dirigida a nadie en especial, le pedía a Dios que lo pusiera en el camino de un camión para que lo pisara y lo matara, así no tendría que seguir sufriendo más. La Escuela sospechaba desde hacía un tiempo que en la casa se vivía una realidad altamente disfuncional, pero ambos padres eran uno errático y la otra altamente conflictiva, y muchas veces temían que, al citarlos para hablar del niño, las cosas empeoraran para él al llegar a la casa.

El Juez había indicado para Sara un tratamiento en el Programa en el que yo trabajaba, y le había dicho que la restitución de sus hijos dependía de los informes que dicho tratamiento arrojara. Sara concurría semana a semana puntualmente. Pero no se involucraba en lo más mínimo, solo obedecía una orden judicial. Era confrontativa, fácilmente irritable, impaciente, con un alto nivel de crítica hacia todo y hacia todos. Sara insistía en que el Juez le había sacado a sus hijos porque el marido golpeador - luego de la restricción de acercamiento que le habían impuesto por su violencia hacia la esposa- se había quedado en la casa en la cual habían convivido, ya que le pertenecía a él; dado que también golpeaba "de tanto en tanto" −como decía Sara- a los hijos, éstos no podían permanecer allí con su padre. De esta manera Sara se había quedado sin techo, y argumentaba que el Juez le "exigía" que tuviera un lugar donde poder vivir con sus hijos como condición para la restitución de los mismos.

Sin embargo, nada de esto explicaba por qué ella no tenía aún permitidas ni visitas a sus hijos ni llamadas telefónicas al Hogar en el que se encontraban alojados.

Con el nivel de irritabilidad de Sara era fácil imaginarla perdiendo el control con sus hijos e incurriendo en conductas violentas desde lo verbal, o incluso desde lo físico. Ella lo negaba rotundamente: sus hijos estaban bien vestidos, bien alimentados, recibían buenos regalos para las fiestas y sus cumpleaños, y no habían perdido jamás un día de clase que no fuera por enfermedad, tenían todas las vacunas al día e iban al dentista regularmente. Eso probaba, en sus palabras, que ella era una buena madre.

Hasta que llegamos al tema de la famosa carta encontrada en el cuaderno de su hijo.

¿Qué podía decir ella al respecto? ¿Por qué creía que un niño de 10 años escribiría algo así?

No era fácil centrarla en la pregunta: Sara se deshacía en insultos hacia la Directora de la Escuela, que *"se había metido donde nadie la había llamado".*

Las preguntas seguían. Y si la carta no la hubiera encontrado la Directora sino ella misma, ¿qué hubiera hecho? ¿Cómo hubiera reaccionado?

Sara no pensó mucho antes de contestar: *"Pero ¿no se dan cuenta de que quiere llamar la atención? Yo también cuando tenía su edad le dije a mi abuela que me iba a colgar y me llevé una soga hasta el árbol, la enrollé, le hice un nudo y traté de colgarme, pero parece que algo no me salió bien, porque el nudo se deshizo... y encima después me mataron a golpes. Pero yo no me iba a suicidar, ¡nada qué ver! Lo mismo él. No se iba a suicidar."*

Por aquel entonces yo seguía focalizada en lograr conocer (y que Sara reconociera) el maltrato físico y emocional que se sospechaba fuertemente que también ella –y no solo el padre- ejercía sobre sus hijos.

Y lo que empeoraba aún más el pronóstico de la situación, era que no solo no podía reconocerlo, sino que estaba incapacitada para sintonizar con el dolor tan intenso que su hijo mayor sentía, que lo hacía desear más morir que permanecer vivo, a la sola edad de 10 años.

Debido a su propia historia y como penosamente sucede muchas veces, Sara no había podido escapar al ciclo de relacionarse con alguien tan violento como los hombres de la casa en la que se había criado desde pequeña (su abuelo, y sus hermanos varones, bastante mayores que ella), ni había podido evitar repetir el mismo patrón maltratante con sus hijos. Posiblemente, en su infancia, Sara había sido una niña maltratada no detectada, o, peor aún, desestimada.

***

Luego de leer esta historia sería fácil y tentador responder rápidamente a la pregunta con la que se inicia el capítulo: lo que un ser humano necesita para su desarrollo es amor. Y no es una respuesta errada. Sofía proclamaba a los cuatro vientos cuánto amaba a sus hijos. Muchas otras madres y padres estarían dispuestos a afirmar exactamente lo mismo, a pesar de los daños provocados a los propios hijos. Y nosotros podríamos entrar en la disquisición moral de si se puede llamar amor a una relación marcada por el maltrato y por el abuso; pero, nos estaríamos desviando de lo que necesitamos conocer para intervenir eficazmente en estas situaciones.

Con una mirada retrospectiva creo posible que Sara amara a sus hijos, sin lugar a dudas, pero la cualidad de ese amor estaba atravesada por la propia historia, en la cual —a su vez— ella había recibido un amor muy parecido al que podía entregar: un amor basado solo en los cuidados externos, extremadamente rígido, y con poca capacidad para la sintonía emocional.

Situaciones y planteos como los de Sara, tocan en cada uno de nosotros un lugar a la vez sensible y complejo. Es infinitamente más fácil ser empáticos con el niño de 10 años que se quería suicidar, que con su madre negadora y violenta. Salvo por el hecho de que, cuando Sara era una niña, su historia reunía las mismas características que hubieran despertado entonces, de haberla conocido en su infancia, nuestra empatía. Esto no significa que no debamos poner énfasis en la urgente necesidad de proteger al niño de la embestida violenta de sus padres. Por el contrario, despierta nuestra conciencia acerca de cuáles son las acciones que una comunidad debe llevar a cabo para evitar que niñas como la que Sara fue, crezcan sin ser protegidas, y se enfrenten al eventual resultado de, a su vez, no poder proteger a su propia progenie.

*

26

Volvamos a poner la atención en lo que un ser humano necesita para lograr un desarrollo saludable y armónico a lo largo de toda la vida. Desde allí, desde las experiencias que todos los niños debieran tener para crecer bien, nos iremos adentrando despacio en entender qué es lo que dificulta ese desarrollo saludable, y hasta qué punto y de qué forma lo hace.

Está claro que las variables que inciden en el desarrollo de un ser humano son múltiples: la crianza, la comunidad en la que vive, el acceso o no a la satisfacción de sus necesidades básicas, la exposición o no a situaciones de peligro o violencia social, la cultura, solo por nombrar algunas. Podríamos enumerar múltiples combinaciones de variables en interacción. Sin desestimar todos estos factores, la idea de este capítulo es centrarnos en aquellas condiciones que debieran darse en las relaciones primarias de apego – relaciones como la de Sara con los abuelos que la cuidaron, o como la de sus propios hijos con ella- para permitir un sano crecimiento y desarrollo.

Comenzaremos por ver qué entendemos por *desarrollo*. Según Carlson y cols., el desarrollo implica una "serie de reorganizaciones cualitativas a través de las cuales los patrones tempranos de adaptación ofrecen un marco para las adaptaciones posteriores, y son [a la vez] transformados por éstas" (Carlson, Yates & Sroufe, 2009, pg.42). En palabras más simples, podemos decir que las experiencias y las formas en las que respondemos y nos adaptamos a ellas, constituyen la matriz sobre la que se asientan las futuras adaptaciones a próximas experiencias, ayudando a la vez a consolidar de alguna forma los patrones adaptativos previos.

Estos patrones de adaptación no se dan en soledad, sino que dependen de las primeras interacciones relacionales del bebé con sus figuras primarias de apego.

Estas interacciones tienen una influencia vital en el desarrollo de las estructuras cerebrales. El cerebro humano crece a una velocidad impactante durante los primeros años de vida (Perry & Szalavitz, 2006). Pero ese rápido crecimiento no implica que sus estructuras estén ni completamente desarrolladas ni sean completamente funcionales.

El cerebro se organiza de manera jerárquica desde las áreas menos complejas (tallo cerebral) a las más complejas (sistema límbico y corteza). El desarrollo va siguiendo esta jerarquía, pero se da de manera tal que cada región se desarrolla, organiza y adquiere su completa funcionalidad en diferentes momentos de la infancia (Perry, 2009). Por ejemplo, las redes neuronales que conforman el tallo cerebral empiezan a organizarse mientras el bebé está en el útero materno, ya que el tallo cerebral es el principal responsable de la regulación de funciones fisiológicas vitales como la respiración y el funcionamiento cardiovascular, funciones que deben encontrarse listas para su uso al momento del nacimiento (Perry, op. cit).

Cada región cerebral tiene un momento específico para su desarrollo, y el funcionamiento integrado de las diversas regiones del cerebro (Stien, 2004) depende a su vez del desarrollo adecuado y a tiempo de cada una de tales regiones. El desarrollo de las áreas más complejas reflejará los logros o las falencias del desarrollo de las áreas menos complejas. Es decir que el hecho de contar con una corteza diseñada para permitir funciones superiores tales como el pensamiento abstracto, la planificación, e incluso la regulación de nuestras respuestas de alarma ante el peligro, no da por sentado que tales funciones se vayan a desplegar correctamente. Para que tal estructura pueda funcionar de manera adecuada es necesario que los cimientos estén construidos sobre bases firmes y sólidas.

¿Cómo se logra esto?

Al nacer, las conexiones neuronales (sinapsis) son múltiples, pero no permanecen por siempre así. Cada sobreproducción de conexiones neuronales es seguida de una eliminación selectiva de aquellas conexiones que no se usan, facilitando una suerte de economía de circuitos neuronales implicados en el aprendizaje e incorporación de nuevas experiencias. Este estilo de "o se usa o se pierde" (Stien, op.cit.) le permite al cerebro adaptarse a las particularidades específicas del medio ambiente en que el niño se desenvuelve.

El principio de modificación o cambio *dependiente del uso* (también conocido como dependiente de la actividad o dependiente de la experiencia, Perry, op.cit.; Lipina, 2006) implica que las experiencias a las cuales el niño está expuesto definirán en gran medida qué conexiones permanecen y seguirán siendo reforzadas, y cuáles otras, por el contrario, serán eliminadas. Este principio cumple un rol fundamental en el desarrollo de síntomas psicopatológicos derivados de la exposición a trauma, pérdida, terror y caos (Perry, op.cit.). En palabras de Bruce Perry:

"... Cuando un niño (...) es amenazado y se activa la respuesta de estrés de una manera extremadamente prolongada o repetitiva, las redes neuronales involucradas en esta respuesta adaptativa sufrirán una alteración ´dependiente del uso´. (...) una gran cantidad de aspectos microestructurales y microquímicos de esas importantes redes neuronales, cambiarán. Y el efecto final será una alteración en la actividad basal y en la reactividad de los sistemas de respuesta al

estrés en los individuos traumatizados. El cerebro se "resetea"² –
actuando como si el individuo estuviera bajo una situación de amenaza
persistente." (Perry, op. cit, pg.244)

Tanto las experiencias de maltrato activo como las de negligencia tienen efectos perjudiciales en el desarrollo, en tanto y en cuanto, ya sea por exceso o por defecto, no proveen de la naturaleza de experiencias necesarias para que dicho desarrollo se dé de manera adecuada, ni con la frecuencia, ni con la intensidad, ni en la oportunidad correctas. La exposición permanente y repetida a tales situaciones, prepara al niño para seguir esperando más de lo mismo, y responder, en consecuencia, con el patrón (des)adaptativo que se fue desarrollando como consecuencia de dicha exposición. El repertorio de síntomas y conductas desplegadas por el niño, y que son objeto de la atención del terapeuta (y de la familia, y de la escuela), no son ni más ni menos que las manifestaciones de dicho patrón.

Para Perry, la conclusión derivada de este principio sería más o menos ésta: el cerebro de un niño, cuanto más pequeño, más maleable:

"(...) Mientras que la experiencia puede alterar la conducta de un adulto, [ésta] literalmente provee la estructura organizativa de un bebé y un niño pequeño" (Perry, op.cit. pg. 245).

Para nuestra esperanza se sabe hoy que nuestro cerebro tiene la capacidad de generar nuevas neuronas así como nuevas conexiones neurales, y este proceso también se puede dar como una consecuencia de las experiencias. A esta capacidad se la conoce como *neuroplasticidad* (Siegel, 2011). A pesar de que la conclusión de Perry puede no ser alentadora, nos urge a la detección e intervención tempranas como las mejores estrategias para evitar tales resultados.

Pero nos estamos adelantando. Había prometido explicar qué es lo que necesita un ser humano para desarrollarse de manera adecuada.

Desde bebés los seres humanos venimos al mundo preparados para interactuar con otros seres humanos. La figura primaria de apego es quien regula- por excelencia- ese patrón de interacción, porque es quien desde el principio aparece como el primer otro con el cual interactuar. Al nacer cualquier cambio mínimo de estado genera tensión en el bebé: hambre, frío, sueño, dolor. La regulación óptima de ese estado interno, depende de la respuesta adecuada y en sintonía del adulto: el contacto a través de la mirada, del tacto, de las palabras, se

---

² Del inglés *reset*= poner el contador a cero nuevamente.

constituyen en la fuente externa de regulación de tales estados de tensión.

Esta actividad repetida de manera consistente y predecible frente a cada situación de tensión, es el estilo de experiencias que el cerebro necesita para desarrollarse adecuadamente siguiendo el principio de *desarrollo dependiente del uso*. Ya no se trata solamente de alimentar, vestir y educar, como lo veía Sara, al inicio de este capítulo, sino de la *cualidad de la interacción* que la figura de apego asume a la hora de llevar a cabo tales acciones: ¿lo hace en calma? ¿Lo hace deprimida? ¿Lo hace en el embotamiento del alcohol, las drogas o los tranquilizantes? ¿Lo hace en medio de un estallido de furia por el reclamo infantil? ¿Lo hace, tan siquiera? Recuerdo a una madre contarme una vez que su depresión al momento de nacer su hija era tan grande que ella a duras penas podía recordar quién se encargaba de las necesidades de su bebé durante sus dos primeros años de vida.

El desarrollo de un apego seguro permite la construcción de un esquema interno en el cual la representación mental de sí mismo, de la interacción con los otros y del mundo, se tornan predecibles. No es que en los apegos inseguros no lo sean. La diferencia radica en *qué es lo que* predice cada esquema interno (o modelo interno de trabajo, en lenguaje de la teoría de apego) En el apego seguro el niño aprende que puede apoyarse en otros, y cuando va creciendo puede constituirse a la vez en una fuente confiable y predecible de apoyo para otros. El apego seguro posibilita el desarrollo de autonomía, un funcionamiento social, emocional y cognitivo armónico, y es un facilitador de la resiliencia ante la adversidad.

Siegel (2003) destaca cinco elementos esenciales para desarrollar un apego seguro:

1) Una *comunicación contingente*. En la medida en que el adulto puede percibir las señales del niño, darles un significado en términos de lo que tales señales significan para el niño y responder de manera efectiva, se facilita una interacción que Siegel denomina *colaborativa*. El niño responde a su vez a la respuesta del adulto y de esa forma un circuito de comunicación se va estableciendo. En esa comunicación intervendrán siempre, pero en especial durante los dos primeros años de vida, la mirada, el tono de voz, los gestos, la postura del cuerpo, la expresión del rostro, el momento y la intensidad de la respuesta.

2) Un *diálogo reflexivo*. En la medida en que los padres focalizan no solo en eventos observables, sino también en la discusión sobre procesos mentales subjetivos tales como las emociones, los

pensamientos, las sensaciones y percepciones, los recuerdos, las actitudes, las creencias y las intenciones, le ofrecen al niño una oportunidad para el desarrollo de lo que él llama *"mindsight"* o "visión de la mente" (Siegel, 2011). El *mindsight* puede ser entendido como un hilo invisible que nos permite percibir y conectar con la experiencia interna de los otros, a partir de la percepción y la conexión con la propia experiencia.

3) Una *reparación.* Una comunicación contingente permanente es ideal, pero muchas veces puede fallar. La necesidad de un momento de soledad, el cansancio, un momento de enojo o mucha tensión, o la necesaria puesta de límites a los hijos, pueden generar una ruptura de esa comunicación acompasada y en sintonía. Pero si a esa ruptura le sigue una reparación, la comunicación puede retomarse y continuar. La reparación implica un reconocimiento de la desconexión, y es a la vez una invitación a la reconexión.

4) Una *comunicación emocional,* que le permita al niño compartir y amplificar las emociones positivas, tanto como compartir y calmar las emociones negativas, de manera tal que pueda ir aprendiendo que el mundo emocional interno puede ser tolerable, en la medida que va adquiriendo capacidades de auto regulación.

5) Unas *narrativas coherentes.* En este sentido Siegel enfatiza la necesidad de que los adultos puedan darle un sentido a sus propias experiencias tempranas para poder, a su vez, facilitar el acompasamiento de las experiencias tempranas de sus hijos. Es la falta de esta narrativa coherente lo que podemos ver claramente en el ejemplo de Sara y su hijo. Su imposibilidad de darle sentido a su propia experiencia de dolor y sufrimiento en la infancia que la llevó a sentir deseos de morir, le impidió a su vez darle sentido a la misma experiencia de dolor de su propio hijo, dejándolo sin contención y desprotegido ante la intensidad de su propio mundo emocional.

Recapitulando entonces, podemos decir que la cualidad de esa interacción primaria tiene un rol fundamental en la construcción de una respuesta al estrés adecuada y flexible, que permita el desarrollo de habilidades de auto regulación. Si bien desde el principio el bebé depende de la interacción con su figura de apego para lograr esta regulación (regulación interpersonal), a medida que va creciendo va aprendiendo también modalidades básicas de auto regulación o regulación intrapersonal (por ejemplo chuparse el dedo para dormirse, acariciarse con un trapito la cara cuando se siente solo en su cuna). Una figura de apego que responde de manera consistente y sincronizada a las necesidades del infante, permitirá un desarrollo que a la larga facilite al niño -y luego al adulto en el cual se convertirá- poder cambiar del modo de regulación interpersonal al intrapersonal, de acuerdo a las exigencias de la situación. Un adecuado balance entre ambos modos de regulación habla de un desarrollo emocional saludable, lo cual a su vez se constituye en pilar de la salud mental. (Schore, 2001).

La cualidad segura y predecible de esa interacción primaria permite crear una expectativa positiva acerca de las relaciones interpersonales, motivándonos a buscar compañía y ayuda -cuando es necesario- en los otros. Permite la creación de una visión de nosotros mismos como seres merecedores del cuidado y la atención de los otros cuando lo necesitamos. Proporciona una base emocional fuerte que nos provee cimientos sólidos para una modulación flexible y efectiva de nuestra tensión, el control de nuestros impulsos, y las múltiples y a veces complejas adaptaciones que nos requiere el entorno en el cual vivimos. Y nos da la capacidad de aprender las reglas de la reciprocidad y a desarrollar y mantener un contacto empático con los otros. (Carlson et al, op.cit.)

Todo esto es aquello que los pequeños seres humanos deben lograr en la interacción con los seres humanos adultos de los que dependen.

Nada más. Nada menos.

***

Para completar este primer capítulo que nos introduce en las experiencias necesarias para crecer y ser, sin morir en el intento, ni enfermarnos ni sufrir un padecimiento sin fin, voy a compartir con ustedes algo que pasea entre los libros de la biblioteca de mi consultorio.

Es un señalador que levanté en una mesa de exhibiciones en una Conferencia. En ese señalador están recitados los *Criterios de la Madurez Emocional*, escritos por William C. Menninger, co fundador de una de las primeras clínicas de salud mental de Estados Unidos (The Menninger Clinic, sitio web: menningerclinic.com), allá por los años 20, cuando todo sufrimiento mental era garantía segura de exclusión social.

Dice Menninger que los criterios de la madurez emocional son:

*   La habilidad de lidiar constructivamente con la realidad
*   La capacidad de adaptarse al cambio
*   Una relativa libertad de síntomas producidos por tensiones y ansiedades

* La capacidad de encontrar mayor satisfacción en dar que en recibir

* La capacidad de relacionarse con otras personas de manera consistente, con satisfacción y ayuda mutuas

* La capacidad de sublimar, de dirigir la propia energía hostil instintiva, a fines creativos y constructivos

* La capacidad de amar

Para todos aquellos que lean este libro y que trabajen con niños, o con el niño dolido que alguna vez fue el adulto que atienden hoy.

CAPITULO 3

¿QUE ENTENDEMOS POR TRAUMA?

Mi padre era un niño de 9 años que vivía solo con su madre viuda en un pueblo del norte de Italia, cuando estalló la Segunda Guerra Mundial. Uno de sus dos hermanos mayores estaba en el frente de combate.

Él se había acostumbrado a salir corriendo cuando la sirena del pueblo anunciaba un probable bombardeo; junto a mi abuela cruzaban el campo hasta la casa del vecino, que tenía allí un sótano que hacía las veces de refugio antibombas. Después de un tiempo, cuando empezaba a escuchar el estruendo de los aviones en el cielo, ya podía anticipar si el vuelo era rasante, si la bomba había caído cerca o lejos, y si durante el bombardeo había sido abatido o no un avión. Cuando esto último sucedía, y una vez que el peligro había cesado, la curiosidad infantil lo llevaba junto a otros niños del pueblo a buscar el lugar donde el avión había caído para ir a verlo. Así, hasta la siguiente vez que tuvieran que esconderse nuevamente.

A los 85 años, mi padre puede seguir contando esta historia una y otra vez, con exactamente los mismos detalles, haciendo que el oyente por un momento sienta que está viendo esa película tal cual se la están narrando.

Yo misma crecí escuchando ésta y otras historias contadas por él, por mi madre, por mis abuelos, todos protagonistas sobrevivientes de aquella contienda salvaje.

Recuerdo el día en que vi la película *Rescatando al soldado Ryan* (*Saving private Ryan*, 1998, dirigida por Steven Spielberg): la balacera ensordecedora con la que la película empieza durante el desembarco aliado en Normandía, el rugido de los aviones de combate, las explosiones inesperadas en los edificios destruidos de pueblos semi abandonados, todos esos ruidos eran insoportables para mis oídos, y por momentos sentía unas tremendas ganas de levantarme e irme del cine.

Mis padres, siendo niños, habían vivido por años expuestos a las diversas intensidades de esos mismos ruidos, así como a la experiencia de lo que podían significar: la delgada línea entre la vida y la muerte. Y décadas más tarde podían recordar las escenas con nitidez, como si en esa memoria el tiempo no hubiera pasado jamás.

Recuerdo que de niña yo le tenía mucho miedo a la oscuridad, y era habitual escuchar el comentario de que también mi padre le temía a la oscuridad desde pequeño, y que esa aprensión –aunque menor- lo seguía acompañando aún de grande.

Muchos años después me sigo preguntando si el temor a la oscuridad de mi padre era uno de los miedos habituales de la infancia, o si tuvo algo que ver con la oscuridad en la que su pueblo se veía sumido en las noches expectantes a que algún avión tirara una bomba.

***

En circunstancias de peligro los seres humanos respondemos de la misma forma que cualquier otra criatura viviente del reino animal: luchamos por nuestra supervivencia. Esa lucha por sobrevivir es bien concreta, es parte de nuestra biología. Pero, a diferencia del resto de las criaturas vivientes del reino animal, en los seres humanos las consecuencias de dicha lucha se manifiestan no solo en la propia biología. Esas consecuencias son también psicológicas e incluso sociales.

Cuando hablamos de *trauma* entonces, nos referimos a las consecuencias, a los efectos de la exposición a situaciones que – en base a determinadas características- sobrepasan nuestra capacidad de afrontamiento, o situaciones para las cuales nuestra posibilidad de completar la acción de sobrevivir, aunque exitosa a primera vista si salimos caminando, no deja de recordarnos sus efectos. Y lo hace de una manera que, curiosamente, lejos de reforzar una percepción de eficacia, el logro de haber vencido el peligro y seguir estando vivos, nos deja atrapados en una especie de "hechizo maligno". Aunque aquel peligro haya pasado, cualquier cosa que se le parezca hoy, revive aquella vieja sensación que nos invadió. Incluso a veces, es posible que ni siquiera recordemos aquel peligro del pasado, y aún así, sigamos sufriendo –sin entender por qué- incomprensibles malestares: pesadillas, temores irracionales, imposibilidad de hacer determinadas cosas, aversión a ciertos lugares, o personas, o sabores, u olores. Otras veces el acostumbramiento a tales situaciones se ha hecho parte de nuestra vida cotidiana, y entonces, se nos puede hacer difícil reconocer adecuadamente el peligro.

Diversos eventos y situaciones tienen el potencial de producir trauma[3]:

- Catástrofes relacionadas con fenómenos de la naturaleza tales como inundaciones, incendios, huracanes, terremotos, u otros fenómenos meteorológicos extremos.
- Guerras, guerrillas, ataques terroristas, que obligan a las poblaciones que las sufren a vivir en un estado de alerta continua ante el peligro. En algunas comunidades, los niños y adolescentes son utilizados como parte de la fuerza de combate, como trofeos de guerra o como rehenes, de manera tal que la violencia ya no solo es parte de lo que padecen o han padecido, sino también parte fundamental de sus conductas hacia otros seres humanos.
- Accidentes de todo tipo en los cuales nuestra vida o la de alguien querido corre peligro, así como el ser testigo de dichos accidentes, aún cuando nosotros hayamos salido ilesos de tales situaciones.
- La separación prolongada y/o repetida de los cuidadores primarios
- La exposición a tratamientos médicos intrusivos y prolongados, sean éstos quirúrgicos o no.
- Violencia comunitaria, tanto la que se vive a diario en los barrios marginales, como aquella padecida como consecuencia de robos, secuestros, violaciones y asesinatos.
- Violencia puertas adentro: la que ocurre en el seno de las familias en cualquiera de todas sus formas (y que lamentablemente, la gran mayoría de las veces sucede de variadas formas en simultáneo): la violencia en la pareja (tanto la que se da en parejas convivientes como en los noviazgos), la violencia dirigida a los hijos/hijastros: el maltrato físico, emocional, el abuso sexual, la negligencia, el abandono, el ser testigos directos de la violencia entre los padres o de un padre a una madre.
- Violencia entre pares como el pandillismo y el *bullying*, que se replica a una velocidad espeluznante en escuelas de todas las clases sociales, y entre niños de todas las edades y de ambos géneros, que puede ir desde el maltrato verbal y emocional hasta el maltrato físico, y que en sus casos más extremos puede terminar en la muerte.

Como podemos ver, nuestra vida está rodeada de eventos y situaciones que tienen el potencial de traumatizar.

Hay un cada vez mayor consenso en reconocer que el rango de experiencias adversas o estresantes es mucho más amplio −en especial para los niños y adolescentes- de lo que solía suponerse: mudanzas, migraciones, divorcio de los padres, también dejan huellas, y pueden, aunque no sean considerados estrictamente traumáticos, producir síntomas importantes de ansiedad, retraimiento, tristeza, impotencia, etc.

---

[3] En este listado se detallan solamente aquellos eventos que pueden ser sufridos por los niños, niñas y adolescentes objeto del presente libro.

(Greenwald, 2005). En este libro me dedicaré mayormente a tratar sobre aquellos eventos traumáticos de índole interpersonal que han sucedido de manera repetitiva a lo largo de la infancia ocasionando además (u originados en) patrones disfuncionales de apego a los cuidadores primarios, que son –además- los que estarán mayoritariamente relacionados con la disociación.

Otra forma de pensar a los eventos potencialmente traumatogénicos puede ser la clasificación de los mismos según la naturaleza y tipo de involucración interpersonal del estresor (Allen, Fonagy & Bateman, 2008).

De acuerdo a esta clasificación, los desastres y catástrofes naturales entrarían en la categoría de estresor *impersonal*.

En el centro de este espectro, se ubicarían los eventos cuyo estresor es *interpersonal*, y deriva de la conducta deliberadamente intencional o imprudente de otro ser humano. En esta categoría entrarían los accidentes, la violencia comunitaria, la acción de guerrillas o guerras y ataques terroristas.

Finalmente existiría una tercera categoría de estresor determinada por el *trauma ocurrido en el contexto de relaciones de apego (attachment trauma)*. Este último englobaría todas aquellas situaciones de violencia -en todas sus formas- y negligencia a las que un niño se ve expuesto en el contexto de sus cuidados primarios básicos.

Si bien esta clasificación no contempla los tratamientos médicos prolongados e intrusivos o las múltiples cirugías, éstos podrían ser incluidos en la segunda categoría de estresores (estresores interpersonales). Obviamente todos entendemos que en el accionar de un médico que busca salvar una y otra vez la vida de su pequeño paciente, no hay conductas *deliberadamente* dañinas o imprudentes; no obstante, en el campo de la psicotraumatología de la infancia se reconoce cada vez más el impacto post traumático que algunos tratamientos médicos –ya sea por su intensidad como por su prolongación y repetición en el tiempo- pueden tener en los niños (Diseth, 2006; Yehuda, Waters & Stolbach, 2008). A veces los médicos desestiman o no prestan la debida atención al efecto psicológico de sus prácticas en los pacientes que atienden. Cuando se trata de niños, estos efectos se multiplican y amplían también a los padres o cuidadores, que deben lidiar con su propia tensión, ansiedad y miedo, y a la vez calmar, reasegurar y sostener a los niños en el miedo que éstos puedan sentir.
La cercanía interpersonal o no del estresor tiene implicancias fundamentales en el desarrollo de trastornos del espectro postraumático y en la recuperación de los mismos, así como en el tipo de trastorno a

desarrollar. De hecho, los trastornos postraumáticos complejos no se desarrollan por la exposición a catástrofes naturales, sino, exclusivamente por suceder de manera crónica en el contexto de relaciones interpersonales de cuidado y/o dependencia. Un niño, al enfrentarse a una situación peligrosa, depende vitalmente para sobrevivir de los adultos en general y de su figura de apego en particular. La figura de apego tiene un lugar preponderante en la reparación del daño, e incluso en la prevención del mismo.

Todas las recomendaciones de atención psicológica post desastre a niños, que se realizaron tras catástrofes naturales tales como el Huracán Katrina en Nueva Orleans en 2005, el tsunami en el sudeste asiático en 2006, o luego del ataque terrorista a las Torres Gemelas en Nueva York en 2001, tenían por objetivo enseñarles a los padres y otros cuidadores adultos, principios básicos de contención emocional a sus hijos (www.nctsn.org/content/psychological-first-aid esta página contiene también información en español).

Si la figura de apego está implicada de manera directa en el daño, ya sea como agente concreto por acción (como en el maltrato físico, emocional y sexual), ya sea como agente pasivo por omisión (como en la negligencia), la dicotomía *agente del daño* versus *garantía de supervivencia* puesta en la misma persona, colocará al niño en una paradoja sin solución, trazando un camino posible hacia la psicopatología.

En este libro me dedicaré a prestarle mayor atención a estas últimas situaciones en particular no solo por ser aquellas en las cuales me he especializado a lo largo de estos años, sino también porque –debido a la cronicidad de la exposición al trauma por maltrato y violencia- suelen tener mayores y peores consecuencias a corto, mediano y largo plazo en el desarrollo infantil, de no mediar las intervenciones adecuadas.

***

No todas las personas expuestas a una misma situación, responden a ésta de la misma forma, ni desarrollarán necesariamente desórdenes postraumáticos.

Diversos factores pueden contribuir a aumentar el potencial de daño, entre ellos:

* la co ocurrencia de múltiples eventos de diversa índole;
* que el agente del daño sea otro ser humano;

* una mayor vulnerabilidad pre traumática que suele estar asociada al hecho de haber padecido otros eventos traumatogénicos en el pasado; en el caso de los niños los factores de vulnerabilidad suelen estar asociados a la edad y/o a características propias del niño, como por ejemplo, ser prematuro, haber nacido con una enfermedad y/o discapacidad que requiera de atenciones y cuidados especiales, ser irritable. También pueden actuar conjuntamente con factores potenciadores ligados a características de las figuras parentales (tener adicciones, padecer alguna forma de enfermedad mental, la parentalidad adolescente, la monoparentalidad, entre otros) y sociales (pobreza extrema, exclusión social, desempleo crónico, aislamiento, etc.)

La edad es –por excelencia- uno de los factores más relevantes. Cuanto menor es la edad hay más posibilidades de exposición al trauma y de prolongación de las situaciones traumáticas a lo largo de los años, y a la vez, cuanto menor es la edad de inicio de la situación traumática, el impacto de la misma puede incrementarse debido a diversos factores:

a) Los primeros 3 a 5 años de vida son la etapa crítica para el desarrollo integral del ser humano. El cerebro de un niño de 4 años ya ha alcanzado el 90% del tamaño de lo que será su cerebro adulto. Es un tiempo de oportunidades, pero también de vulnerabilidades: las experiencias -tanto las buenas, como las malas- modelan continuamente las estructuras cerebrales. (Perry, 2006)

b) Los niños, cuanto más pequeños más dependen del mundo adulto. Este es un factor crítico cuando el agente del evento es el mismo adulto del cual el niño depende emocional y físicamente, como suele suceder en los casos de maltrato infantil en todas sus formas. En la exposición a todas las formas de maltrato, la edad determina además el repertorio de estrategias concretas de defensa ante el peligro inminente: un bebé, por ejemplo, no puede ni escapar ni cubrirse con los brazos o esconderse del maltrato físico o del abuso sexual por parte del adulto. Tampoco puede buscar formas alternativas de satisfacer necesidades básicas que no son atendidas por el adulto debido a la negligencia física.

c) En las situaciones de traumatización de índole interpersonal que ocurren en el seno de los cuidados básicos y fundamentales que el niño debe recibir para su correcto desarrollo, cuanto menor es la edad de inicio de la exposición a tales situaciones, mayor riesgo existe de cronificación de las mismas, no solo por la accesibilidad del adulto maltratante al niño, sino por la invisibilización de la situación puertas afuera, sumada a eventuales intervenciones ineficaces una vez que el maltrato se descubre. Como consecuencia, todas las adaptaciones que el niño deberá realizar para poder seguir viviendo en una situación tan paradojal -en la que la fuente del peligro y de la protección residen en la misma persona- contribuirán al desarrollo de una personalidad modelada por el trauma, dado que la exposición a la traumatización y no a los cuidados libres de daño, se convertirán en la moneda corriente de la vida cotidiana de esa criatura.

A continuación vamos a tratar de entender con mayor profundidad cómo nos defendemos los seres humanos del peligro, y de qué forma se organiza esta respuesta de supervivencia en los niños, ya sea en situaciones agudas (un único evento, como por ejemplo, un accidente de autos), o crónicas (por ejemplo, ser víctima de maltrato físico reiterado dentro de la propia familia).

CAPITULO 4

¿CÓMO RESPONDEMOS AL PELIGRO?
Efectos del trauma en el desarrollo infantil.

Todos los seres humanos estamos "equipados" con un set de respuestas de alarma que nos advierte sobre la proximidad del peligro. Es necesario para sobrevivir.

Pensemos en una situación como la siguiente: estamos en un cine mirando una película tranquilos, y de repente se escucha una voz que empieza a gritar ¡*Fuego!*

¿Cuál es nuestra reacción? ¿Nos quedamos sentados mirando la película como si nada hubiera sucedido?

¿Agudizamos los sentidos y tratamos de ver de dónde viene la voz, o si detectamos algo que nos indique que la voz de alarma es correcta (por ejemplo, ver u oler humo)?

¿Nos levantamos y abandonamos la sala? Y si lo hacemos ¿salimos despacio y ordenadamente, o por el contrario, se nos acelera el pulso y estamos pendientes del momento en el que lleguemos a la luz de la salida, caminando cada vez más rápido, o incluso si es posible corriendo?

La forma que asume esa primera reacción (alerta), las conductas que llevamos a cabo como consecuencia de dicha reacción (nos levantamos con rapidez del asiento y empezamos a caminar rápidamente, si es posible, corremos), nuestras emociones (miedo), lo que nuestro cuerpo siente en esa situación y cómo acompaña toda nuestra reacción (late el corazón, sudan las manos, temblor en las piernas, se agita la respiración), todo eso es parte de nuestra respuesta de alarma ante una situación que percibimos como peligrosa, tanto real como potencialmente.

Ahora, imaginemos que logramos salir de la sala, estamos fuera del cine, fuera de peligro, hemos logrado llegar a nuestra casa, nos sentimos seguros y a salvo, pero el solo hecho de pensar en lo que acaba de suceder nos acelera el pulso, las imágenes se nos meten en la cabeza, cerramos los ojos para "no ver" y tratamos de "sacudirnos" esos recuerdos de encima. Le contamos a todos los que conocemos lo que nos pasó y en la carga emocional del relato sobreviven algunos vestigios de ese miedo.

Unos días más tarde, cuando el hecho ya quedó atrás y hemos retomado nuestras actividades cotidianas y nuestra rutina, nos damos cuenta o alguien nos hace notar que nos asusta más de la cuenta el sonido de una sirena y tenemos una sensación persistente de sentir olor a humo.

En el momento del peligro reaccionamos para sobrevivir. Lo hacemos con alguna de las respuestas disponibles: luchamos, huimos, nos congelamos o nos sometemos. Esta respuesta no es parte de una elección pensada y articulada, como pararse frente a dos productos en un supermercado y decidir cuál de ellos se adapta mejor a nuestras necesidades o presupuesto del momento. Se dispara porque nuestro cerebro está preparado para dispararla.

¿De qué forma?

Nuestro cerebro es un procesador permanente de experiencias. Éstas ingresan a través de nuestros sentidos, y nuestro cerebro está preparado para hacer una rápida evaluación de las mismas, y catalogarlas, preparándonos para una acción o conducta determinada cuando es necesario. Cada vez que experimentamos algo, nuestro cerebro realiza una evaluación y apreciación emocional de esa experiencia. En pocas palabras, las emociones nos organizan para la acción (Greenberg & Paivio, 1997), sirven de guía a nuestra conducta.

Ahora vamos a tratar de entender cómo nuestro cerebro se organiza, y cómo se prepara para avisarnos del peligro y ayudarnos a responder a él. Esto nos servirá de base para comprender más adelante por qué se habla de efectos en el desarrollo infantil derivados de la exposición prolongada a eventos traumáticos.

4.1
La arquitectura del cerebro.

El cerebro humano se desarrolla de manera secuencial y jerárquica siguiendo las líneas evolutivas del desarrollo de las especies (Perry, 2006; Stien & Kendall, 2004). Daniel Siegel tiene una forma muy pedagógica de explicarnos los rudimentos de esta arquitectura. Propone que pensemos en el cerebro como la palma de nuestra mano: al apoyar el pulgar en el centro de la palma y curvar el resto de los dedos sobre él, nuestro puño se convierte en una representación didáctica de nuestro cerebro. Así, la muñeca representa la médula espinal, la parte frontal de los dedos curvados sobre el pulgar son el frente de nuestra cabeza y la parte de arriba de la mano representa la parte superior. Visto en mayor detalle, la palma de la mano representaría el tallo cerebral, el pulgar apoyado en el interior representaría el área límbica y los dedos curvados sobre el pulgar representarían la corteza cerebral. (Siegel, 2007). El desarrollo se da de abajo hacia arriba (tomando esta forma de graficarnos el cerebro, sería desde la muñeca/tallo cerebral hacia los dedos/corteza frontal) y de adentro hacia fuera (es decir desde el pulgar/zona límbica hacia la palma de la mano/corteza); si pensamos en la disposición propuesta para la palma de la mano según Siegel, podemos entender mejor cuáles son las partes más primitivas y cuáles las más nuevas en este desarrollo secuencial y jerárquico.

Trataremos, a continuación, de entender básicamente las funciones de cada una de dichas áreas. El tallo cerebral es la región evolutivamente más antigua, y la primera en madurar. En términos generales su trabajo consiste en regular funciones básicas y necesarias para vivir tales como la temperatura del cuerpo, el ritmo cardíaco, la presión sanguínea, la respiración y ciertos reflejos. Esta es la región del cerebro que se suele conocer también como *cerebro reptil*.

La región que se desarrolla a continuación en la línea evolutiva es el sistema límbico, también conocido como *cerebro emocional*. Las estructuras que componen esta región están encargadas de cumplir un rol fundamental en la auto preservación y la supervivencia (van der Kolk, 1996). Son las encargadas de aportar significado emocional a las experiencias y el centro neurálgico de nuestro sistema de memoria.

Finalmente, la región evolutivamente más nueva y joven, es la neocorteza cerebral o neocórtex, también conocida como *cerebro pensante*; es el área donde tiene lugar la planificación, el razonamiento, y en la que se lleva a cabo el procesamiento cognitivo de la información.

Ninguna región es en sí misma más importante que otra: las tres deben trabajar de manera interconectada. Eso facilita el procesamiento y la integración de la experiencia en sus múltiples componentes: sensorial/corporal, emocional y cognitivo. Veámoslo con un ejemplo: una niña cuenta a su mamá *"la maestra hoy me puso una nota porque no llevé los materiales* [evento], *estaba muy seria y me dio mucha vergüenza* [emoción] *porque todos me miraban, y me dolía la garganta* [cuerpo] *y entonces me puse a llorar* [reacción] *y pensaba que era una tonta por eso* [pensamiento]". Es importante recordar que en la infancia, el niño no logra por sí solo establecer esta cadena de acontecimientos externos e internos ni relacionarlos entre sí. El adulto es quien le ayuda a hacerlo, a partir de preguntas específicas, sintonizando con lo que cree que el niño debe haber sentido/pensado, devolviéndole su propia idea o impresión (por ejemplo; *tal vez te dolía la garganta porque tenías muchas ganas de llorar)*. En los niños severamente traumatizados esta relación causa – efecto suele ser muchísimo menos elaborada, o incluso estar ausente, de ahí que muchos niños respondan a nuestras preguntas sobre sus emociones, sus pensamientos, sus reacciones corporales o los eventos desencadenantes, con un desconcertante y repetido *no sé*.

Siguiendo la arquitectura del cerebro, el llamado cerebro *reptil* nos alerta sobre nuestras necesidades fisiológicas más básicas, el sistema límbico nos urge con su alarma a actuar para poder sobrevivir, y la neocorteza – a medida que se va desarrollando- aprende a controlar la reactividad de las regiones menos evolucionadas del cerebro, por ejemplo, prestando ayuda para apagar la alarma cuando el peligro ha cesado. La apreciación que la corteza puede hacer del estímulo (*ah, fue un portazo, no fue una explosión*) ayuda a regular la reactividad (*entonces no tengo que salir corriendo*).

Ahora bien: este funcionamiento sincronizado y armónico no se da por sentado. Ya vimos en el capítulo 2 que las estructuras del cerebro se desarrollan de una manera dependiente del uso y de la experiencia (Perry, 2006; Siegel, 1999). ¿Qué significa esto? Significa que si las experiencias a las cuales el niño debe enfrentarse en su cotidianeidad, involucran peligro de daño o daño real y concreto, como en el maltrato físico, emocional y en el abuso sexual, o falta de estimulación y activación, como en la negligencia, las estructuras más primitivas del cerebro, tendrán que trabajar tiempo completo para regular las funciones básicas y preparar al cuerpo para la defensa ante el peligro[4], y para adaptarse de manera más o menos permanente a una experiencia que se empieza a convertir en familiar. A su vez, la capacidad de la corteza de regular la reactividad se verá limitada. Las regiones del cerebro evolutivamente más nuevas se organizarán entonces reflejando estos patrones (des)adaptativos (Perry, 2009). El ejemplo que sigue tal vez pueda ilustrar el concepto:

---

[4] Si bien la negligencia no implica peligro, en el sentido que pensamos cuando existe una amenaza concreta de daño como se da en el maltrato físico y/o sexual, la no satisfacción de necesidades básicas como la alimentación, la regulación de la temperatura, la estimulación mediante la interacción del juego, el habla, el contacto físico, solo para mencionar algunas, implican para el bebé un incremento de la tensión que se expresa -en principio- a través de lo que se conoce como *llanto de apego* (llorar para atraer la atención del cuidador). Esta manifestación puede entenderse, según Perry, como una forma rudimentaria de respuesta de lucha. La repetida ausencia de respuesta por parte del cuidador torna a esta manifestación inútil, pero no por eso disminuye o desaparece la tensión del bebé. En todo caso la ausencia de respuesta del cuidador se convertirá en el patrón de vida al cual el cerebro del bebé deberá adaptarse.

Gloria vivió desde pequeña en un ambiente en el cual la violencia de su padre hacia su madre era una constante diaria. Golpes, patadas, objetos arrojados, amenazas con cuchillos y otras amenazas de daño, fueron el entorno en el cual Gloria vivía junto a sus padres y una hermana menor. La violencia podía desencadenarse por cualquier motivo (y sin motivo) en cualquier momento del día, ya que su padre trabajaba en un taller que había armado en la parte trasera de su casa. Al ir creciendo, Gloria aprendió una nueva estrategia para alejarse de esas situaciones: se escondía debajo de su cama y se dormía. En la escuela solía quedarse dormida sobre los cuadernos casi de golpe, como si cayera en un trance hipnótico profundo. Su maestra detectó que esto sucedía si sus compañeros levantaban el tono de voz o si ella llamaba la atención de alguien por su comportamiento o por estar distraído. Su rendimiento académico iba en franco descenso.

En el ejemplo de la viñeta, Gloria nos muestra claramente cómo su sistema de respuesta de alarma, ha quedado sensibilizado ante cualquier estímulo que evoque para ella el trauma cotidiano de la vida en su casa. En una situación neutra como la de estar sentada en la escuela, las áreas más complejas de su cerebro, fundamentales para el proceso de aprendizaje, han quedado sometidas al imperio de la supervivencia, debido a la sobre sensibilización de las áreas más primitivas, activadas de manera recurrente en su casa por la violencia de su papá: de esta forma no pueden discriminar la cualidad del contexto (*estoy en la escuela, no en mi casa con mi papá*), por lo que pierden efectividad a la hora de realizar una lectura más fina de la cualidad del estímulo (*es la voz de mis compañeros, o la de mi maestra, aquí no está mi papá*) que le permita a su vez discriminar entre peligroso/seguro (*casa vs. escuela*). Si su cerebro está por entero trabajando al servicio de su auto preservación ¿cómo puede Gloria aprender los contenidos curriculares propuestos por su escuela?

4.2
¿Cómo nos ayuda el cerebro a responder al peligro?

Todo comienza con la información que nuestros sentidos recogen. Toda la información sensorial –excepto la olfativa, que va directamente a la amígdala- es enviada al tálamo, una estructura estratégicamente ubicada en la intersección entre el cerebro reptil y el cerebro emocional, que se encarga de reenviar simultáneamente la información sensorial a la amígdala y a la corteza (Lanius, Lanius, Fisher & Ogden, 2006; Stien & Kendall, 2004). El procesamiento de la información que ingresa, se realiza a través de una vía corta y de una vía larga (LeDoux, 1996). La vía corta lleva la información directamente desde el tálamo hacia la amígdala: el objetivo es hacer una rapidísima evaluación del estímulo y discriminar básicamente el tipo de experiencia: ¿estamos en peligro o no? Sin esta rapidez nuestra supervivencia estaría claramente en juego. Casi al mismo tiempo esta información es enviada a la corteza, cuya función va a ser la de realizar una evaluación un poco más profunda del estímulo, que permitirá ajustar, calibrar de alguna manera la respuesta de alarma.

Esta segunda ola de información es comunicada al sistema límbico, que será el encargado de asignarle significado emocional a la experiencia. Inmediatamente después de que la amígdala dio la señal de alarma, la información es enviada al hipotálamo, que envía la señal al cuerpo a través del sistema nervioso autónomo para que se prepare para la siguiente fase: cómo responder. El sistema nervioso simpático se encarga entonces de *activar* al cuerpo, de ponerlo en movimiento, ya sea para luchar o para huir: la respiración y el ritmo cardíaco se aceleran, las pupilas se dilatan, aumenta la presión sanguínea, la sangre es enviada a los músculos del cuerpo que necesitarán mayor vigor para luchar o para huir, y los pulmones se expanden para que entre más aire. Un torrente de hormonas liberadas en la sangre participan activamente de la respuesta ante el stress.

De la misma manera que al activarse la alarma de una casa o de un automóvil, hay un dispositivo encargado de detenerla, podemos decir que algo similar sucede en los seres humanos. Una vez que la información emocional ha llegado a la corteza, estamos en mejores condiciones de evaluar ciertas opciones en nuestra respuesta, y de esa manera no quedar 100% presos de nuestra reactividad primigenia. Pero no solo la corteza cerebral cumple la función de atenuar dicha reactividad. En el momento en el cual el hipotálamo responde a la señal de alarma enviada por la amígdala, comienza una suerte de reacción en cadena en la cual están involucradas la glándula pituitaria y la glándula adrenal, para liberar en el torrente sanguíneo cortisol, una de las hormonas cuya función será la de ayudar a nuestro cerebro a calmarse.

A veces la lucha o la huída no son factibles, o bien han probado ser ineficaces. El cerebro tiene también respuestas preparadas para tales situaciones: las llamadas *respuestas defensivas de inmovilización*, que, a diferencia de las anteriores, preparan al cuerpo para quedarse quieto: el congelamiento o la sumisión (Ogden, Minton & Pain, 200&). Ogden y colegas (2006) formulan que es factible distinguir entre dos tipos de congelamiento. El congelamiento tipo 1 o "inmovilidad en alerta" implica

46

la cesación de todo movimiento, salvo la respiración, que se hace apenas perceptible, con el objetivo de pasar lo más desapercibidos posible. En este tipo de congelamiento, nos encontraríamos con un sistema simpático todavía en acción, ya que el estado de hiperalerta en que el individuo se encuentra implica una musculatura tensa, un ritmo cardíaco elevado y agudeza sensorial. ¿Por qué? Porque esta cesación del movimiento en estado de alerta tiene por objetivo detectar si existe una última vía de escape posible. El elemento distintivo del congelamiento tipo 1 es que la persona siente que aún es capaz de moverse.

En cambio, el congelamiento tipo 2 se describe como una sensación de parálisis, en la cual la persona se siente completamente incapaz de moverse, entrampada, sin posibilidad de éxito. En este tipo de congelamiento se cree que tanto el sistema nervioso simpático como el parasimpático son activados en simultáneo.

Por último, entre las respuestas de inmovilización, se encuentra la sumisión total, que se caracteriza por una activación del parasimpático, con escasa o nula activación del sistema simpático. Las acciones que el cerebro comanda al servicio de estas respuestas involucran lo contrario a lo que veíamos en el anterior ejemplo: la sangre se retrae de las extremidades, el corazón se desacelera, y el torrente sanguíneo recibe una dosis de opiáceos endógenos que están puestos al servicio de mitigar o hacer desaparecer el dolor, producir una sensación de embotamiento y anestesia, y una sensación de distanciamiento de la realidad. Desmayos, vómitos o falta de control de esfínteres, pueden ser síntomas de la activación del parasimpático. Pensemos en cuántas ocasiones la enuresis y la encopresis aparecen como síntomas muy frecuentes, en especial en niños pequeños enfrentados a sistemáticos malos tratos.

Perry plantea que este tipo de respuestas son aquellas en las que suele incurrir un niño cuanto más pequeño es, ya que su estado de indefensión y vulnerabilidad determinado por la etapa del desarrollo en la que se encuentra, y por la diferencia de tamaño con el predador (un adulto), disminuyen el repertorio de patrones de movimiento que se deberían poner en marcha para pelear o huir.

Hasta aquí se describe de manera muy abreviada el funcionamiento que nos permite responder al peligro de manera más o menos efectiva. Podemos decir que en términos generales estamos preparados para salir de un estado de calma y tranquilidad cuando percibimos que estamos en peligro, y para responder de una manera consecuente con ese estado, y disponemos también de lo necesario para poder volver a nuestro estado de calma y tranquilidad. La cualidad de los desórdenes postraumáticos es que la reacción (o la tendencia a la reacción) que el individuo tuvo en el momento del acontecimiento traumático, se prolonga en el tiempo, no se extingue, y en consecuencia no se logra volver al estado de calma y tranquilidad en el que la persona se encontraba previo al evento. La reacción que la persona tuvo en el momento del evento traumático es considerada *normal* en el contexto de una situación *anormal*. El problema se genera cuando esa reacción perdura en el tiempo cuando el evento que le diera origen ya ha pasado.

Cuando el ser humano es sometido a una exposición *continuada* de situaciones de peligro, la respuesta de alarma se modifica tornándose aún más reactiva y menos adaptativa: cuerpo y mente se preparan para recibir el peligro en cualquier momento, sobredimensionando hasta el más pequeño estímulo, provocando que el umbral de reactividad también se modifique, haciéndose cada vez menor. Cuando esta repetición se da, a su vez, en etapas críticas del desarrollo, tiene el poder de modificar el cerebro.

Las personas traumatizadas de todas las edades suelen oscilar entre patrones de hiperactivación (es decir una reactividad aumentada ante estímulos recordatorios del trauma) y de hipoactivación (una reactividad disminuida ante tales estímulos). La "ventana de tolerancia" de estas personas (Siegel, 1999), es decir, el rango en el cual las emociones pueden ser procesadas adecuadamente (identificadas, expresadas, moduladas y calmadas) está muy restringida, y esto produce una mayor susceptibilidad a la desregulación emocional, ya sea a sentir por demás (hiperactivación), como a no sentir (hipoactivación). En la figura a continuación, la línea punteada muestra el patrón bifásico propio de las personas traumatizadas, mientras que la línea continua muestra el funcionamiento emocional ajustado, dentro de la ventana de tolerancia.

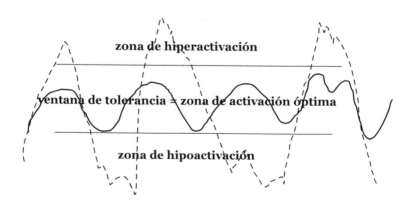

zona de hiperactivación

ventana de tolerancia = zona de activación óptima

zona de hipoactivación

(Adaptado de Ogden y cols., op.cit, 2006)

Esta pauta bifásica y alternante entre ambos niveles de activación por fuera de la ventana de tolerancia, interfiere en la adecuada integración de la información.

En la zona de hiperactivación hay una inundación emocional y el procesamiento a nivel cognitivo es desorganizado, (es como si hubiera un exceso de información sin posibilidad de filtrar y discriminar lo relevante de lo que no lo es), mientras que en la zona de hipoactivación a nivel emocional nos encontramos con un entumecimiento o distanciamiento de las emociones, y el procesamiento cognitivo también es desorganizado, pero esta vez no por exceso de información, sino porque la información que ingresa y me permitiría hacer un escaneo adecuado de la experiencia tal como está sucediendo, es pobre.

El siguiente cuadro, adaptado de Perry y cols. (1995, 2006, 2010) nos ayuda a ver de qué manera la cognición y lo que él llama la "esfera de preocupación", es decir aquello a lo que le prestaremos atención prioritariamente, va cambiando a lo largo del continuo de activación. Solo en un estado de calma o alerta estamos utilizando el máximo de nuestra capacidad cerebral para integrar la información de las experiencias; sin embargo ese no suele ser el estado mental en el cual se encuentran los niños expuestos a una traumatización severa, y aún cuando la fuente de la traumatización ha cesado, sus cerebros continúan funcionando en modo "supervivencia".

Estado mental	CALMA	ALERTA	ALARMA	MIEDO	TERROR
Áreas cerebrales activas PRIMARIA/ Secundaria	NEOCORTEZA Corteza	CORTEZA Subcorteza	SUBCORTEZA Sistema límbico	SISTEMA LIMBICO Cerebro medio	CEREBRO MEDIO Tallo cerebral
Nivel cognitivo	Abstracto Creativo	Racional Concreto	Emocional Irracional	Reactivo	Reflejo
Sentido del tiempo	Futuro- Pasado	Días - Horas	Horas– Minutos	Minutos- Segundos	Se pierde la noción del tiempo
Esfera de preocupación	El mundo	La comunidad	La Familia	Uno mismo	La integridad del cuerpo

El niño que se sobresalta, llora desconsoladamente y parece desorientado luego de escuchar el golpe fuerte de una puerta (hiperactivación), está sumido en la percepción de peligro anticipado a la cual lo ha acostumbrado el maltrato sufrido en la casa. La experiencia le dice que el golpe de una puerta indica que su padre ha llegado, que posiblemente esté borracho y que posiblemente le pegue. Esa lectura inmediata, desencadena una reacción igualmente inmediata e impide que el niño pueda tomar conciencia de que no está en su casa, sino en la escuela, que la puerta que se cerró es la de su aula y no la de entrada a su casa, que hay otras personas a las que puede acudir, y que allí se encuentra a salvo.

El niño al cual la maestra llama la atención por la tarea que no completó y moja sus pantalones, baja la cabeza y no habla, (hipoactivado) está anticipando que la consecuencia de hacer algo "mal" (no completar la tarea) también será negativa ("me van a pegar"), pero no puede pensar que hay distintos tipos de consecuencias, distintos agentes que aplican tales consecuencias, y que ambos no necesariamente implican que vaya a ser físicamente castigado como cuando hace algo "mal" en su casa. No obstante el miedo lo invade, no puede pensar ni contextualizar, solo está a merced de aquello que funcionó como estímulo recordatorio de la situación de malos tratos que vive a diario. Y reacciona como entonces.

Ambos niños nos muestran de qué forma su sistema de respuesta de alarma se ha desajustado, y ha quedado sensibilizado hasta el punto de inhibir la posibilidad de no activarse automáticamente en situaciones seguras, o que por lo menos no implican el mismo riesgo que ellos están acostumbrados a vivir. Esta reactividad automática limita la posibilidad de aprender de las nuevas experiencias.

La razón de este desajuste es dramática y sencilla a la vez: el niño debió aprender a sobrevivir allí donde siempre debiera haberse sentido a salvo. De ahí en más el sentido de peligro y seguridad de cada situación y/o lugar quedarán trastocados.

4.3
Refinando un poco más la
comprensión de la reacción ante el peligro.

Stephen Porges, profesor de psiquiatría de la Universidad de Illinois en Chicago, propone una teoría diferente sobre el funcionamiento de nuestro sistema nervioso autónomo (SNA) a la hora de responder a las situaciones vitales que implican distinguir entre peligro/seguridad. La denomina *teoría polivagal*.

Porges (2003) plantea que solemos ver al SNA como dividido en dos ramas que funcionan —muy a grandes rasgos- de manera equilibrada (como se vino explicando en este texto hasta ahora): por un lado, el sistema nervioso simpático es el encargado de poner el pie en el acelerador a la hora de responder al peligro, mientras que el sistema nervioso parasimpático pareciera ser el encargado de poner el pie en el freno y ayudarnos a retornar a la tranquilidad y la calma cuando el peligro ha cesado. El parasimpático también se encarga de mediar las respuestas de defensa de congelamiento y sumisión cuando huir o luchar no son opción.

A través de su teoría polivagal, Porges plantea que en realidad son tres y no dos los circuitos neuronales encargados de regular la reactividad, y que responden de una manera jerárquica: el primero que se activa es el evolutivamente más nuevo, y si no funciona deja lugar al que le sigue, y si este segundo circuito tampoco funciona, deja entonces lugar al último, más antiguo.

En el primer lugar de esta organización jerárquica se encuentra el sistema de participación o involucración social – *social engagement system*. Este posee un mayor grado de flexibilidad que nos permite involucrarnos en las relaciones interpersonales y con el ambiente que nos rodea; aquí está involucrada la rama parasimpática ventral del nervio vago, que es la rama más nueva del nervio vago. A través de la expresión facial, la vocalización, la audición, nos conectamos con los demás, regulando la reactividad del sistema nervioso simpático, a la vez que podemos establecer conexiones sociales y lazos afectivos. Notemos cuánto se parece a la descripción de las relaciones de apego hecha en capítulos anteriores.

Cuando la situación se torna amenazante, el sistema de involucración social puede verse anulado, dando paso a respuestas menos flexibles y más primitivas, pero más ajustadas a la situación. Entran aquí en juego las respuestas defensivas de movilización (respuestas de lucha o fuga) en las que se activa el sistema nervioso simpático.

Si por último, esta segunda línea de defensa también prueba ser ineficaz, entonces se ponen en marcha las respuestas más primitivas en la línea evolutiva: las de inmovilización (congelamiento y sumisión), que involucran a la rama parasimpática dorsal del nervio vago.

Cada uno de estos niveles jerárquicos parece corresponderse con cada uno de los niveles de la ventana de tolerancia, tal como se muestra en el cuadro a continuación (adaptado de Ogden y cols., 2006):

Sistema de participación social	Rama ventral vagal del parasimpático	Zona de activación óptima; control de la expresión facial y la vocalización
Movilización	Sistema nervioso simpático	Zona de hiperactivación. Lucha o huída
Inmovilización	Rama dorso vagal del parasimpático	Zona de hipoactivación. Congelamiento, sumisión.

El sistema de participación social nos permite manejarnos con mayor flexibilidad y menor reactividad en las interacciones en contextos normales. Al tener la capacidad de inhibir la reactividad del simpático y de la rama dorsal vagal del parasimpático, nos permite entonces regular la activación no ligada a situaciones traumáticas en la vida diaria (Ogden y cols., op.cit.).

Ogden y cols. plantean además que en circunstancias de estrés individuos con buenos niveles de adaptación pueden recurrir a este primer nivel jerárquico de respuesta para enfrentar el problema. Pensemos esta situación: hay un robo en un Banco, los ladrones toman como rehenes a empleados y clientes, y al ser estos últimos liberados escuchamos en las noticias que el gerente trataba de "razonar" con el líder de la banda para lograr que liberara a una mujer embarazada. En el ejercicio de *tratar de razonar* con el ladrón en una situación de peligro, el gerente puso en funcionamiento su sistema de participación social: utilizó su voz, su mirada, y un tono que intentaron mantener las señales de miedo a raya para disminuir la peligrosidad de la situación. Si el intento falla, seguramente el gerente hará silencio, dejará de hablar con el ladrón y pasará a poner en marcha el siguiente nivel de estrategias disponible que se ajuste de manera más adaptativa a la situación. Cuando en las películas de acción vemos a un experto negociador conversar con un atacante armado que mantiene rehenes a personas inocentes, o que amenaza con explotar una bomba, ese negociador también está activando el sistema de involucración o participación social.

Ahora bien: ¿qué sucede con este sofisticado y evolucionado sistema en las situaciones de exposición crónica y repetida al trauma?

Porges plantea que para poder establecer lazos sociales, un individuo debe poder tener y conocer lo que es la experiencia de la seguridad.

A lo largo del capítulo 2 hemos visto qué elementos son necesarios para que un ser humano pueda, entre otras cosas, desarrollar un sentido interno de seguridad que pueda ser además trasladado a priori a las relaciones interpersonales (es decir, sin reaccionar anticipadamente partiendo de la premisa de que todas las personas son peligrosas y me pueden dañar).

La exposición al trauma crónico en el contexto interpersonal de las relaciones primarias de cuidado, ya sea por acción, por inacción o por una combinatoria de ambos, tiene el poder de trastocar esa percepción de seguridad, e incluso a veces de anularla. De este modo, entonces, el sistema de participación social se apaga, ya que ha sido ineficaz a la hora de conseguir seguridad y protección. Un sistema de participación social debilitado, sofisticadamente preparado para facilitar uno de los puntos más cruciales de la vida del ser humano, como lo es la interacción con los otros, y el establecimiento de relaciones (desde las sociales propias del trabajo y el estudio, hasta las afectivas propias de los amigos, la pareja, y los hijos), deja entonces al individuo en una terrible desventaja para su intercambio con el ambiente que lo rodea y con las personas que se encuentran en dicho medio. Cualquier señal en la interacción con otros puede ser percibida como potencialmente peligrosa, activando el patrón de respuesta que ha servido en otras situaciones percibidas como similares (en las que el peligro *sí era real*).

A quienes atendemos pacientes de todas las edades que han vivido situaciones de malos tratos crónicos en su infancia nos resulta familiar la experiencia de que éstos sean altamente sensibles a nuestros tonos de voz y a nuestras expresiones faciales. Es que se han convertido en especialistas en hacer lecturas cuasi instantáneas, y la experiencia les ha enseñado lo terrible que les espera si fallan en la interpretación de tal lectura.

Los niños, por ejemplo, nos preguntan si nos enoja que ellos hagan o no algo determinado en nuestro consultorio. Recuerdo un niño al que durante un tiempo atendí –de acuerdo con él- utilizando un par de anteojos oscuros, ya que mi mirada lo atemorizaba cuando le hacía determinados comentarios o preguntas. Una adolescente interpretaba que si faltaba a una sesión ya no podría volver a mirarme a los ojos nuevamente porque no toleraría ver "mi enojo" por "haberme fallado". Muchos adultos han interpretado y anticipado estados emocionales míos sobre la base de escuchar mi voz a través del portero eléctrico, un instrumento altamente eficaz a la hora de distorsionar el tono de la voz humana. Otros se han mostrado refractarios a la terapia porque sus anteriores terapeutas solo les miraban durante las sesiones e intercambiaban pocas expresiones, la más de las veces monosilábicas. Esto, que muchos colegas han interpretado como una búsqueda por parte del paciente de meterse en la intimidad del terapeuta, puede ser entendido desde la perspectiva de la teoría polivagal, como una búsqueda de signos que confirmen si ese otro ser humano puede dañar o no. Es la actitud y no el contenido de lo que decimos, lo que muchas veces marca la diferencia entre que estos pacientes apuesten una vez más a la terapia o no.

Muchas veces nuestros pacientes –de todas las edades- nos dirán qué les molesta o les perturba. Tantas otras no, o lo harán después de mucho tiempo. Pero si los terapeutas conocemos de antemano cómo ellos han aprendido a reaccionar y a adaptarse a las complejísimas circunstancias de su vida, estaremos mejor preparados para ser nosotros quienes nos adaptemos a algunas de las necesidades que ellos tengan (de distancia, de intensidad en el tono de voz, de aproximación) para ir facilitándoles la experiencia (muchas veces, la primera en sus vidas) de ser reconocidos y aceptados en un ambiente seguro, no dañino, en el cual otro ser humano los acompañará en un viaje que deje al pasado allí donde debe quedar: en el ayer.

4.4
Trastorno Traumático del Desarrollo

El diagnóstico de TEPT (Trastorno por Estrés Postraumático) fue la puerta de entrada del trauma al mundo oficial de la salud mental. No es que no existiera anteriormente, sino que se lo conocía con otros nombres, como por ejemplo, neurosis de guerra, o *shell schock* (o trauma de bomba). Esto permitió hacer visible, poner un nombre concreto y diseñar estrategias de tratamiento efectivas para las consecuencias de acontecimientos que, en palabras de Judith Herman, "destrozan los sistemas de protección normales que dan a las personas una sensación de control, de conexión y de significado" (Herman, 1997, 2004, pg. 63 de la edición en español).

Pronto fue evidente que este nuevo diagnóstico era insuficiente para explicar la amplia gama de síntomas que presentaban pacientes adultos que habían sufrido la exposición a eventos traumáticos crónicos, de índole interpersonal, y muchas veces ocurriendo en el seno de las propias familias. Esto dio lugar a la propuesta de otro diagnóstico, el de *Trastorno por estrés extremo no especificado* (DESNOS por sus siglas en inglés), pero la propuesta de inclusión de un diagnóstico *per se* no fue oportunamente aceptada por el Grupo de Trabajo DSM IV. Algunos de los síntomas propuestos en ese entonces, sí fueron incluidos en el diagnóstico de TEPT pero como síntomas asociados.

El siguiente paso en esta historia es bastante más reciente. Ante la evidencia clínica de que muchos pacientes adultos presentaban una profusa sintomatología que afectaba múltiples áreas de su funcionamiento, y que estos pacientes tenían una historia documentada de malos tratos, abusos, abandonos y negligencias sucedidos en el contexto de sus cuidados primarios durante los primeros años de su infancia y/o adolescencia, parecía lógico buscar –en tiempo real- cómo esto se manifestaba *en los niños y adolescentes* que estaban sufriendo o habían sufrido tales situaciones.

De esa inquietud surgió una propuesta que en el año 2009 se sometió a consideración del Grupo de Trabajo encargado de la quinta versión del DSM, con el objetivo de incorporar un nuevo diagnóstico: el de Trastorno Traumático del Desarrollo (*Developmental Trauma Disorder* en inglés).

Los criterios propuestos fueron los siguientes (van der Kolk, 2005; NCTSN DSM V, 2008; van der Kolk et al, 2009):

A. **Exposición**. El niño/ adolescente ha experimentado o sido testigo de múltiples o prolongados eventos adversos a lo largo de un período de por lo menos un año comenzando en la infancia o adolescencia temprana, incluyendo:

A.1. Experiencia directa o ser testigo de episodios repetidos y severos de violencia interpersonal, y
A.2. Disrupciones significativas en los cuidados básicos como resultado de cambios repetidos o separación repetida del cuidador primario, o exposición a abuso emocional severo y persistente

B. **Desregulación afectiva y fisiológica**. El niño exhibe un deterioro en su competencias evolutivas normales relacionadas con la regulación de la excitación (*arousal*), incluyendo por los menos dos de los siguientes ítems:

B.1. Incapacidad para modular, tolerar o recuperarse de estados afectivos extremos (miedo, enojo, vergüenza), incluyendo berrinches prolongados y extremos, o inmovilización.
B.2. Perturbaciones en la regulación de funciones corporales (perturbaciones persistentes en el sueño, alimentación y control de esfínteres; hiper o hiporreactividad al tacto y a los sonidos; desorganización durante la transición entre rutinas).
B.3. Reconocimiento disminuido/disociación de sensaciones, emociones y estados corporales [despersonalización, desrealización, discontinuidad en los estados afectivos, embotamiento afectivo, analgesia física y dificultad para el reconocimiento de emociones].
B.4. Dificultad en la descripción de emociones y estados corporales [dificultad para describir estados internos o para comunicar necesidades tales como el hambre o la evacuación y eliminación].

C. **Desregulación Atencional y Conductual.** El niño exhibe un deterioro en sus competencias evolutivas normales relacionadas con el mantenimiento de la atención, el aprendizaje o el afrontamiento del estrés, incluyendo al menos tres de los siguientes ítems:

C.1. Preocupación por la amenaza, o dificultad para percibirla, incluyendo una mala interpretación de las señales de seguridad y peligro.

C.2. Deterioro en la capacidad de auto protegerse, incluyendo conductas de riesgo o búsqueda de emociones violentas [conductas sexuales de riesgo, descontrol impulsivo, subestimación del riesgo, dificultad para comprender las reglas, para planificar la conducta y para anticipar las consecuencias].

C.3. Intentos desajustados de autocalma (movimientos rítmicos o rocking, masturbación compulsiva) [incluye consumo de sustancias]

C.4. Auto injuria habitual (intencional o automática) o reactiva [cortarse, golpearse la cabeza, quemarse, pellizcarse].

C.5. Incapacidad para iniciar o mantener una conducta dirigida a un objetivo [falta de curiosidad, dificultades para planificar o completar tareas, abulia].

D. **Desregulación del Self y Relacional.** El niño exhibe un deterioro en sus competencias evolutivas normales relacionadas con su sentido de identidad personal e involucración en las relaciones, incluyendo por lo menos tres de los siguientes ítems:

D.1. Preocupación intensa por la seguridad del cuidador o de otros seres queridos (incluyendo una actitud temprana de cuidado hacia otros) o dificultades en la tolerancia al reencuentro con los mismos luego de una separación.

D.2. Persistente sentido negativo de sí mismo, incluyendo odio hacia sí mismo, impotencia, sentimiento de no ser valioso, ineficacia o defectuosidad.

D.3. Desconfianza extrema y persistente, conducta desafiante o falta de reciprocidad en las relaciones cercanas con adultos o pares [incluye expectativa de ser victimizado por otros].

D.4. Reactividad física o agresión verbal [impulsiva, no intencionalmente coercitiva o manipuladora] hacia pares, cuidadores u otros adultos.

D.5. Intentos inapropiados (excesivos o promiscuos) de tener contacto íntimo (incluyendo –pero sin limitarse a- la intimidad sexual o física) o dependencia excesiva respecto de pares o adultos como forma de buscar seguridad o reaseguro.

D.6. Deterioro en la capacidad de regular la empatía (*empathic arousal*) evidenciado por una falta de empatía o intolerancia hacia las expresiones de estrés de los otros, o por una excesiva respuesta al malestar de los otros.

E. **Espectro de Síntomas Postraumáticos.** El niño exhibe por lo menos un síntoma en al menos dos de los tres clusters (B, C y D) de síntomas del TEPT.

F. **Duración del trastorno.** (síntomas en el TTD Criterios B, C, D y E) al menos 6 meses.

G. **Dificultades funcionales.** El trastorno causa malestar clínicamente significativo o incapacidad en al menos dos de las siguientes áreas de funcionamiento:
- **Escolar:** bajo rendimiento, inasistencia, problemas disciplinarios, deserción, fallas para completar el grado/ciclo, conflictos con el personal escolar, trastornos de aprendizaje y dificultades intelectuales que no pueden ser explicadas por trastorno neurológico u otros factores.
- **Familiar:** conflictividad, evitación/pasividad, fuga, desapego y búsqueda de sustitutos, intentos de dañar física o emocionalmente a miembros de la familia, incumplimiento de las responsabilidades dentro de la familia.
- **Grupo de Pares:** aislamiento, conflicto físico o emocional persistente, involucración en violencia o acciones riesgosas, estilo de interacción o afiliación inadecuado para la edad.
- **Legal:** arrestos/reincidencia, detención, condenas, cárcel, violación de *probations* o de otras órdenes legales, aumento en la gravedad de los delitos, delitos contra otras personas, desinterés por la ley o las convenciones morales estándar.
- **Salud:** Enfermedad física o problemas que no pueden ser explicados por heridas físicas o degeneración, incluyendo los sistemas digestivo, neurológico (incluyendo síntomas conversivos y analgesias) sexual, inmunológico, cardiopulmonar, propioceptivo, o sensorial, o dolores de cabeza severos (incluyendo migrañas), dolor crónico o fatiga.
- **Vocacional:** (aplica para los jóvenes que buscan empleo, o son referenciados para el mismo, o para trabajo voluntario o entrenamiento para el trabajo): desinterés en el trabajo/vocación, incapacidad para obtener/mantener empleos, conflicto persistente con compañeros de trabajo o supervisores, sub empleo en relación con las capacidades que posee, fallas en el logro de avances esperables.

Dos elementos centrales que recoge esta propuesta diagnóstica y que no están presentes en el diagnóstico de TEPT (Trastorno por Estrés Postraumático) son: a) la cualidad del estresor, que es eminentemente interpersonal, y b) el impacto en el sistema de apego. Los síntomas propuestos intentan capturar la diversidad de manifestaciones que estos niños presentan, que exceden –por mucho– la sintomatología propiamente exclusiva del TEPT.

Si bien el DSM V no incluyó este diagnóstico, las investigaciones que ya se están realizando, por un lado, y la nueva mirada clínica que pueden otorgar los profesionales de la salud mental que atienden a estos niños, por otro, colaborarán posiblemente en familiarizarnos con una nueva forma de entender el padecimiento de estos niños.

De acuerdo con Stolbach, hablar de un desorden traumático del desarrollo, o de un *trauma evolutivo,* significa reconocer que hay niños y niñas que han sido expuestos a estresores traumáticos en el contexto diario de sus relaciones de apego, y que en este sentido, entonces, el trauma no es algo que *les ocurre,* sino aquello que modela sus vidas cotidianas (Stolbach, 2013). Este enfoque permite entender a los síntomas y manifestaciones del niño como adaptaciones o consecuencias lógicas (Silberg, 2013) de vivir en un ambiente de amenazas y desconocimiento de necesidades permanente.

CAPITULO 5

El campo de estudio de la disociación es muy vasto, y sigue en permanente desarrollo. A grandes rasgos podemos decir que hay dos corrientes: una plantea que la disociación se desarrolla en un continuo de experiencias que van desde lo normal hasta lo patológico, siendo el trastorno disociativo de la identidad, el extremo de los desórdenes disociativos patológicos.

Otra corriente plantea a la disociación como central a la traumatización, intentando delimitar lo que entiende como una sobreutilización del término *disociación*, que, lejos de facilitar su comprensión, puede llevar a la confusión por abarcar como similares fenómenos que no lo son.

Nijenhuis (2005) plantea que el concepto de disociación puede ser analizado en diferentes niveles: como una experiencia subjetiva; como un fenómeno observable a través de síntomas; desde una perspectiva estructural, como una forma de organización de la personalidad; desde una perspectiva causal, como una falta de capacidad integrativa; desde una perspectiva funcional, como un mecanismo de adaptación o supervivencia, y finalmente desde una perspectiva dinámica, analizando a la disociación en función de las acciones mentales que intervienen para mantenerla. Cada uno de estos niveles de análisis podría llevarnos a diferencias conceptuales, aunque mínimas, alrededor del término *disociación*. Esto hace necesario entonces, determinar desde dónde se va a hablar al referirse a la disociación y su relación con el trauma.

Paul Dell (2009) dedica más de 100 páginas a tratar de entender qué es la disociación, remontándose a lo que define como el contexto histórico del nacimiento del concepto, en la época en la que Charcot y Freud estudiaban la histeria. Comienza describiendo cómo los clínicos en la actualidad utilizan de manera coloquial la palabra disociación, adscribiéndole un significado particular, ya sea como un adjetivo (*"es un paciente disociado"*), o como un verbo (*"la paciente disociaba durante el abuso sexual", "el paciente disoció los recuerdos de su infancia"*). En estos dos últimos ejemplos, Dell plantea que el uso del término *disociación* como un verbo, adscribe al paciente una conducta, una acción que él mismo emprendió, colaborando a asociar el uso del término disociación a un mecanismo de defensa y auto protección ante el trauma y sus reminiscencias. Sin embargo, precisamente la consideración de la disociación como un mecanismo defensivo, es uno de los puntos de divergencia entre las diversas corrientes que estudiaron y siguen estudiando la disociación.

Esto no significa que un modelo o una idea sean más válidos que otro. Como todo modelo teórico, requiere de investigaciones que lo puedan sustentar, investigaciones que en los últimos años se han incrementado en los países del primer mundo.

Esta introducción es solo una pequeña muestra ilustrativa de los múltiples puntos de discusión que se están desarrollando en los últimos años solamente alrededor del *concepto* de disociación.

En la década del 80 la mirada del continuo disociativo era la prevalente. Por ese entonces se entendía que la causa etiológica de los desórdenes disociativos era exclusivamente el trauma, y más específicamente el trauma por abuso sexual y maltrato físico.

Desde entonces el aumento en investigaciones y publicaciones ha sido importante, así como los aportes de las neurociencias. Dos conceptualizaciones con puntos de conexión importantes entre sí, dieron origen a lo que para mí constituye hoy un modelo explicativo adecuado para entender la disociación ligada al trauma, y en especial su desarrollo desde la infancia. Por un lado los aportes a la teoría del apego con la categorización del apego desorganizado, y por otro lado, el desarrollo de la teoría de la disociación estructural, de van der Hart, Nijenhuis y Steele. Ambas conceptualizaciones me han permitido darle un sentido a mi comprensión acerca de qué factores determinan, posibilitan y mantienen el desarrollo de la disociación en niños, adolescentes y adultos. Me otorgan una mirada clara sobre el punto de inicio del problema, a diferencia de la conceptualización de la disociación como un continuo, que, a mi entender, no termina de explicar con claridad de qué forma las manifestaciones disociativas abandonan el terreno de la normalidad para y pasan al de la patología, más allá de la ocurrencia del trauma. ¿Es un factor cualitativo, como podría ser el tipo de trauma? ¿Es un factor cuantitativo, como podría ser la ocurrencia de diversos tipos de eventos traumáticos, o la duración en el tiempo de los mismos? ¿Es una combinación de ambos tipos de factores? De alguna manera, la dificultad para responder de manera acabada a estas preguntas puede generar en los profesionales novatos en el tema, cierta confusión respecto de cuándo considerar que un paciente es disociativo o no.

El modelo de la disociación estructural de la personalidad y la incorporación de los aportes de la teoría del apego permiten entender a la disociación más allá de cómo sea ésta definida por los manuales oficiales, y más allá de los desórdenes disociativos ya clasificados, en tanto y en cuanto favorece una mirada dinámica –a la vez que evolutiva.

Ni los desarrollos sobre el apego desorganizado y su relación con la disociación, ni la teoría de la disociación estructural, consideran a la disociación como un mecanismo defensivo *per se*, y esto también es importante señalarlo ya que, quienes lean este libro y provengan, como yo, de una formación psicodinámica, deberán hacer el ejercicio permanente de despojarse de la idea de ligar de manera *inmediata* disociación y defensa (entendida como "mecanismo" de defensa). Como veremos más adelante, no es que no haya relación alguna entre ambos conceptos, sino que, desde las conceptualizaciones que se desarrollarán en este libro, dicha relación es secundaria.

Otra aclaración importante es que al hablar de "defensa" a lo largo de este capítulo me estaré refiriendo a la defensa *ante el* peligro, es decir en un sentido biológico más que psicodinámico.

Lo que a mi parecer queda pendiente aún en el ámbito académico, es la adecuación de la teoría de la disociación estructural a la infancia. Y dado el avance que las neurociencias están teniendo a la hora de explicar de qué manera el trauma repetido afecta el desarrollo infantil, es de esperarse que en algunos años los académicos puedan desarrollar un modelo que explique de qué manera la disociación se origina, se manifiesta y se desarrolla *en* la infancia, pero partiendo de la base de estudiar población infantil, y no adulta.

Finalmente, me parece importante destacar una última cuestión en esta introducción.

A la fecha no existen criterios diagnósticos en el DSM para trastornos disociativos en la infancia. El CIE-10 incluye a los *trastornos disociativos transitorios de ocurrencia en la infancia y adolescencia.* Sin embargo, la cualidad de transitoriedad es discutible cuando pensamos, por ejemplo, en los adultos con un diagnóstico de trastorno de identidad disociativo, cuyo origen, se sabe, data de la infancia o primeros años de la adolescencia.

En algunos libros y artículos de edición reciente he encontrado referencias al trabajo clínico con *síntomas y manifestaciones* disociativas en niños y adolescentes, como una consecuencia más de las múltiples que pueden derivar de la exposición a eventos de índole traumática. Sin quitarle importancia a la existencia de tales síntomas y manifestaciones, creo que es importante investigar cuáles marcos teóricos y conceptualizaciones están en mejores condiciones de predecir y/o explicar el desarrollo de un desorden disociativo en la infancia y en la adolescencia. De lo contrario muchas de las manifestaciones propias de un desorden disociativo podrían correr el riesgo de ser mal o sub diagnosticadas.

Este capítulo está dividido en dos partes: la primera, aborda el tema del apego desorganizado partiendo de una descripción breve de los fundamentos de la teoría del apego. La segunda, desarrolla los conceptos básicos de la teoría de la disociación estructural de la personalidad.

5.1
Apego.

Un video de poco más de 2 minutos muestra la siguiente interacción entre una madre y su bebé: la madre está sentada frente a su bebé, quien se encuentra en su cochecito. Se sonríen mutuamente, se miran, el bebé emite sonidos, sonríe, señala algo fuera del espacio entre ambos, y a cada una de estas señales su mamá responde, las acoge, las acompaña, le devuelve la sonrisa, valora y valida la sorpresa y la curiosidad de su bebé.

De repente, la mamá le da la espalda. Son apenas unos segundos. Luego se voltea y nuevamente queda frente a su bebé.

Pero algo cambió. El rostro de la mamá está inexpresivo, estático, como congelado.

El bebé trata de reiniciar la misma danza de interacciones previas a ese cambio. Pero su mamá no responde. Fija su mirada en su bebé, pero la mirada está vacía. El bebé sigue intentando, cada vez más, y cada vez con un mayor nivel de ansiedad. Pero la respuesta sigue sin llegar. Entonces el bebé rompe en llanto mientras arquea su espalda y lleva hacia atrás sus brazos, como si quisiera escapar de ese momento y de ese lugar.

Hasta que su mamá vuelve a ser quien había sido al inicio de la interacción; su mirada y sus manos vuelven a buscar las de su bebé, su voz suena pausada y reconfortante, le repite con suavidad y ternura *"estoy aquí, estoy aquí"*, y lentamente el bebé vuelve a sonreír y recupera a su mamá.

The Still Face Experiment[5] (el experimento de la cara inmóvil sería la traducción más adecuada al español) fue desarrollado por el Dr.

---

[5] Colocando las palabras *The Still Face Experiment* en el buscador de Internet se puede ver el video.

Edward Tronick, Director de la Unidad de Desarrollo Infantil del Hospital de Niños de Boston (unidad académica pediátrica de la Harvard Medical School) con el objetivo de estudiar el desarrollo emocional infantil.

El video, aunque corto, es intenso, casi insoportable. Genera una sensación angustiante mientras se observa al bebé desvivirse por volver a recuperar la interacción que tenía con su mamá al inicio de la filmación. Y produce un inmenso alivio cuando la madre consuela a su bebé, y éste vuelve a la calma.

La mamá de este video accedió voluntariamente a participar de este experimento. El hecho de que su bebé pudiera volver rápidamente a un estado de tranquilidad y re conexión, fue posible porque la sintonía habitual de los intercambios entre ambos, era la que el video mostraba antes de que la mamá "congelara" su expresión.

Esta breve secuencia sirve de ejemplo para ilustrar la comunicación contingente, la ruptura y la reparación de la comunicación de las que habla Siegel como elementos de un apego seguro (ver capítulo 2).

Pero si los intercambios habituales entre esa mamá y su bebé hubieran sido diferentes ¿qué hubiera sucedido? Si se tratara de una mamá que repetidamente pasa de la sonrisa, a la expresión congelada, a la ira y nuevamente a la sonrisa ¿cuál hubiera sido la interacción registrada en esta filmación?

¿Nos resulta posible imaginarlo?

***

En 1969 John Bowlby escribió: *"(...) La conducta de apego siempre se manifiesta con mayor intensidad en situaciones de alarma, en las cuales se suele presentir o sospechar la presencia del predador" (...)*. La teoría del apego siguió desarrollándose desde entonces, aportándonos elementos cruciales para entender cómo se establecen y mantienen las relaciones interpersonales, y cómo se aprende a regular emociones y estados corporales.

Schore (2003) explica que esta vinculación entre el bebé recién nacido y sus cuidadores primarios sienta las bases de la regulación afectiva, y cuando esta interacción no se da de manera sincronizada, o cuando se encuentra a merced de la sobrecarga de la violencia y el abuso, la consecuencia es la desregulación emocional.

En capítulos anteriores veíamos que las experiencias moldean el desarrollo del cerebro. Esa experiencia de interacción con el medio que rodea al bebé recién nacido, no se da en soledad: sucede de la mano de la o las figuras primarias de cuidado, que mediarán el intercambio del niño con el medio ambiente. La figura primaria de cuidado funciona como un *regulador psicobiológico externo* (Schore, op.cit). Desde el momento mismo del nacimiento, el bebé utiliza sus sentidos para comunicarse y relacionarse con el nuevo medio al cual debe adaptarse fuera del útero materno. Y la forma en que lo hace no es solo a través de la comunicación de sus necesidades de alimento, sueño, evacuación de esfínteres o regulación de la temperatura, para que éstas sean satisfechas adecuadamente. Hay todo un universo de interacción a través de la mirada, de los sonidos, del tacto, que asignan una cadencia y un ritmo a esa interacción, permitiendo no solo calmar la tensión, sino también amplificar las emociones positivas de gozo y alegría que se dan en los momentos de intercambio.

Cuando el bebé se pone fastidioso o llora, eso también eleva la tensión en su figura de apego, que pone en marcha una serie de acciones tendientes a calmarlo. Cuando sonríe, emite sonidos e intercambia miradas, la recepción amorosa de su figura de apego también funciona como una forma de regulación: la mamá que calibra y ajusta la estimulación de su bebé en esos momentos de juego e intercambio, ayuda a no sobrecargar el sistema de una tensión que, por excesiva, también puede transformarse en molesta. Si observamos detenidamente a un bebé que juega con su mamá o su papá, y es alzado por encima de la cabeza de éstos una y otra vez, veremos que ese movimiento, que en un principio genera una respuesta de feliz excitación, luego de varias repeticiones empieza a incomodar y fastidiar al bebé. No significa que el juego ya lo aburrió, sino que todo incremento de tensión –ya sea a través del juego o de la molestia del hambre- debe ser controlado y ajustado a las capacidades del bebé de tolerarlo en ese momento dado de su maduración.

Schore plantea que el desarrollo debe ser pensado en términos de una transacción, y no en términos de un bebé pasivo receptor de todo aquello que el medio ambiente le provee. En esta transacción la señal que el bebé envía a su cuidador primario es interpretada por esta figura, que implementa aquellas acciones que sirvan de mejor respuesta a la señal recibida, acomodándose y acomodando el propio ritmo, al ritmo y a las necesidades requeridas en ese preciso instante por el bebé. Esta danza de ida y vuelta genera así, una interacción sincronizada, que es la que caracteriza al apego seguro.

El adulto, con su capacidad de modular y ajustar el monto, el modo, la variabilidad y el tiempo (Schore, op.cit) de la estimulación que provee al bebé, de acuerdo a las capacidades propias del mismo en ese determinado momento, ayuda a un adecuado procesamiento de la información, sin abrumar, y sin deprivar. Esta, es una condición esencial para el correcto desarrollo de la capacidad regulatoria de los individuos.

Sin embargo y como ya fuera mencionado anteriormente (ver capítulo 2), sabemos que la figura de apego puede fallar en esta sincronicidad, produciéndose pequeñas disrupciones en la danza establecida. Una relación de apego seguro permite al adulto que funciona como tal, "corregir" esta desregulación, reparando la disrupción para volver nuevamente a la interacción sincronizada.

A mí me gusta utilizar la metáfora del termostato de un sistema de calefacción para graficar cómo funciona esa secuencia de regulación-desregulación-vuelta a la regulación. Imaginemos que estamos en un ambiente frío y queremos calefaccionarlo. Elegimos la temperatura que queremos que tenga esa habitación, y el artefacto comienza a trabajar para *regular* esa condición del ambiente; una vez que ha logrado la temperatura indicada "ideal", se detiene y la mantiene, hasta que un nuevo cambio en el ambiente baje la temperatura y haga necesario que el artefacto se encienda nuevamente. Nosotros seríamos –en esta metáfora- como el bebé de la díada, buscando que una necesidad puntual sea satisfecha y moviéndonos hacia aquello que nos permita conseguirlo. El artefacto y su termostato serían como la figura de apego de la díada: tienen a nuestra disposición un recurso para regular una necesidad y trabajan activando y desactivando ese recurso para lograrlo.

En este ejemplo encontramos la interacción sincronizada que se encuentra en la base para desarrollar una correcta regulación afectiva.

Pero ¿qué sucede cuando la interacción está marcada por la negligencia o por la violencia por parte del cuidador primario? Estas desregulaciones en la interacción, se convierten en tóxicas para el desarrollo cuando son la regla y no la excepción de la comunicación entre el bebé y su cuidador.

Volvamos por un momento al ejemplo del termostato. Imaginemos que el artefacto para calefaccionar está, pero su termostato no funciona o no lo hace adecuadamente. Esto nos puede exponer o bien a una sobrecarga de temperatura o bien a una disminución brusca de la misma, y para lograr el estado esperado debemos accionar manualmente una y otra vez el artefacto. Si permanecemos mucho tiempo en esa habitación tal vez nos cansemos de estar continuamente regulando nosotros el artefacto para lograr que nos dé la temperatura ideal que estamos buscando, y posiblemente tratemos de buscar otros recursos (que podrían ser desde taparnos con una manta abrigada hasta beber alcohol en cantidad suficiente para subir nuestro registro térmico). O incluso desistamos de la necesidad de estar a una temperatura agradable, y nos "acostumbremos" a lo que hay; si alguien de afuera viene y comenta *"¡qué frío está este ambiente!"*, posiblemente recibamos ese comentario con indiferencia o desestimando la percepción de quien acaba de entrar.

Los niños que crecen en un ambiente marcado por la negligencia se "acostumbran" a dejar de requerir consuelo a sus necesidades de cualquier tipo, y a veces incluso dejan de registrar o registran desajustadamente necesidades fisiológicas tan básicas como el hambre o la temperatura corporal. Una adolescente que había perdido su escolaridad debido a una internación psiquiátrica, venía a la consulta por las mañanas, una hora antes del mediodía. En su casa a esa hora generalmente no había nadie. En una ocasión le pregunté si había desayunado antes de venir a su sesión de terapia, y me contestó que no, porque nadie le había dicho que tenía que desayunar. A lo largo de su crecimiento, la disfuncionalidad de su familia había alcanzado muchos de los ritos y costumbres que generan un hábito en nuestros ritmos fisiológicos. Esta joven se servía de comer a lo largo del día lo que quería y cuanto quería, muchas veces más para calmar emociones insoportables que por tener un claro registro de hambre y necesidad de saciarla. Cuando le ofrecí algo para desayunar me miró con extrañeza y me dijo que no entendía por qué era importante que lo hiciera.

Los niños que crecen en un ambiente de violencia se "acostumbran" a sentir y predecir el contacto con los otros –de cualquier tipo- como una suerte de corriente eléctrica que los enciende automáticamente y "eleva" su temperatura de respuesta. Un gesto, una mirada, la voz (su timbre, su tono, su cadencia), la mano que se tiende aunque no llegue a hacer contacto, pueden disparar reacciones de lucha o huída, porque toda señal proveniente de otro ser humano es potencialmente peligrosa. Durante un tiempo trabajé en una Casa Refugio para mujeres que habían sufrido violencia en sus parejas; la gran mayoría de ellas venía con sus hijos que también habían sufrido alguna forma de violencia. En una oportunidad tenía que entrevistar a una niña de 7 años. Cuando entré con ella al consultorio y cerré la puerta detrás de mí, ella permaneció parada y estática. Le ofrecí sentarse y entonces me preguntó si yo *también* iba a pegarle.

El momento en el cual se "pone a prueba" el sistema de apego es cuando el niño debe enfrentar un aumento considerable de la tensión como producto de una situación que percibe como anómala, desconocida, o peligrosa, tal como puede ser no solo el miedo, sino también el hambre, el sueño, el cambio de temperatura, el dolor o la ausencia de su mamá (y como se desprende del experimento de la cara inmóvil, una mamá puede estar ausente no solo desde lo físico).

Imaginemos la siguiente situación: un niño pequeño y su mamá aguardan en la sala de espera del consultorio pediátrico; el niño juega cerca de su mamá. De pronto alguien se acerca al niño y le empieza a hablar; aunque el tono de voz es afable y la cara sonriente, la persona es una desconocida para ese niño, que entonces comienza a buscar con la mirada a su mamá, alejando su cuerpo de la persona extraña y comenzando el movimiento hacia donde se encuentra su mamá. Finalmente llega a su regazo y se queda ahí, y desde ese lugar seguro examina a la persona extraña que se le acercó; puede ser que haga algunas muecas de vergüenza, o que intente una tibia sonrisa, pero todavía faltará un rato antes de que el niño se sienta confiado como para abandonar el regazo materno y volver al lugar donde estaba jugando.

La situación de encontrarse en un lugar poco familiar con una persona extraña, elevó la tensión del niño. El aumento de esta tensión tuvo un primer objetivo: buscar y lograr la proximidad de la figura de apego, su mamá.

Esta proximidad, más corporalmente necesaria cuanto menor es el niño, cumple a su vez el segundo objetivo: proveer de calma y reaseguro.

Esta sensación interna de calma y reaseguro facilita el tercer objetivo: volver a la actividad previa al incremento de la tensión con la tranquilidad y la confianza de que todo está en orden y nada va a pasar.

La activación de este mismo circuito una y otra vez facilita la creación de una representación interna de sí mismo, de los otros y del mundo basada en la seguridad y en la creencia de que se es alguien valioso y merecedor de la atención del otro cuando la necesita: *hay alguien ahí para mí, el malestar puede pasar, puedo pedir ayuda porque alguien me va a responder, puedo confiar en mi propia capacidad.* Este niño desarrollará un estilo de <u>apego seguro</u>. El apego seguro estaría relacionado con una mayor resiliencia emocional. (Siegel, 1999).

En contraposición a esta respuesta predecible de presencia y calma que el cuidador va gestando en el pequeño infante, se encuentran tres tipos de apego *inseguro*: el apego evitativo, el apego ambivalente y el apego desorganizado/desorientado.

El niño con un apego **evitativo** ha aprendido que nadie estará ahí para responder a sus necesidades. Este aprendizaje ha sido el resultado de interacciones fallidas con una figura no disponible. El esquema interno que este niño incorpora entonces le anticipa que no hay nada ni nadie que pueda calmar sus necesidades, en consecuencia éstas no son importantes o sencillamente - de ser registradas- dejan de existir como tales. El mundo afectivo de este niño es limitado, poco accesible, y se le torna incomprensible: ha aprendido que la afectividad no es un medio ni válido ni fiable para interactuar con los otros. Estos niños se convierten en los adultos que racionalizan todo, que dan escasa información sobre su mundo de relaciones, y se refieren a su infancia como "feliz", "adecuada", "correcta", "sana" sin dar mayores contenidos a estas nociones tan limitadas.

En el caso del apego **ambivalente**, el niño ha vivido experiencias de interacción con un cuidador primario cuya disponibilidad es impredecible e inconsistente: hoy está, mañana no, pasado mañana no se sabe. En consecuencia la experiencia le ha enseñado a ese niño que es preferible "pegotearse" a la figura de apego para asegurarse, en algún momento, alguna respuesta. Un afecto impulsivo, demandante, intenso, asfixiante, será lo que guíe su conducta (Hughes, 2004). Este niño se convertirá en un adulto altamente preocupado por las relaciones interpersonales, que espera del otro una permanente atención y hará lo que sea necesario para agradar y no ser rechazado, pero a la vez percibirá cualquier actitud que denote cierta distancia (o que no se corresponda con la cualidad de atención que espera lograr del otro) como una evidencia de ese rechazo.

Hasta aquí, este breve desarrollo muestra las tres primeras clasificaciones de apego que fueron identificadas: el apego seguro y dos tipos de apego inseguro (evitativo y ambivalente).

A continuación se presentarán las características del apego desorganizado/desorientado, y su relación con la disociación.

5.2
El apego desorganizado.
Su relación con la disociación.

Las clasificaciones presentadas hasta aquí, surgieron como resultado de la observación y el estudio experimental de los patrones de acercamiento, separación y reunión de un infante con su madre en un ámbito no familiar, y la conducta del mismo ante la aparición de una persona extraña. Este estudio se conoce como el experimento de la situación extraña (*Strange Situation* en inglés).

En un principio las respuestas de los infantes a estas situaciones se agruparon en los tres patrones de organización conductual descriptos en el apartado anterior (Main & Solomon, 1990).

De esta manera, se hablaba de *apego seguro* cuando los niños mostraban signos de tensión y malestar ante la separación de su figura parental, se acercaban con alegría a ésta cuando retornaba a la habitación, se calmaban y podían volver normalmente a su juego; el *apego inseguro evitativo* era la categoría en la cual entraban los niños que no mostraban signos de malestar ante la separación de la figura de apego y la evitaban e ignoraban activamente al reunirse con ellas. Y finalmente, los niños que mostraban signos importantes de malestar ante la separación de la figura de apego, buscaban contacto con ésta luego de reunirse con ellas, pero no lograban ser fácilmente calmados e incluso podían llegar a mostrar resistencia al contacto, entraban en la categoría de *apego inseguro ambivalente* (también llamado ansioso).

El apego **desorganizado/desorientado** fue la última clasificación incorporada cuando, en la réplica de la experiencia de la situación extraña, comenzaron a identificarse niños cuyos patrones conductuales de acercamiento y respuesta ante la separación/reunión con la madre, resultaban llamativos por lo caóticos y desorganizados que se mostraban, y no encajaban en ninguna de las clasificaciones preexistentes.

Algunos de los patrones de acercamiento observados en niños con un apego desorganizado fueron:

- Conductas de acercamiento determinadas por movimientos contradictorios: se acercaban a la mamá pero a la vez mostraban signos de aprehensión (por ejemplo, acercarse pero con la cabeza volteada).
- Movimientos interrumpidos o congelados: se acercaban a la mamá pero de repente se detenían, sin poder completar la acción, con una expresión vacía en el rostro.
- Indicadores concretos de aprehensión hacia la madre, como por ejemplo, gestos de temor.
- Indicadores concretos de desorganización y desorientación como por ejemplo, deambular desorientado, expresión de confusión en el rostro o rápidos y múltiples cambios en el afecto.

A su vez, la observación de los patrones de interacción de las díadas en dicha situación permitió en principio identificar las siguientes conductas en las madres:

- Respuestas contradictorias: invitaban corporalmente al acercamiento pero a la vez lo rechazaban a través de manifestaciones verbales
- Ausencia de respuesta o respuesta inadecuada en las situaciones en que el niño buscaba la proximidad, por ejemplo negándose a calmarlo cuando estaba en estado de tensión.

- <u>Respuestas atemorizantes</u>: respondían a la necesidad de acercamiento del niño con un ataque.
- <u>Respuestas atemorizadas</u>: respondían a la necesidad de acercamiento del niño con temor y aprehensión, se mostraban confundidas por la demanda infantil.
- <u>Respuestas sexualizadas y/o intrusivas</u>: se expresaban y relacionaban con el niño a través de contactos sexualizados, y/o lo maltrataban física y verbalmente.
- <u>Respuestas disociativas</u>: parecían ausentes, o mostraban cambios abruptos e inexplicables de humor, podían tener la mirada vacía o estar en un estado de "trance".
- <u>Retracción</u>: generaban distancia física y/o verbal cuando el niño se acercaba a buscar consuelo y reaseguro.

Una hipótesis que explica este estilo de interacción es que en estos casos las figuras de apego mantienen con los niños a su cuidado interacciones atemorizadas (temerosas) o atemorizantes (*frightened/frightening*), lo cual enfrenta al niño con una paradoja: acercarse a esa figura es necesario para obtener la calma, pero la fuente de tensión es precisamente esa misma figura. En consecuencia, en circunstancias de estrés (o trauma) que, como vimos anteriormente, es el momento en el cual el sistema de apego se activa, se activan simultáneamente *modelos (representaciones) contradictorios de sí*. (Main & Hesse, 1990; Lyons-Ruth, Dutra, Schuder & Bianchi, 2006).

Veamos de qué manera. En la interacción con una figura de apego atemorizada, el niño puede inferir que hay algo en el ambiente a lo cual debería temer. Esto por sí solo tiene entidad para activar el sistema de apego y la búsqueda de proximidad, seguridad y calma; sin embargo, la actitud parental genera aprehensión y no acercamiento (*estoy en peligro, no me pueden ayudar*). De manera alternativa, la actitud parental puede generar en el niño la representación de ser él mismo quien está causando ese estado de temor en el adulto; en consecuencia, la chance de acercarse por protección a una figura de la que se depende pero a la que se estaría amenazando (de acuerdo a esta representación interna) también genera conflicto (*yo soy peligroso/malo; debo cuidar [de mí] a mi papá/mamá*).

La actitud atemorizante del adulto genera claramente la percepción de que el otro −que debiera ser la fuente de calma y reaseguro− es aquel de quien el niño se debe proteger, generando nuevamente un dilema. La representación interna de sí en consecuencia sería del tipo *estoy en peligro*, porque hay peligro y a la vez la fuente de ayuda es peligrosa.

La primer paradoja señalada en relación a este estilo de apego es la de tener que buscar consuelo y calma en la fuente de la tensión misma.

La segunda paradoja radica en el hecho de que la relación y la interacción con ese cuidador no solo están mediadas por estos acercamientos negativos y condicionantes: también hay pequeños momentos de alguna muestra de afecto, o momentos en los cuales el niño logra una proximidad –percibida como no peligrosa o menos peligrosa- con su figura de apego. La siguiente viñeta lo muestra de una manera clara:

La familia de Mayra estaba compuesta por su madre, su padre y dos hermanos varones más grandes que ella. El padre comenzó a abusar sexualmente de Mayra a la edad de 13 años y siguió hasta los 17, cuando ella develó la situación por temor a quedar embarazada. Su padre era violento física y emocionalmente tanto con su madre como con sus dos hermanos, sin embargo, jamás había mostrado signos de este tipo de violencia hacia ella. Por el contrario, en las interacciones familiares cotidianas, se mostraba comprensivo y tolerante con ella, y la defendía de las agresiones de los hermanos. Por la noche o en los momentos en los cuales Mayra estaba en su casa y su madre estaba ausente, el padre "se transformaba en un monstruo" para Mayra, y abusaba sexualmente de ella sin hacer caso a las expresiones de miedo de su hija, o a sus muestras de dolor físico. Mayra contó que durante mucho tiempo no supo cómo tenía que actuar con su papá. Estaba acostumbrada a verlo violentarse con su madre y sus hermanos desde que tenía memoria, y siempre temía que le fuera a pegar a ella también, pero lo veía cambiar automáticamente su expresión de furia a tranquilidad en una fracción de segundo si se cruzaba con ella, sin entender Mayra qué había pasado para que ese cambio sucediera. Cuando aprendió que su papá tenía con ella un trato diferente que con su madre y sus hermanos, comenzó a relajar un poco –solo un poco- su actitud de alerta; por ejemplo, disfrutaba muchísimo cuando su papá la llevaba a la plaza a ella sola en verano a tomar un helado o un refresco, y en esos momentos no existía recuerdo alguno de las palizas y los golpes y los gritos que se habían sucedido hasta momentos antes en su casa. La primera vez que su papá se metió en su cama ella solo pudo registrar que la voz que le susurraba cosas en el oído no era la de él, y le costó un buen rato darse cuenta de si estaba dormida y soñando, o si eso estaba pasando en la realidad. Después de un tiempo, se acostumbró a que su papá cambiara la voz y la actitud con ella también dentro de su cuarto.

Tal como ilustra esta viñeta, la respuesta parental a los ojos del niño no solo no es predecible, sino que además es contradictoria, dando lugar a que, con cada despliegue de conductas contradictorias, se desarrollen en el niño representaciones internas de sí, del otro y del mundo, exactamente igual de contradictorias. Veamos de qué manera lo explica Liotti (1999):

"(...) Las estructuras de significado que emergen de las memorias implícitas en las que emociones de miedo, agresión y confort se siguen dramáticamente una a la otra (tanto en el self como en la conducta percibida de la figura de apego) son necesariamente múltiples. (...) Los niños desorganizados pueden construir –de manera simultánea y con idéntica posibilidad –aquello que han experimentado de manera repetida en sus interacciones de apego, esto es: 1) ellos como responsables del miedo y/o la agresión que perciben en su figura de apego cuando se le acercan; 2) la figura de apego como causa de su propia experiencia de miedo extremo; 3) la figura de apego como alguien que les puede dar consuelo y confort; 4) a ellos mismos como seres que pueden dar confort y calma a la figura de apego; 5) ambos, él mismo y la figura de apego, como víctimas de algún peligro oculto e invisible en el medio ambiente." (Liotti, 1999, pg. 299-300)

Liotti plantea que estas interacciones generan múltiples representaciones de sí y del otro que son contradictorias entre sí, recíprocamente excluyentes, permanecen segregadas y no pueden ser integradas en un único esquema coherente de memoria. En consecuencia la posibilidad de desarrollar un sentido de sí mismo integrado se ve altamente dificultada.

Estos modelos internos (*internal working models)* múltiples y contradictorios, son claros factores de riesgo para el desarrollo de sintomatología disociativa y trastornos disociativos. Desde esta perspectiva, cambia la visión de la disociación como un mecanismo defensivo, y la propone como una consecuencia concreta de experiencias primarias de interacción en las que el agente del trauma es aquel que debiera proteger al niño de tales sufrimientos:

"(...) Podemos esperar que grados extremos de disociación sean el resultado de tal situación interpersonal, no para servir un propósito defensivo primario, sino precisamente porque no hay una manera organizada de interpretar dicha situación. En estas circunstancias, pensar en la disociación como una defensa sería análogo a pensar en la fractura de un hueso como una reacción defensiva a un trauma físico." (Liotti, 1999, pg. 304).

Liotti (2009) propone tres posibles trayectorias evolutivas que conectarían el apego desorganizado en la infancia con el desarrollo de síntomas y trastornos disociativos en la edad adulta.

La primera de estas trayectorias evolutivas llevaría a una integración relativamente temprana de estas estructuras internas inicialmente segregadas (disociadas). Esto podría darse por un cambio en la cualidad de la interacción con la figura de apego a quien lo unía una estrategia conductual desorganizada, y/o por la ausencia de nuevos estresores importantes (traumas) a lo largo de la infancia/adolescencia. Estos niños se podrían convertir en adultos con una salud mental bastante estable, o con una vulnerabilidad moderada al uso de la disociación ante futuros estresores vitales.

La segunda trayectoria evolutiva implica que ante una eventual exposición a nuevas situaciones traumáticas, sería factible desarrollar algún tipo de trastorno disociativo del espectro menos severo.

Finalmente, en la tercera trayectoria evolutiva, la exposición crónica y repetida durante la infancia/adolescencia a malos tratos físicos, sexuales y/o emocionales llevaría al desarrollo de trastornos más severos como el trastorno de identidad disociativo, el trastorno límite de personalidad o el TEPT complejo. El hecho de que sea una figura de apego el agente de dichos malos tratos, o de que la figura de apego haya sido negligente en su respuesta ante estos hechos, incrementa exponencialmente la gravedad y perdurabilidad de la disociación.

Algunos aspectos de este modelo propuesto por Liotti fueron validados empíricamente.

Karlen Lyons-Ruth trata de llevarnos un poco más allá de este modelo, y nos recuerda que la interacción temprana entre un niño y sus figuras primarias de apego contiene muchos elementos que exceden lo que un observador común podría ver corrientemente.

Dutra y Lyons-Ruth (2005, 2006) realizaron un estudio para establecer el tipo de relación entre apego infantil y desarrollo posterior de sintomatología disociativa, con una muestra de 56 niños cuya evaluación y seguimiento se realizó desde el nacimiento y hasta los 19 años. El análisis de los resultados indicó que mediciones de maltrato en la infancia y en la adolescencia de los niños de la muestra, así como la presencia de TEPT, síntomas depresivos, trastornos depresivos y de ansiedad en la madre, fallaron a la hora de predecir el desarrollo de sintomatología disociativa en la adolescencia. En contraste, desorganización en la conducta infantil, falta de involucración emocional de la madre a la edad de 12 meses del niño, y una comunicación afectiva disruptiva por parte de la madre a la edad de 18 meses del niño, contribuyeron de manera significativa a la predicción de síntomas disociativos a la edad de 19 años.

La conducta materna hostil y atemorizante era una de las dimensiones que se esperaba tuvieran una fuerte relación con el desarrollo de disociación, teniendo en cuenta sobre todo el rol del maltrato infantil como trauma asociado al apego desorganizado y al desarrollo de patología disociativa. Sin embargo en el estudio de Dutra y Lyons-Ruth, este ítem fue el predictor más débil de posterior sintomatología disociativa, mientras que las conductas maternas de retracción del contacto emocional, la falta de respuesta a los acercamientos del niño, o el desarrollo de conductas contradictorias, desorientadas o de inversión de roles por parte de la madre ante el despliegue de las necesidades de apego del niño, se evidenciaron como las respuestas maternas más implicadas en las trayectorias evolutivas hacia el desarrollo posterior de síntomas disociativos.

Lyons-Ruth reflexiona acerca de la necesidad de prestar mayor atención a la cualidad de los cuidados tempranos en la interacción entre un niño y su figura de apego como factores relacionados con el desarrollo de síntomas y trastornos disociativos, y nos recuerda la importancia de incluirlos como una variable de evaluación independiente de los eventos traumáticos.

Además, nos aclara que los traumas a los cuales los niños se ven expuestos desde su edad más temprana, no necesariamente encajan en la definición estándar del DSM para los eventos traumáticos. Nos presta un término nuevo, intrigante y desafiante para quienes trabajamos no solo con niños y adolescentes, sino también con adultos: el de *traumas ocultos de la infancia*, a los que ella les atribuye la mayor relevancia por ser los que se dan con mayor frecuencia. Estos "traumas ocultos" ocurren en la interacción desregulada y en la falta de disponibilidad emocional de las figuras de apego para con las necesidades del niño en desarrollo. Y la gran mayoría de las veces no son visibles a los ojos del observador.

Cuando lo son, lamentablemente, activan en este último la famosa respuesta de no intromisión en los asuntos privados de una familia. Muchas veces los profesionales de la medicina y de la salud mental asisten a la evidencia manifiesta de estos traumas ocultos; sin embargo, la intervención –cuando se da- es tan tenue que su efecto tiende a desaparecer cuando ingresa el siguiente paciente.

La negligencia emocional y el maltrato emocional son dos formas de malos tratos que bien pueden entrar en la definición de *traumas ocultos de la infancia* propuesta por Lyons-Ruth, ya que implican precisamente una interacción desregulada, no reparada, constante, en la que el adulto –por exceso en el maltrato emocional, y por defecto en la negligencia emocional- falla a la hora de reconocer, validar y satisfacer las necesidades emocionales infantiles, incluyendo el consuelo, la valoración positiva de la conducta o el interés por sus intereses y gustos.

A diferencia de otras formas de malos tratos más resonantes como el maltrato físico o el abuso sexual, la negligencia emocional y el maltrato emocional, suelen pasar más desapercibidos para los profesionales, entre otras cosas porque averiguar por estas situaciones, requiere de una indagación más profunda e intensiva de las conductas y patrones de interacción entre el adulto y el niño, para lograr un diagnóstico concluyente. Como, además, los malos tratos más implicados en prácticas de protección por parte de la Justicia son el maltrato físico y el abuso sexual, muchas veces se desestima la importancia y el impacto de la negligencia y el maltrato emocional en el desarrollo del niño, y eventualmente se los menciona como agregados secundarios a las palizas o a las conductas sexualmente intrusivas, pero raramente se convierten por sí mismos en el motivo principal de las prácticas de protección.

En Estados Unidos de Norteamérica se considera que la negligencia es la forma más prevalente de maltrato infantil, sin embargo la menos estudiada empíricamente (De Bellis, 2005). Lejos de considerarla una situación episódica, De Bellis plantea que los niños expuestos a negligencia se enfrentan a este estresor de manera crónica, y que además afecta varios ámbitos de la vida cotidiana infantil, y no uno solo.

Por otro lado, en una investigación que se hizo comparando los puntajes de la Escala de Experiencias Disociativas para adultos (DES) en sujetos que habían sido expuestos a diversas formas de malos tratos en su infancia, aquellos que fueron expuestos a maltrato emocional solamente (violencia doméstica más abuso verbal), obtuvieron puntajes significativamente más altos que quienes habían sido expuestos solamente a maltrato físico o abuso sexual (Teicher, 2010).

5.3
¿Qué es lo que puede llevar al
desarrollo de un apego desorganizado?

Creo que tanto los modelos de Liotti como de Lyons-Ruth ponen de manifiesto para los clínicos (y para los médicos, los maestros y cualquier otro profesional que trabaje con niños) la necesidad de prestar una atención minuciosa a la cualidad de interacción temprana entre un niño y sus figuras de cuidado incluso desde antes que el niño nazca.

Un estudio de fines de la década de los 80 arrojó como resultado que más del 80% de los niños víctimas de malos tratos desarrollaban un estilo de apego desorganizado (Carlson, V., Cicchetti, D., Barnett, D. et al. 1989). Esta conclusión parece lógica dado que el maltrato activo tiene el potencial de generar en el adulto que lo causa una actitud atemorizante (obsérvese que la viñeta de Mayra nos cuenta cómo el solo hecho de ver a su papá ejerciendo violencia hacia sus hermanos y su madre la colocaba en un estado de alarma y temor ante la posibilidad de que la misma conducta se repitiera con ella).

No obstante, los resultados de las investigaciones de Lyons-Ruth nos hablan de la importancia de observar (y preguntar por) otro tipo de interacciones, menos evidentes que las interacciones violentas y abusivas, en las cuales el adulto no responde emocionalmente a las necesidades del niño, o directamente se retrae generando una distancia física y/o verbal en el momento de incremento de la tensión del niño, dejándolo en un estado de confusión respecto de qué otra estrategia conductual seguir. También cuando la figura de apego es contradictoria en su mensaje (por ejemplo alentando un acercamiento en lo corporal/gestual a la vez que lo desalienta o rechaza verbalmente), o responde de manera desorientada (disociada tal vez) a la interacción, estas actitudes parentales pueden facilitar el desarrollo de un estilo de apego desorganizado en el niño. Quienes trabajamos con niños tenemos en las entrevistas vinculares y familiares un escenario perfecto para poder observar en primera fila, al menos una parte de estas interacciones: ¿cómo se relaciona el adulto con el niño desde lo que hace, desde lo que le dice, y desde la forma en que lo hace y dice? ¿Y cómo responde el niño? ¿Qué hace el adulto ante las muestras de enojo, frustración, angustia o deseo de acercamiento que el niño despliega en su presencia? Lo que observamos se puede convertir en el puntapié para preguntarles entonces a los adultos si esto sucede siempre, si es siempre de la misma forma, y si no lo es, de qué otras maneras se relacionan, se comunican e interactúan.

Entre las primeras investigaciones que se realizaron en torno al tema, Main y Hesse (1990, op.cit) concluyeron que una situación de trauma no resuelto en la historia de las madres de la muestra que investigaban, aparecía también como un factor predictor de desarrollo de un estilo desorganizado de apego. Esta situación de trauma no resuelto podía darse ya fuera por la pérdida o muerte de una persona significativa (una propia figura de apego), o por haber padecido maltrato físico y/o sexual no elaborado. Una pérdida no necesariamente es traumática en sí misma, sino que determinadas circunstancias asociadas a la pérdida y determinadas características de la persona que la sufrió pueden conferirle dicha cualidad. Así, es importante saber por ejemplo a qué edad ocurrió esa pérdida, qué circunstancias la rodearon, e incluso cuál era la relación de la persona con la figura que perdió (por ejemplo, no es lo mismo que fuera una persona de cuidado y a quien estaba ligada afectivamente, que un padre que abusara sexualmente).

Esto nos habla de la importancia de incluir de manera sistemática, en la historia que elaboramos sobre el niño que atendemos y su familia, preguntas relacionadas con historias de pérdidas importantes en los adultos, relaciones con las personas que perdieron, cuál es su estado emocional actual al recordar a esas personas (¿hay un duelo elaborado o un duelo congelado?), así como historia de trauma en la infancia y en la adolescencia de estos adultos, tratando de conocer cómo se encuentran ellos hoy frente a esa historia sufrida (¿la niegan?, ¿la minimizan, la justifican?, ¿la han podido elaborar?, ¿qué de sus discursos, de sus acciones y sus conductas nos dice que han podido procesar sus propios traumas?), y cómo sienten o creen que esta situación pudo haber afectado –o no- su relación con el niño a su cuidado.

5.4
Una última aclaración
sobre la terminología

En la literatura sobre trauma es posible encontrarse con el término *apego traumático*. El apego traumático no constituye una clasificación más del sistema de apego fuera de las que se describieron hasta ahora en este texto, si bien puede corresponderse como vimos en esta última parte, con el apego desorganizado/desorientado. El término *apego traumático* ha sido utilizado para describir el tipo especial de relación y vínculo que se establece entre un victimario y su víctima pudiendo ser aplicado, obviamente, a las relaciones entre un niño y sus figuras primarias de cuidado. James (1994) explica que, al igual que en el apego seguro, el vínculo o apego traumático también es sentido como esencial para la supervivencia, solo que mientras el primero se nutre de y se basa en el amor, el segundo se basa en y se nutre del terror.

La dinámica descripta anteriormente en la que el niño se enfrenta a la paradoja de encontrar en la misma persona a la fuente del peligro y al recurso para la calma ante tal peligro, puede ser perfectamente aplicada a la explicación del término *apego traumático*. Sin embargo es importante recordar que este término no reemplaza a ninguna de las clasificaciones del sistema de apego, sino que solo aporta una visión dinámica de la interacción.

La autora citada hace además una distinción que me parece interesante retomar aquí acerca de los problemas relacionados con el apego que pueden ser objeto del tratamiento de un niño. Ella habla del apego perturbado, el apego traumático y los problemas de apego relacionados con trauma.

Dentro de la categoría de *apego perturbado* se incluirían aquellos problemas derivados de la particular categoría de apego inseguro en el cual el clínico entienda que se encuentra el niño que va a atender. La conceptualización aquí está particularmente centrada en trabajar sobre los desajustes en la relación entre el niño y sus figuras de cuidado primario que tienen el potencial de seguir generando más perturbación.

El *apego traumático* estaría claramente mediatizado por todas aquellas situaciones en las cuales el autor del daño o de la exposición al daño es la figura de apego misma.

Finalmente incluye dentro de la categoría de *problemas de apego relacionados con trauma* a todas aquellas situaciones en las cuales un evento traumático interfiere en la cualidad de apego del adulto. Un accidente, una enfermedad, una catástrofe natural pueden afectar a toda la familia por igual, y el adulto puede verse sobrepasado por la situación. Su propia traumatización puede afectar la cualidad de la relación de soporte para con sus hijos, y diversos factores colaborarán además como mediadores del impacto a mediano y largo plazo. No es lo mismo que el niño tenga 3 años a que tenga 11. No es lo mismo que la traumatización involucre pérdidas importantes (como por ejemplo la muerte o el daño permanente de un ser querido importante) que inconvenientes transitorios. No es lo mismo que el adulto cuente con una red extensa de soporte que amortigüe los efectos del impacto, a que se encuentre solo por completo en su comunidad y deba a la vez ocuparse de las consecuencias post traumáticas (por ejemplo, buscar una casa que se voló con un tornado), de la vida emocional (necesidades de consuelo y reaseguro) y cotidiana de sus hijos (volver a la escuela), y de la propia (el propio duelo por las pérdidas).

Esta organización muestra bastantes superposiciones con lo que se ha desarrollado hasta ahora en el capítulo sobre los distintos tipos de apego. Sin embargo me pareció útil mencionarla, ya que puede servir al clínico para agregar datos importantes a la conceptualización del caso a atender.

En cualquier caso la mirada en la relación del niño con sus figuras de apego es un elemento fundamental a la hora de planificar un tratamiento. No es que no lo sea en el tratamiento de un adulto, sino que, en el caso de la atención a niños, el sistema de apego está sometido a una prueba real a diario, ya que el niño convive aún con sus padres o cuidadores.

En consecuencia, la oportunidad para intervenir de manera directa en el sistema es única.

5.5
La disociación estructural
de la personalidad.

La teoría de la disociación estructural de la personalidad fue desarrollada por Onno van der Hart, Ellert Nijenhuis y Kathy Steele, y publicada en el año 2006 en el libro *"The haunted self"* ("El yo atormentado" es el título en español, ver las referencias bibliográficas para editorial y año de publicación).

Estos autores parten de la siguiente idea de disociación, que fuera planteada por Pierre Janet (contemporáneo de Freud): ante situaciones de estrés extremo los sistemas de ideas y funciones que componen la estructura de la personalidad pueden verse separados (disociados) unos de otros (van der Hart et al. 2006; Steele et al. 2009). El término "ideas" se refiere a sistemas psicobiológicos que incluyen pensamientos, afectos, sensaciones y conductas.

Los principios básicos de la teoría de la disociación estructural de la personalidad (TDE, de ahora en adelante) serían los siguientes:

1) La personalidad se puede entender como una estructura compuesta por sistemas psicobiológicos que funcionan de manera coherente y coordinada entre sí.

2) Estos sistemas psicobiológicos constituyen *sistemas de acción*, en tanto y en cuanto cada uno de ellos contiene una propensión innata a actuar de una manera determinada y con un fin determinado (ir, tender

hacia, buscar las experiencias positivas y alejarse de o evitar los estímulos y experiencias aversivos).

3) Hay dos grandes categorías básicas de sistemas de acción que constituyen la personalidad y que juegan un papel decisivo en la disociación relacionada con el trauma: los sistemas de acción de la vida cotidiana (que nos ayudan a adaptarnos a la vida diaria de la manera más ajustada), y los sistemas de acción de la defensa (que nos ayudan a alejarnos del peligro, y a recuperarnos de aquellas situaciones en las cuales se ha activado alguna de las respuesta de alarma, una vez cesado el peligro; es decir entonces, que están ligados a la supervivencia). En una personalidad integrada, ambos sistemas de acción no pueden funcionar de manera simultánea, ya que se inhiben mutuamente.

4) Cuando las personas deben enfrentar un peligro importante de manera prolongada, o que sobrepasa de manera excesiva sus capacidades de afrontamiento, o que sucede en períodos críticos del desarrollo (en que las funciones integradoras del cerebro están todavía en formación) se puede producir una disociación entre ambos sistemas de acción de manera tal que la persona pueda continuar atendiendo a los objetivos implícitos en cada uno de ellos.

5) En este sentido la disociación estructural de la personalidad implica una falla integrativa en los sistemas que componen la estructura de la personalidad. Estos autores plantean que solo de manera secundaria se puede hablar de la disociación como una defensa (en el sentido psicodinámico del término).

A continuación trataremos de desglosar los términos más relevantes de esta teoría para poder entender la disociación relacionada con el trauma desde la conceptualización de la TDE.

Los sistemas de acción.

Los sistemas de acción de la vida cotidiana y de la defensa funcionan de manera integrada en condiciones normales: por ejemplo, cuando estamos sentados a la mesa comiendo en familia, tranquilos, disfrutando del momento (sistema de acción de la vida cotidiana), no estamos pendientes de si va a entrar un ladrón a nuestra casa (sistema de acción de la defensa). El sistema de acción de la vida cotidiana es entonces el que está "trabajando", mientras que el sistema de acción de la defensa está "en reposo". De ahí la idea de que en un funcionamiento integrado, ambos sistemas se inhiben mutuamente.

Pero si repentinamente escuchamos un ruido extraño e inusual en la puerta trasera, que se supone debiera estar cerrada, posiblemente vamos a levantarnos de la mesa para ir a ver qué pasa, y tal vez busquemos algo con qué defendernos en caso de que haya entrado alguien extraño y desconocido. Aquí entonces toma protagonismo el sistema de acción de la defensa, y deja en suspenso una actividad que, de continuarla como si el ruido no hubiera existido, podría eventualmente ponernos en una posición más desventajosa para defendernos del supuesto peligro. Si la evaluación de la supuesta y eventual amenaza resulta en una ausencia de peligro (por ejemplo, el ruido provenía de los movimientos del gato del vecino que buscaba entrar a nuestra casa, donde sabe que siempre hay comida), las acciones relacionadas con el sistema de defensa darán lugar a retomar las acciones interrumpidas del sistema de la vida cotidiana. Si, por el contrario, de la evaluación resulta que verdaderamente estamos en peligro (vemos la sombra de una persona que está tratando de abrir la puerta, forzándola), el sistema de defensa desplegará aquellas acciones ligadas específicamente a la consecución del objetivo de sobrevivir al peligro: luchar, huir, congelarse o someterse.[6]

Algunos sistemas de acción están disponibles desde el nacimiento, mientras que otros se van desarrollando con el crecimiento y pueden entrar en juego más claramente con la madurez (Ogden et al., 2006). La activación de los sistemas de acción y de las conductas asociadas a ellos, está determinada en gran medida por el momento en el cual éstos se hayan desarrollado. Los más antiguos en su desarrollo, como el sistema de apego y los sistemas de defensa, suelen ser más potentes que los que se desarrollan a posteriori, y en consecuencia, más difíciles de regular que otros sistemas de acción evolutivamente más nuevos.

A continuación se detallan los distintos sistemas de acción de acuerdo a la descripción ofrecida por Ogden y colaboradores sobre la base de diversos autores[7], que a mi gusto es la más ilustrativa y didáctica.

---

[6] La formación psicodinámica de los profesionales de la salud mental puede jugar una trampa aquí. Por eso es importante destacar que cuando se habla de *sistemas de acción de la defensa*, la TDE se refiere a la defensa desde un punto de vista psicobiológico y no psicodinámico como el término *mecanismo de defensa*. Debemos tener siempre presente esta aclaración al comenzar a adentrarnos en el mundo de esta teoría, ya que puede ser un error común realizar una lectura desde modelos pre aprendidos.

[7] Ver el libro "El Trauma y el Cuerpo. Un modelo sensoriomotriz de psicoterapia", de Ogden, Minton y Pain, Editorial Desclee de Bowers (2009).

Ogden, Minton & Pain (2009) comienzan planteando que el sistema de _apego_ sienta las bases para todos los demás sistemas. Veamos por qué.

Como vimos en el capítulo 4 y principios del presente, las situaciones de tensión o percibidas como peligrosas son aquellas que movilizan a este sistema: el niño busca a sus figuras de cuidado primario con el fin de sentirse seguro, calmar la tensión interna y poder volcarse a otros intereses. En este sentido entonces, el sistema de apego está íntimamente relacionado con el sistema de **defensa**, que activa la señal de alarma y las respuestas necesarias para garantizar la supervivencia y la evitación del daño ligado al peligro. Pero el sistema de apego es asimismo responsable de modelar y modular la regulación interna de la tensión. Es decir que, en situaciones de tensión permanente como puede ser -por ejemplo- vivir en un ambiente familiar violento, el apego disfuncional que se genera entre el niño y sus cuidadores será el responsable además de moldear la respuesta de alarma (su intensidad, su sobreactivación, la regulación de la misma).

De la misma manera, solo una base de seguridad es la que va a permitir al niño el desarrollo adecuado de los demás sistemas de acción: los de la **vida cotidiana**.

Solo si se siente seguro, el niño podrá curiosear, buscar aquello que le resulta atractivo o necesario, y pedir por ello, aprender, mostrar interés en estímulos nuevos o atractivos y acercarse a ellos, investigar, cuestionar lo que va encontrando, analizarlo, tocarlo, morderlo, elegirlo o desecharlo, todas éstas, acciones incluidas en el sistema de _exploración_. La figura de apego será el facilitador y el observador cercano de los primeros ejercicios exploratorios del bebé, y en adelante el niño a medida que crezca, podrá ser alentado a avanzar más allá de los límites de su propio cuerpo y del mundo circundante, con el fin de ampliar su conocimiento.

Desde allí al desarrollo de las primeras actividades lúdicas, hay solo un paso. El apego será entonces también un facilitador del desarrollo del sistema de _juego_, favoreciendo las acciones ligadas al mismo, desde los primeros juegos del bebé, el juego simbólico ya sea con juguetes como con la personificación de roles, para llegar a la incorporación de reglas y el juego competitivo mucho más adelante.

El juego empieza siendo una experiencia de interacción: la mamá que le ofrece un objeto colorido a su bebé, lo ayuda a sostenerlo, lo esconde y lo hace aparecer, está jugando. Esa interacción permite al bebé la exploración incipiente y primitiva aún del color, el movimiento, el acercamiento y el alejamiento del objeto, la sensación de la textura, la experimentación de su propia voz y de los tonos de la voz de su mamá. Todas estas asociaciones permiten conectar la experiencia de la exploración al juego y al placer derivado del mismo. Si un bebé pasa todo el tiempo en su cuna con mínima interacción con otros adultos ese mundo de experimentación se verá altamente limitado a sus propias manos, a sus piececitos cuando los alcance y a las sábanas que lo rodean. Posiblemente cuando crezca podamos verlo como un niño con escaso interés en los juguetes que lo rodeen, con dificultades para armar una secuencia lúdica o para sostenerla. Con poca curiosidad para explorar los límites más allá de sí mismo.

Exploración y juego se encuentran además íntimamente ligados al desarrollo del sistema del _contacto o interacción social_: en función de los esquemas y representaciones internas consecuencia del desarrollo del sistema de apego, el niño podrá aprender a establecer y sostener relaciones con pares y con otros adultos, extendiendo y enriqueciendo su campo interpersonal, y sentando las bases para las variadas y complejas relaciones que deberá desarrollar y mantener en la edad adulta.

Estas relaciones se irán modelando sobre la base de las interacciones que el niño sostiene en su grupo primario. El niño que recibe el mensaje de que otros adultos alternativos y en los cuales sus padres depositan confianza, pueden ser fuente de apoyo, aprenderá que puede pedir ayuda e irá estudiando a quiénes hacerlo. Pero el niño que ha vivido en un aislamiento familiar importante que ha servido para el ocultamiento de conductas maltratantes y abusivas por parte de sus padres, aprende exactamente lo contrario, entre otras cosas por el mismo mensaje explícito de los adultos que cuidan de él: no le conviene interactuar con nadie.

A partir del momento mismo en que un niño comienza su escolarización, su mundo excede las fronteras familiares: hay nuevos adultos, hay pares, y los adultos a su vez deben dividir su atención ¡entre él y todos los que se le parecen! Esos nuevos adultos vendrán a su vez con nuevas reglas para la interacción, reglas que se irán complejizando a medida que el niño vaya creciendo. Si más adelante se agregan además otros grupos (tales como compañeros de un club, o de un grupo scout, por fuera de la escuela), las relaciones se complejizan y diversifican aún más. Y así hasta llegar a la edad adulta en que no solo nos relacionamos con nuestras familias, sino también con nuestros amigos, sus cónyuges, los hijos de éstos, nuestros empleadores, nuestros empleados o subalternos, nuestros compañeros de trabajo, nuestro médico de cabecera, los médicos de nuestros hijos, los amores de nuestros hijos, las familias de éstos, los empleados del supermercado donde hacemos nuestras compras, y podríamos extender esta lista mucho más aún. Notemos cuánta flexibilidad se necesita en la edad adulta para relacionarnos de manera tan diversa con tan variadas personas en tantos tipos de relaciones.

El apego sienta también las bases para el desarrollo del sistema de acción del *cuidado*, que no es ni más ni menos que la posibilidad de reproducir en la edad adulta las acciones que permitan a su vez desarrollar el apego en los propios hijos, por ejemplo, a la vez que poder determinar y llevar a cabo las acciones necesarias para ayudar, sostener, apoyar, contener a otras personas en las diferentes relaciones que se puedan establecer (amigos, pareja, padres), favoreciendo el desarrollo de la empatía.

Si bien este sistema de acción culmina su desarrollo en la edad adulta, podemos encontrar atisbos de él en la infancia, por ejemplo, en el cuidado de una mascota, o de un juguete especial. Cuando el niño puede empezar a aprender a preocuparse por las consecuencias de sus acciones en los otros, está formando conexiones relacionadas con el sistema de acción de cuidado. Sin la guía y el modelado por parte de los adultos cercanos (familia y escuela, en dicho orden), la consideración hacia las necesidades del otro se torna un aprendizaje altamente difícil.

Finalmente el sistema de acción de la *sexualidad*, será el responsable no solo de la reproducción, sino de todas aquellas conductas relacionadas con el cortejo, la seducción, la búsqueda de pareja, la consecución de sensaciones placenteras, el afecto y el cariño. Todas estas acciones se encuentran claramente ligadas al sistema de apego así como a las acciones derivadas de otros sistemas de acción tales como el de los cuidados, el contacto social o la exploración.

Y para que todas, absolutamente *todas* estas acciones puedan ser desarrolladas de la manera más adaptativa y con el uso más adecuado de los recursos del individuo, es que contamos con un sistema de *regulación de la energía*, que es el encargado de regular funciones básicas y tan necesarias como alimentarnos, saciar la sed, dormir, equilibrar la actividad y el descanso, regular la eliminación de los deshechos, la temperatura corporal y las reacciones al dolor físico. Todas estas funciones se van gestando y adquiriendo ya desde los primeros meses de vida del ser humano, y son mediatizadas por las figuras de apego que son las encargadas de regularlas.

Los sistemas de acción de la **defensa** se subdividen en los siguientes subsistemas, que mencionaré brevemente ya que fueron más desarrollados en capítulos anteriores. En primer lugar se cuentan las llamadas *estrategias defensivas relacionales* como el sistema de implicación social antes descripto, y el sistema de apego; este último es la estrategia que se activa en los niños pequeños a través del llanto[8] o el llamado de sus figuras primarias de apego.

Luego están las estrategias defensivas de *movilización*, como la lucha o pelea y la huída. Y por último las estrategias defensivas de *inmovilización*, como el congelamiento y la sumisión total.

Puede ser de utilidad pensar en cualquier situación de exposición traumática que pueda afectar a un niño o niña como ejemplo para entender mejor de qué forma se va gestando esta *falla integrativa* entre los dos grandes sistemas de acción mencionados.

Juan tiene 14 meses. Vive con su madre, su padre y un hermano de 9 años en una habitación de un pensionado. Sus padres trabajan desde tempranas horas de la mañana hasta muy tarde en un taller textil cercano. El padre es violento con la madre, con su hermano y con él también. De lunes a sábado, que es cuando sus padres trabajan, Juan permanece todo el tiempo a solas en su cuna en la habitación. Ve a su mamá durante media hora del día, cuando ella vuelve a la habitación a alimentarlo, luego lo duerme y regresa alrededor de las 10 de la noche. El hermanito de 9 años es el encargado de cuidar del bebé mientras no está en la escuela; esto incluye cambiarle los pañales y jugar con él. Muchas noches Juan llora sin poder dormirse, lo cual produce en el padre una reacción de ira: lo lleva al baño común de la pensión y lo moja con agua helada para que se calme, ya sea en invierno como en verano.

¿Qué produce en este niño de tan corta edad esta mezcla de acciones negligentes y físicamente abusivas por parte de los cuidadores primarios?

La oscilación cotidiana y constante entre hiperactivación (el maltrato) e hipoactivación (la negligencia, el ser dejado solo durante la mayor parte del día) deja a Juan con pocas posibilidades de regular adecuadamente sus ritmos biológicos: la mayoría de los días ve a su mamá apenas unas horas, y ese contacto está mediatizado por la tensión en que

---

[8] También llamado "llanto de apego", al cual Bruce Perry considera un rudimento de las estrategias defensivas de lucha, ya que los bebés y los infantes carecen de la fuerza y las proporciones físicas que se requieren para poder luchar efectivamente contra un adversario.

sume a esta mamá la relación con el padre. He aquí la *interacción desregulada* de la que habla Lyons-Ruth.

Si Juan tiene hambre fuera de los momentos en los que la madre puede ir a cuidarlo a la habitación, no hay quien lo alimente; Juan recibe poca estimulación y podemos intuir que pocas muestras de confort y calma mientras está solo; cuando alguna situación aumenta su nivel de tensión por la noche, la calma llega a través de una sobreactivación de su sistema de alarma a través del maltrato de su papá.

En consecuencia, situaciones de la vida cotidiana tan necesarias para el desarrollo de un bebé como la alimentación, la regulación del sueño y otras necesidades fisiológicas (sistema de regulación de la energía mediatizado aún por el cuidado de la figura de apego), la respuesta de calma ante el aumento de la tensión (sistema de apego activado por el sistema de defensa), la estimulación (sistemas de apego, regulación de la energía y juego) y el cuidado (sistema de apego), se encuentran completamente atravesados por la hipoactivación propia de la falta de contacto en la que se encuentra la mayor parte del tiempo, y por la hiperactivación producto del maltrato paterno. Tanto la hipoactivación como la hiperactivación están relacionadas con el sistema de la defensa, pero las estrategias defensivas implicadas en cada situación serán diferentes, y activarán, a su vez, diferentes áreas cerebrales: el sistema nervioso simpático en el caso de la hiperactivación, alternará su funcionamiento con una activación de la rama dorsal vagal del sistema nervioso parasimpático.

Esta alternancia repetitiva será la que facilite el desarrollo de una ventana de tolerancia estrecha para una regulación emocional óptima. La no disponibilidad de la otra figura de apego de Juan (su mamá) será otro factor contribuyente a la deficiencia en el desarrollo óptimo de estrategias relacionales defensivas. Sin una intervención temprana en la vida de Juan, podemos esperar que esa alternancia en la respuesta se convierta en patrón frente a cualquier situación de tensión que deba afrontar en la vida, incluyendo aquellas que no implican peligro en sí mismas.

Una intervención rápida en la vida de Juan que le permita poder seguir creciendo en un ambiente más armónico tiene probabilidades de reparar este desajuste: un ámbito de vida más sano, en el que su mamá pueda trabajar menos horas y estar más tiempo con él, o disponga de la posibilidad de un cuidado alternativo para su bebé mientras ella trabaja (desde una vecina hasta un Jardín Maternal); un alejamiento del padre violento hasta tanto éste pueda modificar su conducta maltratante; un apoyo terapéutico para la madre que pueda incluir intervenciones en el vínculo con su hijo, y si es necesario, orientación relacionada con las pautas evolutivas y necesidades de Juan, a medida que éste vaya creciendo.

Si, por el contrario, Juan continúa viviendo en este tipo de situaciones, se seguirá abonando el terreno para el desarrollo de desórdenes postraumáticos complejos y disociativos.

En la gran mayoría de las historias de malos tratos de diverso tipo que conocemos, este segmento de la vida se repite a diario durante muchos, muchos años. Niños como Juan o su hermano mayor viven en esos ámbitos familiares toda su infancia, muchas veces también durante toda su adolescencia, y llegan a la edad adulta completamente desregulados, habiendo pasado por escolarizaciones estériles, con dificultades para aceptar límites o para dirigir su conducta de manera ajustada a las circunstancias, estableciendo relaciones íntimas que reproducen los mismos patrones de relación que conocieron, ejerciendo violencia o siendo violentados.

De esta manera, la vida cotidiana puede ser amenazante en sí misma, y se convierte en aquello de lo que hay que defenderse permanentemente, aunque para un observador casual no lo sea ni tenga motivos para serlo.

Los sistemas de acción y las tendencias de acción.

Las tendencias de acción implican no solo el llevar a cabo una acción determinada, sino todo el proceso que incluye desde su planificación hasta su finalización, es decir que no implican únicamente acciones motoras, físicas, sino también mentales. A quienes atienden adultos con historias de trauma crónico en su infancia, tal vez les resulte familiar el ejemplo de pacientes que tienen una gran capacidad de pensar y planificar adecuadamente las acciones necesarias para lograr un determinado objetivo, y sin embargo son absolutamente incapaces de llevarlas a cabo y/o de completarlas satisfactoriamente.

Los sistemas de acción y las tendencias de acción se relacionan de al menos dos formas importantes: por un lado una misma tendencia de acción puede ser parte de más de un sistema de acción; por otro lado, algunas tendencias de acción son específicas de determinados sistemas de acción y no de otros. Las tendencias de acción siguen una jerarquía que estaría determinada evolutivamente, abarcando desde los reflejos básicos hasta las acciones reflexivas. No es que unas sean mejores que otras, sino que el desarrollo del espectro total de tendencias de acción nos dotará de un mayor repertorio de respuestas para poner en movimiento de acuerdo al estímulo y al contexto. La progresiva integración de sistemas de acción y tendencias de acción permitirá un crecimiento ajustado en el que podamos cumplir los objetivos del momento, utilizando los recursos adecuados.

En su explicación acerca de las tendencias de acción van der Hart y colaboradores plantean que la traumatización sucede cuando la energía mental o la eficiencia mental son demasiado bajas como para utilizar las tendencias de acción de nivel superior que se requieren para integrar los acontecimientos abrumadores a los cuales nos vemos enfrentados. Continúan diciendo que una combinación entre los sucesos abrumadores (y yo agregaría además, su repetición, como es el caso de la exposición a trauma crónico en la infancia) y la baja eficiencia mental "puede conducir a una detención evolutiva o una regresión a tendencias de acción desadaptativas de bajo nivel" (van der Hart et al., op cit, 2008, pg. 300, el subrayado me pertenece). Esta detención evolutiva o regresión no implica que se pierdan tendencias de acción evolutivamente más avanzadas, pero marcará el rumbo de la respuesta del individuo traumatizado ante los estímulos que evoquen la información traumática.

Este concepto es, en mi opinión, importante para entender los fenómenos de transición entre partes disociativas que se pueden observar en adultos, pero que también se pueden observar −a veces con mucha claridad- en niños.

Una niña de 10 años falla en un examen escolar. No es la primera vez que le sucede, de hecho su rendimiento académico es de regular a bajo. Sin embargo, lo elocuente es su descripción de lo que le sucede durante ese examen en particular. Se trata de un examen de Geografía, en que se les pide a los alumnos que completen algunas frases con información, basándose en un mapa. Son solo 10 ítems, pero esta niña, al pasar al tercer ítem se "bloquea". Al preguntarle acerca de la experiencia de ese bloqueo (¿qué lo activó?, ¿qué estaba pasando en el contexto y en su cabeza en el momento en el cual se bloqueó?, ¿qué descripción gráfica puede hacer ella de esa experiencia?), la niña responde que, de repente, empezó a ver signos y cosas que no podía entender. Cuando se le pide que describa, escriba o dibuje estos "signos y cosas", la niña toma una hoja de papel y comienza a escribir... ¡signos de puntuación![9] En el

---

[9] Es importante destacar que el acceso a esta información se logró durante el reprocesamiento con EMDR de la situación de examen, ya que la niña debía volver a repetirlo por su casi nula respuesta y esto le generaba mucha ansiedad. El hecho de acceder a la memoria de esa situación tal como había quedado almacenada en ese momento es lo que explicaría el hecho de que, durante la sesión la niña no pudiera *darse cuenta* de que esos "signos" que ella estaba

momento del examen alguna situación disparó la aparición de una parte disociativa de esta niña, a la que la misma identifica como una "niña pequeña de 5 años". La experiencia de que es una niña pequeña de 5 años es meramente subjetiva; pero desde una perspectiva que integra a la disociación en relación a la traumatización crónica padecida por esta niña en el seno de su familia, se entiende que algo activó una red de memoria asociada a la situación traumática y su respuesta activó tendencias de acción evolutivamente menos avanzadas que las que se requieren para poder responder a la situación de examen (en la que se trataba no solo de recordar los contenidos curriculares de la materia que estaba siendo evaluada, sino conocimientos previos de lecto-escritura).

Entender el por qué de estos cambios no solo amplía nuestra comprensión del paciente, sino que además nos prepara para poder adaptar nuestras intervenciones en función de las tendencias de acción que el paciente pone en juego en cada momento.

En el tratamiento de niños corremos el riesgo de interpretar erróneamente estos cambios conductuales o en habilidades, y en consecuencia, podemos equivocarnos a la hora de ajustar nuestras intervenciones.

Para un desarrollo en profundidad sobre las tendencias de acción se recomienda ir al libro *El yo atormentado* de van der Hart, Nijenhuis y Steele (2008). Si bien la TDE se basa en la explicación de cómo se manifiesta la disociación estructural en pacientes adultos, y aunque reconoce su etiología en la traumatización infantil crónica, una adaptación de esta teoría y todos sus componentes a la población infantil todavía está por desarrollarse. Es importante considerar que al hablar de población infantil, no es aplicable el conjunto entero de tendencias de acción, ya que éstas no vienen dadas en el principio de la vida, sino que son producto del desarrollo. Con lo cual, la idea propuesta por van der Hart et al., de que la combinación de trauma más baja eficiencia mental puede conducir a una *detención evolutiva* en tendencias de acción de niveles más inferiores, suena coherente desde el punto de vista del desarrollo.

El niño severamente traumatizado en su primera infancia debe poner todos sus recursos al servicio de adaptarse a un ambiente hostil, violento, negligente, poco favorecedor de un desarrollo armónico. El desarrollo de las estructuras más nuevas del cerebro, las más avanzadas, queda supeditado a la permanente activación de las estructuras más primitivas, puestas al servicio de la supervivencia. En consecuencia, los

---

dibujando en la hoja, eran conocidos por ella.

recursos necesarios para el desarrollo adecuado de las diversas tendencias de acción, estarán mermados en esta lucha permanente por la supervivencia. Este razonamiento, enteramente especulativo, podría llevarnos a pensar una vez más en la importancia de trabajar tempranamente en la detección y el tratamiento de estos niños, así como en proveerles de ambientes de crecimiento sanos, en los cuales puedan desarrollar aquellas capacidades que fueron quedando rezagadas.

La razón por la que decidí incluir de manera breve el tema de las tendencias de acción tiene por objetivo permitir al lector entender que la relación entre desarrollo evolutivo, traumatización y disociación es a la vez dinámica y compleja. La integración de los distintos componentes de nuestra personalidad no es un hecho que se deba dar por sentado, sino, por el contrario, un proceso en el cual intervienen diversas variables, de las que, a los efectos del propósito de este libro, señalaremos la más importante: la variable interpersonal.

En su desarrollo primario el ser humano necesita de otro ser humano. Las relaciones primarias de apego son como el cimiento de una construcción. Sólidos cimientos garantizan una construcción fuerte, duradera, que tolerará mejor las adversidades y saldrá recuperada de ellas. Los cimientos débiles garantizan una estructura endeble, que irá presentando diversos tipos de problemas con diversos niveles de gravedad de acuerdo a la situación, y que requerirá de mayores esfuerzos a la hora de repararlos. Posiblemente no se derrumbe, pero tal vez necesite de constantes apuntalamientos.

El mensaje permanente de este libro va en ese sentido. La intervención temprana en la infancia tiene por objetivo de máxima la construcción de cimientos sólidos (un apego seguro), y por objetivo de mínima el apuntalamiento de los cimientos débiles (apegos inseguros) y la protección frente a futuras inclemencias del medio ambiente (eventos traumáticos). Y en esta intervención, cuando los terapeutas aparecemos en escena, tenemos la oportunidad única de ayudar en la rectificación de este proceso de construcción. Solo se requiere que entendamos dónde estamos parados, y hacia dónde –y cómo- debemos dirigirnos.

Disociación versus integración.

En el universo de la TDE, la integración es un concepto que va más allá de lo que suele entenderse en la psicología del trauma, esto es, la integración como la inclusión de las experiencias traumáticas en la narrativa histórica del paciente.

90

Aquí *integración* es la capacidad de la personalidad de permanecer a la vez flexible y estable para poder responder a las circunstancias con los recursos adecuados en el momento adecuado. Es decir que las tendencias de acción y los sistemas de acción trabajen de manera integrada y organizada. Podemos notar aquí nuevamente hasta qué punto es importante en el desarrollo humano la presencia de un adulto predecible, que no dañe, que repare las disrupciones de la comunicación, que colabore a la regulación del niño como un paso previo a la autorregulación que él mismo irá adquiriendo a lo largo de su crecimiento. ¿De qué otra forma podríamos convertirnos si no en individuos con una personalidad a la vez estable y flexible, que se ajuste de la manera más adecuada a cada circunstancia que se va presentando en la vida?

Para entender mejor cuál es la diferencia con la disociación, veamos cuáles son según van der Hart y colaboradores, las acciones implicadas en la integración.

Para ello, volveremos rápidamente al concepto reciente de *tendencias de acción*. El nivel más alto de tendencias de acción al que una persona puede llegar en un determinado momento se conoce como *nivel mental*. El nivel mental es el producto de la relación entre la *energía física y mental* disponible para lograr un determinado objetivo, y la *eficiencia mental*, es decir la eficacia en el logro de dicho objetivo. Esa relación tendrá entonces un papel importante en la posibilidad de integrar nuestras experiencias.

A medida que un niño va creciendo, tanto la energía física y mental como la eficiencia mental, serán funciones mediatizadas por el o los adultos que actúen como figuras de apego, ya que es imposible pensar que ambas se concreten por sí solas o sean un producto intrínseco al desarrollo evolutivo.

Las dos acciones integradoras por excelencia son la síntesis y la conciencia. La síntesis implica la posibilidad de relacionar y diferenciar "una serie de experiencias internas y externas en un momento dado y a lo largo del tiempo" (van der Hart et al., 2006, 2008, pg. 37), mientras que la conciencia implica la posibilidad del darse cuenta de la experiencia tal como es, con un sentido de pertenencia o personificación ("esto me pasó a mí"), y de presentificación ("esto sucedió en el pasado y ya no está sucediendo más").

Una forma de ejemplificar estas nociones sería, por ejemplo, la siguiente: *"Yo tengo una sensación de ahogo* [personificación] *igual a la que tenía cuando mi padre abusaba de mí* [síntesis], *pero eso sucedió cuando tenía 5 años, no está sucediendo ahora* [presentificación] *ahora ya crecí y sé qué mi padre no puede volver a abusar de mí* [conciencia de la experiencia pasada y presente]". En la infancia estas dos acciones integradoras necesitan de un interlocutor adulto que será el encargado de dar un contexto a la experiencia que el bebé y el niño van teniendo. De hecho la capacidad de diferenciar entre experiencias internas y externas es una construcción que se va dando en el desarrollo; adentro/afuera son conceptos que necesitarán de un importante período de tiempo para su aprendizaje.

Pensemos en un bebé de pocos meses que solo dispone de una forma de expresar su malestar: el llanto. Ese llanto sirve para comunicar hambre, molestia, dolor, pero quien interpreta el significado del mismo y pone en marcha las acciones necesarias para calmar ese estado, es un adulto. A medida que el adulto comienza a reconocer los matices de ese llanto, esa posibilidad de reconocer y diferenciar lo que le está sucediendo al bebé, activa con mayor rapidez el circuito de acciones tendientes a calmar el estado, lo cual a su vez facilita las mismas conexiones internas en el bebé. Cuando el adulto va interpretando a través de la puesta en palabras el estado emocional del niño (*Ay, estás llorando por una pesadilla, cuánto miedo debes haber sentido, ahora mamá está aquí para calmarte*), también está facilitando este reconocimiento y diferenciación. En la primera infancia no existe forma de construir el significado de una experiencia si no es a través de las figuras primarias de cuidado. Esto es lo que hemos aprendido de la teoría del apego. El desarrollo madurativo irá otorgando la sofisticación necesaria para complejizar tales operaciones, pero sin un mediador adecuado esa sofisticación será más limitada. Eso es lo que aprendimos acerca del desarrollo del cerebro dependiente del uso o de la experiencia.

La disociación se da, como decíamos antes, por una falla en la integración de los sistemas de acción de la vida cotidiana y de la defensa junto con todo aquello que los compone; estos sistemas no pueden funcionar entonces de la manera armónica y mutuamente excluyente en la que debieran, para permitir el uso adecuado de los recursos (tendencias de acción) con los cuales responder de la manera ajustada (energía física y mental en conjunto con eficiencia mental) a cada circunstancia en un momento dado.

Múltiples estímulos, con mayor o menor grado de cercanía con la experiencia traumática, se convierten en disparadores de las memorias traumáticas y hacen perder de vista al individuo que *eso* no está sucediendo *ahora*, poniendo en marcha acciones desajustadas, irrelevantes o innecesarias para lo que verdaderamente está sucediendo en *ese preciso momento*. Este principio de generalización de los estímulos es igual tanto para los adultos como para los niños.

Claramente el proceso por el cual un niño puede llegar a completar las acciones integradoras mencionadas anteriormente estará dado en primer lugar por las posibilidades determinadas por su nivel evolutivo, y por otro lado, por la cualidad de facilitación u obstaculización que los adultos, de quienes ellos dependen, provean a la integración de sus experiencias.

Un padre abusivo que le dice a su hija de 5 años que ella debe acariciarle sus genitales para no morir de pena funciona como un obstaculizador: lejos de acompañar el desarrollo evolutivo de su hija, se entromete en el mismo forzando una experiencia sexual para la cual la niña no está preparada, pero que además está por fuera del rango de experiencias de interacción que un niño debe tener con un adulto en general y con un progenitor en particular. Al decirle que debe mantener el hecho en secreto porque de lo contrario algo malo sucedería, la está forzando a replegarse a estrategias defensivas más primitivas. Al decirle que lo que ella haga o deje de hacer puede tener como consecuencia que él se muera, está torciendo la función fundamental del sistema de apego que es la de proveer de calma ante situaciones de tensión, y no la de generarlas dejando a la hija sin otro referente a quien acudir por ayuda.

La sucesión de estos hechos en una etapa de la vida de la niña en la que su pensamiento es aún auto centrado, irá forjando una visión de sí misma como responsable de lo que suceda o deje de suceder en la relación con su padre (cuando en realidad el único responsable es el adulto); una visión de su padre como alguien cambiante de acuerdo a las circunstancias en las cuales ella se relacione con él; y una visión del mundo como un lugar en el cual es mejor someterse antes de ser la protagonista y culpable de las cosas malas que puedan suceder.

A los 5 años de esta niña el abusador no necesita crear explicaciones demasiado complejas para que ésta se someta a su voluntad; para un niño pequeño *"algo malo va a pasar"* puede encontrar un sinónimo en *"mi perro se escapó de mi casa".*

La posibilidad de esa niña de poder diferenciar y relacionar sus experiencias internas y externas (síntesis), de apropiarse de esa experiencia (personificación) y dejarla en el pasado (presentificación) estará altamente limitada y dificultada, sobre todo si existe la posibilidad de que deba seguir en contacto con el padre que abusó de ella, lo cual, lamentablemente, sucede en una gran cantidad de casos.

Los autores de la TDE postulan que hay una serie de factores que colaboran en el mantenimiento de la disociación estructural de la personalidad, incluso cuando el paciente ha madurado y ya no está expuesto a las situaciones traumáticas que dieron origen a la disociación. A estos factores los engloban bajo el concepto general de *fobias,* entendiéndolas como un miedo intenso a algo en particular, con un segundo componente relacionado con este miedo, que es la huída o evitación intensa de aquello que genera el miedo.

Estas fobias, con un claro origen traumático, incluyen la fobia al apego y a la pérdida del apego[10], a las acciones derivadas del trauma, a los recuerdos traumáticos, y a las partes disociativas, entre otras. Los pacientes disociativos se embarcan en la permanente evitación de estímulos interoceptivos que activan memorias traumáticas del pasado, que, sin embargo, no pueden experimentar como *pasadas.*

Sin embargo, el ejemplo de la niña abusada por su padre que revisáramos en párrafos anteriores, nos muestra que en la infancia uno de los factores más poderosos a la hora de crear, sostener y reforzar la disociación estructural, es precisamente el hecho de que los niños muchas veces deben seguir en contacto con quienes los han dañado. A su vez, ese contacto queda muchas veces por fuera de la supervisión de quienes debieran actuar para que el daño no continúe, y velar por su reparación. En tales situaciones, hay un factor real concreto que impide que las experiencias traumáticas puedan ser parte del pasado, por cuanto son, de manera real o potencial, parte del presente continuo de la vida de estos niños. En estos casos, la recomendación de base en la atención de los niños es que, ante la ausencia de una seguridad real externa, la disociación *no se toca.*

La exposición, una y otra vez, al estímulo del abuso, del cuidado y del maltrato emocional, por parte de la misma persona y en el contexto del mismo vínculo, refuerza las representaciones internas de esta niña en su relación con el padre que abusa, con el padre que la cuida y con el padre que la amenaza con situaciones fuera del control de la niña, pero de las cuales él responsabiliza a su pequeña hija. Todas estas representaciones son irreconciliables entre sí (los modelos internos contradictorios de los que nos habla Liotti), y en consecuencia no pueden ser integradas en una misma experiencia coherente de la relación de esa niña con su papá.

---

[10] La fobia al apego y a la pérdida del apego son manifestaciones de los modelos contradictorios de relación a la figura de apego, propios de las situaciones en las que ésta última ha sido a la vez fuente de tensión y recurso de calma. Se ve una similitud con las estrategias conductuales propias del apego desorganizado de acercarse a la figura de apego con aprehensión o estableciendo distancia al mismo tiempo o dando vuelta la cara. En el tratamiento de niños, a veces estas dos fobias pueden presentarse "divididas" entre la figura de apego y el terapeuta.

La experiencia repetida a lo largo del tiempo (y sabemos que los abusos y los malos tratos, por definición, tienden a cronificarse sin una intervención externa) solo puede actuar como un reforzador de esa contradicción, como un potenciador de la disociación estructural y como un obstáculo a la integración.

Partes disociativas.

Los autores de la TDE plantean que los eventos traumáticos pueden producir una disrupción en el funcionamiento integrado de ambos sistemas de acción (vida cotidiana y defensa), de manera tal que la personalidad queda disociada en una parte *aparentemente normal* (o, para abreviar, PAN) que intenta seguir con la vida cotidiana (mediatizada por los sistemas de acción correspondientes), y otra parte *emocional* (o PE), que es la que queda fijada al trauma, mediatizada por los sistemas de acción de la defensa; el contenido de las PE pueden ser las estrategias defensivas que se pusieron en marcha en el momento del trauma para enfrentar el peligro (lucha, huída, congelamiento o sumisión), las emociones ligadas a la situación traumática y derivadas de las estrategias defensivas, sensaciones corporales derivadas de la experiencia, o recuerdos fragmentarios de la misma.

La edad aparece como un factor de vulnerabilidad de primer orden, ya que –por el mismo desarrollo- las funciones integradoras se encuentran en plena etapa de formación en los niños.

Los autores de la TDE proponen una división de la disociación estructural en tres niveles diferentes que estarán dados por la combinatoria de las variables de mayor o menor integración de la personalidad pre traumática, en relación al tipo, frecuencia de la exposición y repetición de eventos traumáticos. Características personales del individuo, factores hereditarios y familiares (por ejemplo, presencia de un trastorno disociativo en alguna de las figuras de apego del niño) también tendrían un peso en la tendencia a la disociación, sin embargo estos factores requieren aún de mayores investigaciones.

El patrón bifásico de reexperimentación y evitación propio del TEPT (trastorno por estrés postraumático) es el ejemplo más claro para mostrar esa falla integrativa de la que hablan van der Hart y colegas: cuando un estímulo activa la memoria traumática (o en términos de esta teoría, la parte emocional, PE), la reexperimentación provoca un nivel de malestar muy intenso, y una fuerte sensación de *estar reviviendo la situación ahora mismo*, que desencadena entonces una respuesta de evitación de todos los estímulos o recordatorios asociados en mayor o menor medida al trauma, para poder seguir así adelante sin tener que estar reviviendo todo el tiempo lo que sucedió (o en términos de esta teoría, para que la PAN pueda seguir haciendo lo que tiene que hacer o lo que estaba haciendo).

Veamos un ejemplo: un niño va en auto con sus padres, el auto choca, vuelca y el niño sale ileso pero lastimado. Un tiempo más tarde, mientras está jugando a carreras de autitos, lanza a toda velocidad a uno de los autitos contra una pared, éste choca y vuelca. En ese instante, el niño se levanta, va hacia un sillón cercano y se cuelga piernas para arriba y cabeza para abajo del respaldo del sillón. La PE que guarda el recuerdo del choque y del vuelco, interfiere en el funcionamiento de la PAN que está jugando, e interrumpe el juego como experiencia satisfactoria para inundarlo de recuerdos postraumáticos. El niño en calidad de PAN queda atrapado en una repetición que no puede detener y que irrumpe e interrumpe una secuencia de juego.

Esta disociación entre una PAN y una PE constituye, en términos de la TDE, una *disociación estructural primaria*. En este nivel se presupone una mayor integración de la personalidad pre traumática. En el caso del ejemplo, -y considerando lo mencionado anteriormente respecto de la formación en curso de las funciones integradoras del cerebro, la cualidad de apego seguro del niño a sus cuidadores, previa a la situación del accidente, actuaría como un factor de protección frente al desarrollo de una disociación estructural más profunda.

En otros casos, la traumatización comienza a edad temprana pero se cronifica y se repite a lo largo del desarrollo, de manera tal que se da una disociación entre una PAN, y más de una PE asociadas a la traumatización. Es el caso de la gran mayoría de las situaciones de trauma interpersonal dentro del seno de los cuidados básicos, a las cuales muchos niños se ven expuestos. Por ejemplo, una PE puede contener las estrategias defensivas de sumisión ante la situación de abuso por parte del padre, mientras que otra PE puede contener la rabia asociada a estrategias defensivas de lucha ante un hermano mayor abusivo; una tercera PE podría contener las necesidades de apego no satisfechas.

A esto es a lo que los autores llaman *disociación estructural secundaria*, y consideran que–en pacientes adultos- es la disociación que subyace a los diagnósticos de trauma complejo, TLP (trastorno límite de la personalidad) y trastornos disociativos no especificados.

Finalmente cuando la traumatización interfiere gravemente en áreas del funcionamiento cotidiano del niño, es posible que se produzca una disociación entre más de una PAN y más de una PE: a ésto los autores lo denominan *disociación estructural terciaria*, y sería la que se encuentra en los trastornos de identidad disociativos (anteriormente llamado trastorno de personalidad múltiple). La hipótesis con la cual se manejan los autores de la TDE es que el origen de la división entre más de una PAN reside en la imposibilidad del niño de integrar diversos sistemas de acción de la vida cotidiana que están siendo a su vez crónicamente traumatizados.

Veamos este ejemplo. Un niño de 9 años ha sido víctima de malos tratos físicos y abusos sexuales crónicos y repetidos por parte de su padre, que incluyeron daño físico. Mientras que la conducta del padre que precedía a los malos tratos físicos era marcadamente agresiva y hostil, la conducta que precedía a los abusos sexuales estaba determinada por un acercamiento amable y tierno del padre a su hijo, que incluía el encerrarse juntos a jugar "juegos de hombres". De hecho, antes de que comenzara la conducta sexual propiamente dicha, el padre podía pasar un rato bien largo jugando con su hijo: a carreras de autos, a las escondidas, a los naipes, a la lucha libre. Este último juego en particular era la actividad de "transición" entre el juego (sistema de acción de la vida cotidiana) y el abuso sexual propiamente dicho (activación del sistema de acción de la defensa).

Pero la inmadurez del niño, y la situación de entrampe relacional que se forjaba en esas situaciones, le impedían poder identificar que esa transición marcaba el fin de una actividad y el comienzo de otra completamente diferente. Por otro lado, el hecho de que en dichas actividades su padre no fuera violento con él, reforzaba la activación del sistema de apego, pero sin el componente del maltrato físico del cual debía defenderse. El sistema de acción de la vida cotidiana del juego se veía entonces fuertemente condicionado por la misma experiencia traumática que hacía necesaria la activación de la defensa.

En sucesivas situaciones, una vez que ya había sido separado de su padre, este niño funcionaba de manera diferente en el juego solitario o con niñas (una PAN), que en el juego con niños, ya que en estas últimas actividades se reactivaba la memoria traumática y él incurría en conductas similares a las que se daban en los "juegos" con su padre, molestando sexualmente a sus compañeros de juego (otra PAN). Cuando tuvo que dar explicaciones sobre su conducta, se refirió a la misma como "juegos de hombres".

¿Suena confuso? ¿Complejo? Imagínense entonces lo que es vivir en esas situaciones y lo que implica tener que "guardarlas" en algún lugar del cerebro.

Los autores hacen énfasis en el hecho de que el término *partes de la personalidad* implica que las mismas se relacionan con un todo, y

97

que el terapeuta debe conservar esto en mente y trabajar desde esta perspectiva con el paciente (para muchos pacientes adultos y para muchos niños, la experiencia subjetiva es que estas "partes" realmente no les pertenecen, en consecuencia en la dinámica interna son rechazadas y desconocidas, o responsabilizadas por la conducta del paciente ¡por él mismo!).

Una de las características de estas partes −refieren los autores− es que las mismas incluyen cuanto menos un sentido rudimentario de identidad; sin embargo no son "partes" en el sentido literal de la palabra. Otra de las características que destacan es la rigidez existente entre la PAN y la PE. En general las PE suelen ser más numerosas, complejas y elaboradas cuanto más se avanza en el nivel de disociación estructural.

Elaboración es el término que utilizan para explicar el nivel de desarrollo de ese sentido rudimentario de identidad y perspectiva de primera persona de las partes disociativas, y *emancipación* es el término que hace referencia al grado de separación y autonomía de las partes respecto de la persona en su totalidad. Mayor elaboración y emancipación es esperable en los niveles más profundos de disociación estructural.

Sin embargo, en los niños, estos conceptos son aplicables en un sentido bastante más acotado, ya que se reconoce que, en general, las partes disociativas en éstos pueden ser menos elaboradas e invertir menos en su separación (Silberg, 1998); esto es comprensible apenas observamos a la teoría de la disociación estructural desde una perspectiva evolutiva.

Pero para que esta emancipación y elaboración no avancen ni se profundicen, se requieren −al menos- dos cosas: primero, que la traumatización a la que el niño está siendo expuesto sea reconocida y frenada, y que se le dé la posibilidad de tener una experiencia relacional saludable y reparadora; segundo, que los profesionales de la salud mental (y todos los que trabajan con niños) nos formemos concienzudamente en los efectos deletéreos de la exposición crónica al trauma interpersonal en niños, y trabajemos desde modelos que incorporen la perspectiva psicotraumatológica como una explicación posible a la etiología de los síntomas y conductas infantiles.

***

Como ya fuera reiterado anteriormente, la TDE, si bien reconoce la etiología de los trastornos disociativos más severos en el trauma crónico infantil y el apego desorganizado a un cuidador primario, no fue desarrollada a partir de población infantil, sino a partir de población adulta traumatizada en su infancia. No contamos hoy con criterios diagnósticos "oficiales" específicos de trastornos disociativos en niños, pero la presencia de trastornos disociativos de la identidad en población infantil ha sido clínicamente documentada desde mediados de la década del 80.

En principio, y para hacer más comprensible y accesible la mirada de la disociación infantil desde la TDE, puede ser útil tener en cuenta algunas cuestiones:

1) La presentación clínica de los niños disociativos no es ni tan florida ni tan compleja como la de los pacientes adultos. Múltiples fenómenos propios de la infancia, tales como la fantasía o los amigos imaginarios, pueden muchas veces prestar su colaboración para el desarrollo de partes disociativas, tal como se explicará en la segunda parte de este libro.

2) La rigidez de la separación entre partes disociativas, y en especial, las barreras amnésicas, son menores en población infantil que en adultos (Silberg, op.cit.).

3) El sentido de autonomía (o en términos de la TDE, la elaboración y emancipación) de las partes disociativas es menor cuanto más pequeño el niño, e inversamente, crece con la edad. En la adolescencia, cuando el trastorno disociativo no ha sido detectado y/o cuando la adolescente ha seguido estando expuesta a situaciones traumáticas, la sintomatología se parece más a las presentaciones de los adultos, y es más factible que se dé una mayor y más elaborada consolidación de las partes disociativas (Silberg & Dallam, 2009).

4) A diferencia de la propuesta de equivalencia diagnóstica entre niveles de disociación estructural y diagnósticos DSM que presenta la TDE, esta misma equivalencia no es posible en el trabajo con niños, ya que algunos de los diagnósticos de dicha equivalencia no son aplicables aún a la infancia (por ejemplo el de Trastorno Límite de la Personalidad).

En consecuencia, mi propuesta es que el clínico pueda, en principio:

a) comprender exactamente entre qué y qué se produce la disociación estructural (esto es, entre por lo menos dos partes que están mediatizadas por los sistemas de acción de la vida cotidiana por un lado y de las defensas por el otro, actuando de manera no integrada);

b) aprender a diferenciar estas partes en la presentación clínica del niño;

c) tener un sentido general de cuáles son los sistemas de acción involucrados;

d) mantener en su mente el principio fundamental de la disociación estructural, esto es: una parte que permanece intentando llevar a cabo las acciones de la vida cotidiana, y una parte que irrumpe con el material asociado al trauma (reacciones defensivas de lucha, huída, congelamiento, sumisión; emociones; reacciones somáticas que pueden incluir desde sensaciones hasta movimientos; recuerdos fragmentarios del trauma que suelen presentarse en todas las modalidades sensoriales, es decir no solo visuales, sino también auditivos, gustativos y táctiles).

A continuación trataré de ilustrar con algunos ejemplos cómo se puede establecer la diferencia entre PAN y PE en niños.

Clara tiene 4 años, fue abusada por su papá, se lo contó a su abuela y a su mamá, quien hizo la denuncia y obtuvo una medida de protección para su hija. Cuando comienza el tratamiento, Clara no se encuentra en contacto con su papá desde hace más de 6 meses. Dibuja y elabora historias familiares en las cuales ella vive con su papá y su mamá, y todos se van de vacaciones juntos. Me cuenta de los planes para el festejo de su cumpleaños que será en pocos días y de lo que su papá le va a regalar (PAN). Cuando le pregunto dónde vive su papá ahora, se pone rígida en la silla, arroja los crayones al suelo y dice llorando "me quiero ir con mi mamá" (PE ligada a la huída). Más adelante en el tratamiento, está jugando con una muñeca; dice que está enferma y hay que llevarla al doctor para que la revise. En este juego hurga con violencia la zona genital de la muñeca y acto seguido comienza a masturbarse, como si estuviera en un estado de trance hipnótico (PE que contiene recuerdos asociados al sometimiento sexual).

*

Juan, de 9 años, fue víctima de múltiples abusos físicos y sexuales por parte de su padrastro, que lo crió desde que tenía 3 años. Al iniciarse el tratamiento está viviendo en un hogar sustituto. Cuando le pregunto por su vida mientras vivía en casa con su padre, cuenta que su papá le regaló una bicicleta y zapatillas nuevas; niega que su papá le pegara "solo me retaba si me portaba muy mal" (PAN). A medida que seguimos hablando de su casa y de su papá, se va tapando la cabeza con los brazos, y termina acostado en el suelo, en posición fetal (PE ligada a la sumisión). Cuando me acerco a él, pone los brazos sobre su cabeza y empieza a llorar diciendo "no hice nada, no hice nada" (PE que contiene la emoción de miedo).

*

Durante una evaluación diferencial de abuso sexual, Andrea de 7 años, comienza a masturbarse en su silla mientras dibuja un plano de su casa. Cuando la entrevistadora llama gentilmente su atención sobre lo que está sucediendo, Andrea (en calidad de PAN) dice que no sabe qué le pasa: "De repente me tengo que frotar en la silla para sentir el agüita que sale" (PE asociada a sensaciones corporales producto del abuso sexual sufrido).

*

María tiene 9 años, ha vivido toda su vida en un ambiente familiar marcado por la violencia del padre hacia su madre, y el maltrato emocional hacia ella y su hermano. Su madre cae en una profunda depresión luego de la separación del esposo, tiempo durante el cual la familia materna se hace cargo de María y su hermano mayor. En el tratamiento María cuenta que a veces dice cosas que no desea decir (PAN), como si le salieran porque su mente le hace decir esas cosas. Identifica que en su mente hay una niña chiquita, de 5 años, que está enojada (PE asociada a estrategia defensiva de lucha y rabia) y quiere sacar sus pensamientos de su cabeza, porque dice que no le sirven, que son basura. Durante el tratamiento su madre cuenta que María está muy agresiva con ella, la insulta, la empuja, le dice que quiere que se muera (PE asociada a la estrategia defensiva de lucha y fobia al apego).

*

En estos ejemplos se puede notar la característica disruptiva del contenido traumático y cómo esto provoca una discontinuidad en la narrativa y la experiencia del niño.

En el último de estos ejemplos podemos notar un mayor grado de elaboración de la parte emocional respecto de la parte aparentemente normal. En algunos casos los niños van a presentar y describir espontáneamente a sus partes disociativas con ese nivel de elaboración; en otros casos, lo harán a través de las preguntas que el terapeuta les haga, y en unos terceros, finalmente, estas partes disociativas tal vez sean menos elaboradas y consistan lisa y llanamente en fragmentos de memorias traumáticas. El hecho de que no tengan un nombre, una edad

101

o un sentido un poco más elaborado de identidad, no les quita entidad como partes (emocionales) disociativas.

Para concluir con este apartado me gustaría aclarar que, a pesar de no haberse hecho aún una lectura de la disociación infantil desde la TDE, la neurobiología del desarrollo es consistente con esta teoría para explicar la disociación infantil en al menos dos factores:

1) Los eventos traumáticos tienen la entidad de comprometer el funcionamiento integrador del cerebro en general.

2) Las regiones cerebrales que cumplen funciones integradoras (corteza prefrontal e hipocampo) se encuentran en desarrollo en la infancia (Steele et al. 2009).

En consecuencia, los niños son mucho más vulnerables a esta falla integrativa que los adultos. Si a esto le sumamos la posibilidad de que el daño provenga de los mismos adultos que debieran actuar como factores de protección, la vulnerabilidad a la disociación relacionada con la traumatización crece exponencialmente en la infancia.

Los síntomas disociativos.

Un aporte interesante de la TDE es la clasificación que propone de los síntomas disociativos. Los autores plantean que –en contraposición a la idea generalizada de que los síntomas disociativos se manifiestan por *ausencias* ("habla de lo que le pasó disociando el afecto"= *sin el afecto que debiera acompañar el relato*), éstos también se caracterizan por las *presencias*, o intrusiones, tal como veremos a continuación. Asimismo, otro de los aportes interesantes es la inclusión de síntomas de índole somática a esta clasificación, recordándonos que el impacto del trauma no se manifiesta solo a nivel de lo psicológico, sino también a través del cuerpo.

Por un lado se encuentran los síntomas *negativos*, que son aquellos que se caracterizan por la ausencia o pérdida tanto a nivel psicológico (amnesia, pérdida de habilidades y conocimientos que se supone habían sido adquiridos, despersonalización, pérdida del afecto, pérdida de las necesidades, deseos y fantasías), como somático (pérdida de sensaciones -anestesia-, insensibilidad al dolor –analgesia- e incluso pérdida de funciones motoras concretas -parálisis, dificultad para hablar, etc.-).

Los síntomas *positivos* son aquellos que se caracterizan por su cualidad intrusiva tanto a nivel psicológico (escuchar voces, sensación de tener pensamientos o afectos que no les pertenecen, revivir afectos o pensamientos asociados a la experiencia traumática, alteraciones en la relación con los otros, cambios afectivos importantes con irrupción de estados emocionales intensos), como somático (sensaciones y dolores sin correlato orgánico, percepciones sensoriales que suelen ser fragmentos de material traumático, movimientos repetitivos como tics o temblores).

Van der Hart y colaboradores plantean que las alteraciones de la conciencia no siempre constituyen síntomas disociativos. En este sentido especifican que, para que un síntoma sea considerado como manifestación de una disociación estructural, debe probarse que "una parte de la personalidad guarda un recuerdo o tiene vivencias que otra parte no guarda ni tiene" (van der Hart et al., 2006, 2008, pg. 154 de la edición en español), o dicho de otra forma que sea vivenciada como algo ajeno a sí mismo. Es decir que estas alteraciones de conciencia, para ser consideradas síntomas de una disociación estructural tendrían que estar relacionadas con la irrupción de una PE.

El ejemplo de la viñeta de Andrea, la niña de 7 años, lo demuestra gráficamente: es ella quien se está masturbando, pero no puede explicar de dónde viene esta urgencia, solo sabe que *"de repente tiene que hacerlo"*, como si una fuerza extraña la impulsara y compulsara a ello. En términos de la TDE es un fragmento de la experiencia traumática que ha quedado "suelto" respecto de la cadena asociativa de los hechos pasados y su relación con el presente.

En la segunda parte de este libro el lector encontrará un desarrollo específico de los síntomas y manifestaciones disociativas en población infanto-juvenil.

Objetivos del tratamiento desde la teoría de la disociación estructural.

Los autores adscriben al modelo de tratamiento de tres etapas sugerido y consensuado para pacientes que han padecido traumatización severa (Herman, 1997; Courtois, 2004; van der Hart, Nijenhuis & Steele, 2006, 2008). Este modelo también es aplicable al tratamiento de los niños víctimas de trauma severo (Stien & Kendall, 2004)

Las tres etapas son: 1) estabilización, seguridad y reducción de síntomas, 2) procesamiento de los recuerdos traumáticos y 3) integración y adquisición de estilos de afrontamiento más adaptativos.

Estas tres etapas sirven para organizar el trabajo terapéutico, pero el clínico debe tener en cuenta que pasar a una segunda etapa de tratamiento no implica que nunca se deba volver a la primera. Lejos de ser rígidas, sus límites se fijan por objetivos más que por tiempos, e incluso esos objetivos pueden ser laxos en cuanto a sus logros. Tomemos como ejemplo el caso de un niño con el cual nos encontramos trabajando en el procesamiento de memorias traumáticas (segunda etapa), cuando éste toma conocimiento de que su padre –que lo había maltratado físicamente y había asesinado a su madre- recupera la libertad luego de un período de encarcelamiento. Aunque ya se hubieran logrado los objetivos de seguridad externa (primera etapa), éstos vuelven a quedar desarmados con esta nueva situación, y en consecuencia deben ser re conquistados. Es esperable además que haya en el niño un nivel de desestabilización importante y lógico, por ejemplo, manifestado en el miedo a que su papá lo busque. Entonces, nuestro trabajo en la segunda etapa se detiene y se regresa a la primera.

La primera etapa puede ser pensada como la preparación de las condiciones más favorables para poder pasar al momento turbulento de lidiar con las memorias del pasado. Pero el trabajo de enfrentar estas memorias puede generar a veces el aumento o reaparición de algunos síntomas, para lo cual es bueno haber trabajado previamente –durante la primera etapa- en la adquisición de recursos de calma, contención y una fuerte relación terapéutica para que estos vaivenes sean enfrentados por los pacientes con la mayor disponibilidad de recursos posibles, y el tratamiento pueda seguir su curso. Una mala preparación o una sobre exposición al material traumático, tienen un efecto revictimizador, y el clínico, lejos de ayudar al paciente, colabora con el sufrimiento.

Como fuera mencionado anteriormente, van der Hart y colaboradores plantean que algunos factores contribuyen a mantener la disociación estructural de la personalidad. Estos se manifiestan en la forma de diversas fobias, cuya superación se convierte en el objetivo a lo largo de las diversas etapas del tratamiento (fobia al apego y a la pérdida del apego al terapeuta, fobia a las acciones mentales derivadas del trauma, fobia a las partes disociativas, fobia a los recuerdos traumáticos y fobia a la vida normal).

Dado que este no es un libro dedicado al tratamiento, me voy a limitar a resaltar que en el tratamiento de los niños un factor que contribuye a mantener (y también a consolidar y eventualmente agravar) la disociación estructural, tal como fuera mencionado anteriormente en este mismo capítulo, radica precisamente en la exposición continuada a las situaciones traumáticas y de apego disruptivo que sentaron los cimientos para el desarrollo de la falla integrativa que se expresa en la disociación estructural.

Es por eso que en el tratamiento de niños, la primera etapa tiene un objetivo primordial, sin el cual ninguno de los demás objetivos de la misma etapa tendrá sustento ni durabilidad: la seguridad. En el tratamiento de niños la seguridad que se busca obtener es antes que nada, la seguridad real en el afuera (básicamente, cortar con las situaciones de exposición a la victimización). Sin esa seguridad real en el afuera la adquisición de un sentido interno y subjetivo de seguridad se convierte en una utopía inalcanzable que el niño intentará resolver a través de mayores niveles de disociación.

Sin esa condición básica y primordial, no habrá con qué apagar el incendio de los síntomas, todo intento por ayudar al niño en la regulación de sus estados internos se verá frenado por la persistencia de los factores que lo han llevado a la desregulación, la relación terapéutica tendrá poco terreno en el cual desarrollarse, y el trauma, lejos de poder ser conceptualizado como un hito del pasado, seguirá siendo una parte ineludible y constante del presente del niño.

Solo cuando existe seguridad real externa, el clínico puede pensar en articular y planificar los subsiguientes estadios de la intervención, siguiendo los modelos propuestos. Si hacemos una lectura general de los modelos que se proponen para la intervención en pacientes traumatizados –de cualquier edad– podremos encontrar una gran variedad de propuestas que siguen todas más o menos el mismo esquema aunque con leves diferencias en el contenido. Sin embargo, al hablar del trabajo con niños, cualquier intervención cae sin la existencia del requisito básico número 1 del tratamiento: que el niño se encuentre verdaderamente protegido de futuras revictimizaciones.

Mi intención no es desencantar a los terapeutas, sino crear conciencia y seguir proporcionándoles herramientas para que puedan convertirse en las voces que expliquen, a quienes tienen el poder de tomar decisiones sobre el bienestar infantil, por qué es necesario, imperativo y terapéutico que se tomen las decisiones correctas. Con el ejemplo que sigue, intentaré ilustrar mi mensaje:

Ingrid tiene 12 años. Sobre su padre pesa una denuncia de abuso sexual perpetrado contra una de sus hermanas. Ésta deja entrever la sospecha de que el abuso se haya extendido hacia los otros hermanos, más chicos que ella, incluida Ingrid. Los dos hermanos más pequeños (9 y 4 años) niegan cualquier tipo de suceso. Ingrid dice que si pasó algo, no lo recuerda, porque muchas veces se quedaba dormida cuando pasaba tiempo con su papá. De la evaluación de Ingrid surgen múltiples síntomas disociativos que incluyen lapsus importantes de memoria, experiencia de "despertarse"[11] en medio de la clase como si recién

---

[11] No es que el niño se queda dormido, sino que a la vista de los que lo observan

hubiera llegado a la escuela, conductas que ella no recuerda haber tenido, y autolesiones. El Tribunal de Familia, desoyendo las sugerencias profesionales, plantea que ante la no evidencia de que el padre abusara sexualmente de Ingrid y sus hermanos, e independientemente de la causa penal que se sigue contra el padre (por el abuso sexual de la mayor de las hermanas), los niños deben retomar su contacto con el mismo, contacto que en principio será supervisado para luego darse en completa libertad como el de cualquier padre divorciado con sus hijos.

En varias de las visitas bajo supervisión, el padre convence a la profesional a cargo de la supervisión de dejarlo a solas con sus hijos, para poder disfrutar mejor del tiempo que pasan juntos. La profesional accede. Con posterioridad a estas visitas Ingrid, en un ataque de furia, rompe objetos de una compañera de su clase, negando -a posteriori- haber sido ella quien los rompiera; tras esta situación la escuela sugiere a la madre un cambio de establecimiento educativo. En una ocasión, cuando la madre la va a despertar, encuentra su cama mojada; Ingrid se pasa a la cama de uno de sus hermanos y se duerme profundamente hasta el punto en que su madre no puede despertarla.

Al finalizar el período de supervisión de las visitas, el padre decide que éstas tengan lugar en la nueva escuela de sus hijos, a la hora del almuerzo, con el objetivo de no generar en la "loca de la madre" la idea de que él pueda dañar a sus hijos. Esta sugerencia es aceptada por la Justicia, e incluso por la nueva Institución escolar (que está al tanto de la denuncia que pesa sobre este padre).

Las veces que el padre va a almorzar con sus hijos a la escuela, Ingrid no come su comida y cuando lo hace termina vomitando en el baño, se queda dormida en clases o no puede completar las consignas porque dice no entender nada, aunque ya hayan estudiado y revisado el tema y ella haya dado muestras anteriormente de haberlo entendido y aprendido.

Durante las visitas con su padre se muestra siempre atenta y cariñosa con él (¡he aquí una PAN!). Cuando su terapeuta le pregunta si hay algo

---

permanece como en un estado de ensoñación diurna, embotado, poco responsivo y desconectado de lo que sucede a su alrededor. Cuando sale de ese estado generalmente le genera angustia no poder decir exactamente qué le pasó, o qué estaba sucediendo a su alrededor. A veces pueden "volver" en un estado de extrañamiento, como si les costara reconocer el ambiente en el cual están, aún cuando éste sea completamente familiar. Algunos niños lo describen en sus propias palabras *"es como si me hubiera dormido, pero no estaba dormido, estaba con los ojos abiertos"*.

diferente que ella desearía poder hacer en esas visitas, Ingrid contesta: *"Nada, lo que hago está bien."* Cuando la terapeuta le pregunta qué es exactamente lo que hace, responde: *"Cuido a mis hermanos de mi papá".*

Cuando la terapeuta, tratando de disimular su perplejidad, le pregunta cuándo y dónde aprendió que era eso lo que debía hacer, Ingrid le responde con absoluta naturalidad: *"¡Lo hice siempre! Él me dijo que si yo lo dejaba meterse en mi cama no molestaba a nadie más. Pero no sé si cumplió su promesa porque cuando él se metía en mi cama yo me quedaba dormida y no me podía despertar."*

———————

Con este ejemplo Ingrid nos muestra su capacidad de, con tan solo 12 años, llevar adelante el trabajo que los adultos debieran asegurarse de llevar a cabo: protegerla a ella y a sus hermanos.

¿Deberíamos premiarla por habernos liberado de tamaña responsabilidad?

Segunda Parte

CAPITULO 6

LA EVALUACION DE LA DISOCIACION
Sentando los parámetros

¿Cómo evaluar algo que no se conoce? Algo que no fue parte de nuestra formación de grado ni figura en la mayoría de los libros que los psicólogos atesoramos en nuestras bibliotecas, algo que no aparece en los cursos que tomamos, o en las actualizaciones que hacemos. Algo que muchas veces se parece más a diagnósticos conocidos, para los cuales hay terapias concretas, y que suena más familiar a los oídos de nuestros colegas, y de nuestros supervisores.

El proceso de aproximarse a este fenómeno "desconocido", puede generar mucho temor e inseguridad en los clínicos, y una reacción de retraerse a aquello que es más manejable por el simple hecho de que hay más información al respecto.

¿Qué podemos hacer entonces?

El primer paso consiste en comprender de qué estamos hablando. Y es aquello a lo que nos hemos abocado durante la primera parte de este libro.

Pero, por supuesto, aprender la teoría no es suficiente.

Una de las cuestiones más importantes que yo aprendí trabajando con esta población, es que si el terapeuta se convierte en un observador meticuloso de lo que acontece durante las sesiones con el niño, la información para el diagnóstico comienza a aparecer.

Si el terapeuta aprende a preguntar mucho más de lo que aprendió alguna vez, y si aprende a articular sus observaciones con las preguntas y las intervenciones adecuadas, la información necesaria para hacer el diagnóstico correcto, cobra forma. La curiosidad del terapeuta es una herramienta poderosa y la observación, su ayudante de primer orden.

Pensémoslo de esta forma: hablamos de niños que debieron hacer múltiples adaptaciones para vivir en peligro allí donde debieran haberse sentido seguros. La predicción que la niña hace –y generaliza- a partir de esa experiencia es que en todos los lugares está en riesgo, y que ninguna persona es completamente confiable.

Lo demuestra de muchas formas: nos da la espalda, no nos responde, evita la mirada, mira todo el tiempo hacia la puerta o hacia la ventana, pide permiso para tomar un lápiz y dibujar. O hace ruido permanentemente, nos distrae de nuestro propósito: toca, tropieza, desarma, irrumpe, y es difícil darse cuenta con quién estamos tratando de trabajar. Pareciera que debemos juntar los pedazos de ese pequeño ser humano antes de poder dirigirnos a él.

Esa lectura casi instantánea que los niños severamente traumatizados han aprendido a hacer para sobrevivir, es permanente tanto dentro como fuera de la oficina del terapeuta, y durante mucho tiempo el clínico puede seguir tratando de completar la lista de los múltiples disparadores que gatillan una determinada reacción en esa pequeña niña.

¿Es la voz?, ¿es algo que encontró para jugar?, ¿es el lugar?, ¿es el color del pelo de la terapeuta?, ¿o algo en su vestimenta, algo que hizo, algo que dijo?

Una niña de 4 años volvía a examinar todo el consultorio como si fuera la primera vez que lo viera cada vez que yo cerraba la puerta, no importaba que ya hubiera pasado allí mucho tiempo. En su examen cotidiano había mucho de desconocimiento: ¿por qué olvidaba todo lo que había allí en el transcurso de una semana, y luego otra vez y otra y otra más?

Un niño de 9 años preguntaba *¿lo hice mal?* a cada trazo de un dibujo que le pedí que hiciera para mostrarme a su familia. La inseguridad en sus trazos, la inquietud con la cual trataba de completar la consigna, hizo que ese dibujo le llevara 2 sesiones. ¿Qué le generaba esa inseguridad? ¿Era la familia o algún miembro de la misma, un disparador de emociones negativas? ¿Era el tener que hacer algo a pedido de un adulto, sin poder predecir si la respuesta de ese adulto incluiría la violencia?

Una niña de 5 años se balanceaba en un estado de trance cada vez que armaba el baño de la casita de muñecas. ¿Por qué con el baño y no con otra parte de la casa? ¿Qué cosas habían sucedido en el baño, que en ese simple juego eran evocadas hasta el punto de alejarla de él?

Una niña de 4 años aseguraba que ni yo ni la puerta cerrada con llave por la que se entraba a mi consultorio teníamos el poder suficiente para evitar que *el monstruo* entrara y la encontrara. ¿Dónde estaba el monstruo? ¿Solo en su imaginación? ¿O era la representación interna de un perseguidor real que en su vida cotidiana trataba de arrancarla de los brazos de su mamá?

Algunos modelos de tratamiento se apoyan fuertemente en la interpretación de lo que se ve, de lo que el niño hace, de aquello que elige primero para jugar, o el orden en el que dibuja algo.

Sin embargo, cuando hablamos de trauma y disociación, nuestras interpretaciones son lo último que nos sirve para descubrir el mundo interior del niño que estamos atendiendo. Lo que los niños hacen, sus conductas, lo que dicen y la forma en la que lo dicen, suele ser una especie de fotografía del mundo en el que se han acostumbrado a vivir; en ese sentido, esa información es mucho más concreta que simbólica.

La niña que examinaba vez a vez mi consultorio mostraba de qué manera lo familiar podía tener sorpresas desagradables, como la habitación que compartía con sus dos hermanos y su padre, en la cual este último abusaba de los tres.

El niño de 9 años que preguntaba si lo hizo mal a cada trazo dibujado, mostraba lo aprendido: a) que todas sus acciones estaban sometidas a un severo escrutinio por parte del ojo adulto, en su caso, el de su papá, que lo maltrataba física y emocionalmente a diario, y b) que ese escrutinio era siempre negativo, por lo cual él anticipaba que conmigo sería exactamente igual: severo y negativo. En consecuencia, era conveniente prepararse para esa respuesta conocida. Es eso lo que había hecho siempre en un ambiente familiar como su casa, es eso lo que hacía -con más razón- en un ambiente no familiar. Este niño vivía con su padre y una hermana 10 años mayor que casi nunca estaba. Su padre le pegaba por cualquier razón: por la forma en la que tendía su cama, por lo que no entendía de la tarea escolar, por la lentitud o la rapidez con la que comía en la mesa. Si todas sus acciones eran valoradas como erróneas y la consecuencia del error era una paliza, a él le convenía anticiparse a esa posible consecuencia asegurándose de no cometer equivocación alguna. No tenía tiempo para evaluar si yo era capaz o no de hacer lo mismo que su papá con él: lo asumía como una posibilidad, y eso ya era más que suficiente para modelar sus respuestas.

La niña que parecía desconectarse en un balanceo autohipnótico cada vez que armaba el baño de la casita de muñecas, no hacía más que conectarse nuevamente con un recordatorio poderoso del abuso sexual sufrido: era en el baño de su casa donde éste ocurría, y la impronta de ese recuerdo era tan poderosa como para transportarla más allá del diminuto mundo del mobiliario de una casa de muñecas.

112

La niña que aseguraba que *el monstruo* era capaz de sortear no solo la presencia de otro adulto sino también una puerta cerrada con llave, hablaba de una experiencia concreta en la cual su padre -que tenía prohibido acercarse a ella- aparecía sorpresivamente en la puerta de su casa a cualquier hora de cualquier día exigiendo llevársela, más allá de las órdenes que se habían emitido prohibiéndole el acercamiento a su hija.

La información que sostiene lo concreto de cada una de las experiencias relatadas en estos ejemplos, fue lograda sobre la base de entrevistas con los progenitores o adultos a cargo de estos niños, y con ellos mismos. El miedo de estos ejemplos no es materia de interpretación; es real, es concreto y está provocado por factores externos a ellos mismos. No significa que las manifestaciones subjetivas e internas de ese miedo deban ser desatendidas, sino que deben considerarse un elemento más del efecto de una experiencia verdadera que el niño ha vivenciado.

No es necesario que el clínico se deshaga de todo aquello que aprendió, sino que comprenda una nueva dimensión para descubrir cómo se expresan el trauma y la disociación.

Esta segunda parte está dedicada a incorporar los elementos para la evaluación de la disociación en niños. Y esta evaluación es, como el título de este libro, igual que juntar y dar sentido a las piezas de un rompecabezas.

CAPITULO 7

ESCALAS DE RASTREO DE SÍNTOMAS POSTRAUMATICOS Y DISOCIATIVOS. ENCUESTAS. ENTREVISTAS.

A la fecha hay dos escalas que son las de más amplia difusión para la evaluación de manifestaciones disociativas en niños y adolescentes. Son el CDC (*Childhood Dissociative Checklist* o Inventario de Disociación para Niños) y el A-DES (*Adolescent Dissociative Experiences Scale* o Escala de Experiencias Disociativas para Adolescentes).

Estas escalas *no son diagnósticas*, sino de rastreo, pero han sido reconocidas por su confiabilidad a la hora de detectar manifestaciones disociativas ligadas al trauma. Una copia de ambas, traducidas al español, se puede encontrar en el Anexo de este libro, y pueden ser reproducidas libremente por cuanto son de dominio público.

En términos generales, podemos decir que los clínicos contamos hoy con más instrumentos para rastrear síntomas de estrés agudo y de estrés postraumático, que para evaluar síntomas disociativos en niños y adolescentes.

Hay un número considerable de escalas y entrevistas que rastrean y evalúan la presencia de síntomas de estrés postraumático (TEPT), en variados rangos de edad (algunas desde los 6 años); algunas de ellas son auto administradas (es decir se le pueden administrar al niño o adolescente), otras implican la observación de síntomas o conductas por parte del clínico, y otras más complementan la evaluación con el reporte efectuado por los padres o adultos cuidadores del niño en cuestión.

Solo para citar algunas, la *Child PTSD Symptom Scale (CPSS)*, desarrollada por Foa y colaboradores (2001); la *CROPS (Child Report of Posttraumatic Stress)*, de Greenwald (1999); la *Child´s Reaction to Traumatic Events Scale Revised (CRTES-R)*, de Jones y colaboradores (2002), basada en la Escala de Impacto de Eventos de Horowitz; la *PTSD-PAC (PTSD in Preschool Aged Children)* de Levendonsky y cols. (2002), desarrollada para evaluar síntomas de TEPT en niños de 3 a 5 años, administrada a padres y cuidadores, y la *CAPS-CA (Clinician*

Administered PTSD Scale for Children and Adolescents), de Nader y cols. (2004), basada en la entrevista *CAPS (Clinician Administered PTSD Scale)*, considerada un instrumento de primera línea para la evaluación clínica del TEPT, están entre las más utilizadas a la hora de evaluar síntomas postraumáticos en niños y adolescentes.

Bradley Stolbach (1997), intentó unir la evaluación de síntomas y manifestaciones disociativas y postraumáticas, a través del desarrollo de una escala auto administrada para niños entre los 7 y los 12 años. La escala CDES-PTSI (por sus siglas en inglés, *Child Dissociative Experiences Scale & Posttraumatic Stress Inventory* o Escala de Experiencias Disociativas de la Infancia e Inventario de Estrés Postraumático), hasta el momento solo ha sido validada en su versión en inglés, y la sub escala de síntomas postraumáticos ha sido validada en comparación con otras medidas y escalas para evaluar síntomas de trauma, no así la sub escala de disociación.

A la fecha no hay escalas ni entrevistas estructuradas diagnósticas que se hayan diseñado para la evaluación clínica de disociación en niños. Tal vez esto se deba, en mi apreciación, a que hay un mayor consenso a la hora de establecer qué es el estrés postraumático pediátrico (incluso hay criterios oficiales de evaluación del mismo), mientras que los desórdenes disociativos no se encuentran oficialmente diagnosticados para población infantil, aunque sí para población adulta, tal como explicáramos en la Primera Parte de este libro. Por otro lado debiera haber un consenso respecto de cómo considerar la disociación. Por ejemplo, si vemos los criterios diagnósticos propuestos para el Trastorno Traumático del Desarrollo, la disociación se presenta como un síntoma del mismo. Pero desde la perspectiva de la International Society for the Study of Trauma and Dissociation, la disociación es mucho más que un síntoma, y los niños también pueden desarrollar desórdenes disociativos. Creo que este es un campo que verá múltiples desarrollos a lo largo de los próximos años y tal vez nos irá trayendo algunas novedades y cambios en la forma en la que se entienda y diagnostique la disociación en niños, niñas y adolescentes.

Para adolescentes de 17 años o más, con buen nivel de comprensión se puede utilizar el SCID-D, que es la entrevista estructurada del DSM para trastornos disociativos diseñada por Marlene Steinberg.[12]

---

[12] Lamentablemente esta entrevista no es de distribución gratuita. Pero los cuestionarios preliminares traducidos al español se encuentran disponibles en la página web www.trastornosdisociativos.com

Para completar la entrega de escalas sugeridas para su uso por el clínico, podrán encontrar en el Anexo la Encuesta de Eventos Traumáticos desarrollada por el *Trauma Treatment Training Center* del Hospital de Niños de Cincinnati. [13] Esta Encuesta tiene dos formularios, uno para padres y otro para niños y adolescentes.

Es sumamente importante recordar que el uso de estas escalas no puede reemplazar *nunca* a la evaluación clínica. Son un complemento importante, pero nunca tanto como el juicio clínico del profesional que evalúa y atiende al niño. Sí pueden ser de mucha utilidad cuando el clínico recién comienza a trabajar con sus primeros casos disociativos, o cuando desea tener un marco de referencia para la evaluación del tratamiento.

Al final de este capítulo se encontrará una guía de preguntas para evaluar apego en el cuidador y en el niño. Esta guía fue desarrollada por mí sobre la base de las preguntas que usualmente realizo a la hora de tomar datos de la historia del niño y familiar, y toma y adapta algunas de las preguntas que se encuentran en la *Adult Attachment Interview*, o Entrevista de Apego Adulto desarrollada por Mary Main.

A continuación se desarrolla una descripción de las distintas escalas, inventarios y encuestas presentados en este libro, que ayudará a los terapeutas a utilizar y puntuar estos instrumentos, y a considerar beneficios y limitaciones de los mismos.

7.1
CDC (*Childhood Dissociative Checklist*)
Escala de experiencias disociativas para niños.

El CDC o Inventario Disociativo para la Infancia, fue desarrollado por Frank Putnam. No es una escala autoadministrada. Se entrega a los padres o cuidadores de niños de entre 4 y 12 años aproximadamente. Cuando es factible se recomienda entregar esta escala a otros adultos que estén en contacto con el niño, como por ejemplo, maestros, ya que por las características propias de las presentaciones disociativas, no sería inesperado encontrarse con puntuaciones y manifestaciones diferentes respecto del mismo niño en ámbitos diversos. En caso de poder entregarlo a los maestros se les pide obviar los ítems 17 y 18 por cuanto preguntan por conductas nocturnas a las cuales no pueden tener acceso directo.

---

[13] Agradezco a Frank Putnam su autorización y excelente disponibilidad para permitirme colocar esta Encuesta traducida al español como parte de este libro.

116

Algunas escuelas y maestros pueden mostrarse renuentes a la hora de llenar una planilla, si deben cumplir con formalidades administrativas para solicitar autorización a la hora de brindar información por escrito sobre un alumno; el clínico puede igualmente transformar estos ítems en preguntas más amplias para realizar a los adultos que están en contacto con el niño en la escuela, a efectos de obtener información complementaria que colabore en el diagnóstico. Estas preguntas se pueden hacer en una entrevista telefónica o personal, y en ese caso se hará más hincapié en la información cualitativa que en tratar de obtener un puntaje.

De la misma manera el clínico puede utilizar los ítems del CDC como preguntas formuladas a los adultos a cargo del niño, si considera que por alguna razón en especial éstos no completarían la encuesta, como por ejemplo: el nivel de educación si se considera que podría obstaculizar la comprensión adecuada de la formulación de algunos ítems, o la presencia de un estado de traumatización en el mismo adulto que pueda hacer más conveniente que el clínico dirija la entrevista cara a cara, dándole tiempo a la persona a contestar, chequeando si la misma resulta abrumadora.

La escala está compuesta por 20 ítems, y se le pide al adulto que informe si cada una de las situaciones o conductas descriptas en los ítems, ha estado presente en el niño en el lapso de los últimos 12 meses: si nunca lo ha estado, marcará el [0], si la conducta estuvo presente a veces, marcará el [1], y si ha sido más frecuente, marcará el [2].

El puntaje se obtiene de la suma simple de todos los ítems.

El cuadro a continuación muestra los puntajes de corte sugeridos de la escala. Es importante considerar que estos puntajes y la validación total de la escala requieren aún de mayor investigación y que no se cuenta con información sobre su validación en países de habla hispana.

GRUPO	EDAD EN AÑOS	PUNTAJE MEDIO
Normal	5-8	3.2
	9-11	2.9
Niños maltratados	5-8	10.3
	9-11	6.1
Trastorno Disociativo de la Identidad (TDI)	5-8	24.1
	9-11	23.8

117

Trastorno Disociativo no Especificado (TDNE)	5-8 9-11	21.4 16.5

(Adaptado de Putnam, 1997).

Es importante destacar que los resultados de esta escala no son definitivos. Un puntaje alto no garantiza que estemos frente a un diagnóstico de un desorden disociativo, como tampoco lo descarta un puntaje bajo. El diagnóstico es el resultado de la suma de varios elementos, entre los cuales la escala es solo uno de ellos.

El juicio clínico y la capacidad de observar, de rastrear síntomas en la entrevista con el niño, y con sus cuidadores u otros adultos que puedan hacer aportes importantes sobre las conductas observadas, y compilar luego toda la información, suelen ser mucho más ricos que el resultado puro de la toma de esta escala.

Como regla se suele tomar un puntaje de corte de 12 o superior como indicador de disociación patológica, y garantizar una mayor profundización diagnóstica. No obstante, si el puntaje es menor pero el clínico tiene razones para sospechar que se encuentra frente a un niño disociativo, es recomendable profundizar en la evaluación clínica, independientemente del resultado obtenido en la escala.

Siempre es importante alentar al adulto que la completa a agregar toda la información cualitativa que crea puede ser de utilidad. Muchas veces en estos agregados los padres o cuidadores ponen de manifiesto datos significativos de las conductas de sus hijos que aportan claridad al diagnóstico, como pueden ser ejemplos o descripciones ampliadas de la conducta, así como momentos o situaciones puntuales en los que las mismas ocurren.

La escala puede ser utilizada también por el clínico como seguimiento del tratamiento y su evolución. En ese caso al volver a chequear los ítems el terapeuta puede establecer diferentes parámetros de tiempo respecto de lo establecido a priori en la escala (por ejemplo, si quiere estudiar la evolución del tratamiento en los últimos 3 o 6 meses, ese pasa a ser el rango de tiempo sugerido a los adultos que completan la escala luego de la primera vez, para evaluar la presencia o no de las conductas).

Para explicar el objetivo de la escala al adulto que la complete, podemos utilizar una explicación del siguiente estilo:

"Todos los seres humanos, cuando nos enfrentamos a situaciones traumáticas o altamente estresantes, implementamos alguna forma de lidiar con esa situación. Estamos preparados para eso. La disociación es una de esas formas. La disociación puede ayudar a un niño/a a separar los recuerdos, o los pensamientos, o las emociones o las sensaciones derivadas de esa situación, para no tenerlas presentes todo el tiempo, e incluso a veces para no recordarlas. Esta escala que le doy para que complete, indaga la posibilidad de que su hijo/a use la disociación como una forma de lidiar con lo que le ha sucedido, y de organizar esas experiencias abrumadoras en su cerebro. Es por eso que le voy a pedir por favor que lea cada situación atentamente y marque, según corresponda, si en el último año ese comportamiento o actitud ha estado presente con frecuencia, a veces, o nunca en su hijo/a. Si usted desea comunicarme más cosas sobre alguna de esas situaciones, por favor hágalo en una hoja aparte; todo lo que usted pueda contarme sobre el comportamiento de su hijo/a me ayudará a ayudarlo. No existen respuestas correctas o incorrectas, ya que todo lo que usted me informa es propio de la experiencia de su hijo/a y en ese sentido es único."

Como verán, en esta introducción a la escala para los adultos que la completan, sugiero explicar a la disociación como una modalidad defensiva. Pero entonces ¿esto es contrario a lo que se desarrolló en la primera parte del libro? No necesariamente. Recordemos que ni la TDE ni la conceptualización del apego desorganizado consideran a la disociación como un mecanismo de defensa en sí mismo, en el sentido psicodinámico del término. No obstante el "efecto secundario" de la disociación sí puede pensarse como una defensa de la manera que está explicado en el párrafo anterior. Para los adultos que cuidan de los niños que atendemos, así como para quienes están en contacto con ellos, tales como los maestros, por ejemplo, esta es una explicación funcional y mucho más útil, que buscar una que reúna a los sistemas de acción y las acciones integradoras de una manera comprensible.

Así como debemos comprender que el resultado de la escala no es definitivo en términos diagnósticos, también es importante reconocer algunas limitaciones de la misma.

El hecho de que esta escala sea completada por terceros no nos permite —en principio- el acceso a la experiencia subjetiva que el niño puede tener de lo que le pasa, y de cómo lo vive (¿es algo común para él?, ¿piensa que le sucede lo mismo a todos los niños?, ¿es aterrador?, ¿confuso?, ¿molesto?). Es por ello que el clínico siempre debe completar su evaluación con una indagación y evaluación profunda dirigida *al niño*. Este punto en particular se desarrollará más adelante.

Otra limitación a tener en cuenta, es la posibilidad de que el adulto que completa la escala esté o haya estado de alguna manera involucrado, de manera más o menos directa (es decir, por acción u omisión), en la traumatización de su hijo/a, y tenga cierta renuencia a informar sobre el estado de su hijo por temor a ser responsabilizado por ello. Esa es una actitud que podemos encontrar, por ejemplo, en algunas madres de niñas abusadas sexualmente, que han tenido una actitud deficitaria a la hora de cuidar de su hija o de realizar o sostener la denuncia contra el perpetrador del abuso.

Otras veces la limitación puede estar dada por alguna condición o característica en particular del progenitor encargado de responder.

No es poco habitual que niños severamente traumatizados convivan, por ejemplo, con una madre que, a su vez, también está severamente traumatizada. En algunos casos yo he recibido consultas por niños cuyas madres habían estado hospitalizadas o tenían un diagnóstico de TLP (trastorno límite de personalidad) o depresión mayor. En otros casos he atendido a niños cuyas madres habían escapado de una probable muerte a manos de un marido extremadamente violento y abusivo, muchas veces no solo hacia ellas sino también hacia sus hijos.

En tales situaciones se debe considerar la posibilidad de que el adulto también pueda puntuar alto en escalas de rastreo disociativo, e incluso que tenga un trastorno disociativo no diagnosticado. Esta circunstancia podría influenciar la capacidad del adulto de registrar las manifestaciones disociativas en su propio hijo/a; en mi experiencia personal me encontré con adultos tan tomados por su propia experiencia interna que no podían observar, decodificar o registrar adecuadamente las conductas o manifestaciones del hijo.

En estos casos yo sugiero pedirle a ese adulto que además complete él mismo el DES (*Dissociative Experiences Scale* o Escala de Experiencias Disociativas para Adultos, desarrollada por Eve Carlson y Frank Putnam)[14], aunque no sea una condición para la administración del CDC. Esta es solo una sugerencia sobre la base de lo que yo he hecho a lo largo del tiempo en mi práctica clínica.

Si bien no hay a la fecha investigaciones que sustenten estas observaciones, me he encontrado con niños cuyas madres tenían una puntuación alta en la escala DES, situación a tener en cuenta a la vez en la planificación del tratamiento y de las estrategias que impliquen un trabajo vincular. Si en estas circunstancias, la madre está en tratamiento

---

[14] Disponible en español en la página web www.trastornosdisociativos.com

con un profesional que maneja nuestro mismo lenguaje, hay altísimas probabilidades de que el trabajo que hacemos con el niño sea mucho más efectivo. Pero para que eso suceda cada vez más, necesitamos que la formación en trauma y disociación se extienda a todos los profesionales de la salud mental.

Cuando en la escala CDC el adulto ha señalado determinados ítems con una puntuación de 1 o 2, la información cualitativa derivada de ellos (la descripción más ajustada de la conducta, cuán frecuente es, si el adulto puede reconocer qué estaba sucediendo antes de que la conducta se manifestara, si sucede en la casa o en otro ámbito, etc.) nos puede servir para afinar nuestra observación del niño, e incluso para orientar las preguntas que le vamos a hacer a la hora de evaluar clínicamente la presencia de manifestaciones disociativas. Si surge una contradicción entre la información que el adulto provee y la que el niño da sobre una misma situación o fenómeno, es preferible no confrontar, y tratar de seguir indagando más información referida a ese ítem en particular.

Por ejemplo, una madre completa el CDC de su hija de 7 años. En el ítem 15, referido a la presencia de amigos imaginarios, dice que su hija tiene varios amigos imaginarios, y que según le relata la niña, uno de ellos la atemoriza. En la evaluación clínica la niña niega tener amigos imaginarios. Las hipótesis pueden ser:

a) necesita tener establecido un mejor vínculo de confianza conmigo para hablarme de la existencia de estos amigos imaginarios;
b) sentirse atemorizada por un amigo imaginario –no sabemos bien por qué- es razón suficiente para que considere que no es bueno hablar conmigo de su existencia.

En cualquier caso mi función es tratar de encontrar la forma en la cual ella pueda ir ganando la confianza necesaria para contarme cómo es esa experiencia, pero no tiene ningún sentido confrontarla con el hecho de que yo sé -por versiones de su mamá- que ella tiene varios amigos imaginarios y que uno de ellos la atemoriza.

7.2
A-DES (*Adolescent Dissociative Experiences Scale*)
Escala de Experiencias Disociativas para Adolescentes

Esta escala fue desarrollada por Judith Armstrong, Frank Putnam, Eve Carlson, Deborah Libero y Steven Smith. Deriva de su homóloga para adultos (la DES, *Dissociative Experiences Scale* o Escala de Experiencias Disociativas para adultos), con adaptaciones adecuadas a la población adolescente. Se administra a población entre 12 y 18/19 años. A diferencia de la escala infantil, ésta sí es autoadministrada, es decir que la completa el paciente mismo.

La puntuación se obtiene por la suma simple de los porcentajes marcados para cada situación, dividiendo el total por la cantidad de ítems (30). El rango de tiempo que cubre esta escala es el presente y algunos meses previos a la toma, ya que para los adolescentes el día anterior al de ayer ya es una suerte de pasado remoto. No obstante no se descartan aquellas respuestas cualitativas en las que el adolescente conteste, por ejemplo: *"no, ahora ya no me pasa, pero cuando estaba en segundo año me pasaba todo el tiempo"*. Sobre estas clarificaciones que no modifican el resultado de la toma de la Escala, es siempre de utilidad repreguntar y obtener ejemplos que grafiquen de manera más adecuada la situación.

El puntaje de corte para disociación patológica en esta escala es 4, y un puntaje entre 4 y 7 sugiere un trastorno de identidad disociativo. Al igual que el CDC ésta es una escala de rastreo, su resultado no es ni definitivo ni concluyente, y siempre es necesario complementarlo con una concienzuda evaluación clínica.

El A-DES, como el CDC, también puede ser utilizado a lo largo del tratamiento como evaluación y seguimiento de los resultados del mismo. En ese caso el clínico tiene la libertad de redefinir el lapso de tiempo a evaluar (ejemplo: si las conductas han estado presentes en los últimos 3 meses, o 6 meses, si ese es el tiempo que lleva el tratamiento y el terapeuta considera relevante re evaluar la presencia de manifestaciones disociativas usando como base alguna de las escalas).

Es importante hacer hincapié en que el adolescente pueda referirse a experiencias en las cuales no haya estado bajo el efecto del alcohol o las drogas.

También es importante reasegurar al adolescente explicándole que no existen las respuestas correctas o incorrectas, sino que cada una de sus respuestas refleja su propia experiencia y en este sentido su experiencia es única. Se les puede dar una explicación como la que se presentó para los adultos que completen el CDC, adaptando el lenguaje al paciente que tiene delante, si el clínico lo considera necesario.

Si bien se le puede dar la escala para que la complete en la sala de espera o para que se la lleve a su casa y la traiga al siguiente encuentro, la posibilidad de que el clínico administre las preguntas al adolescente, le provee una mirada privilegiada a eventuales cambios o actitudes al responder las preguntas, que puedan aportar información importante para la evaluación, a la vez que permite clarificar el contenido de los ítems ante la posibilidad de que el paciente no los entienda.

Por ejemplo, que se olvide de lo que le leemos apenas se lo terminamos de leer; que parezca entrar en un estado tipo trance; que cambie de manera muy evidente la actitud durante la toma (de ser abierto y franco, a mostrarse regresivo, o huraño); que haga algunos gestos fuera de lugar que puedan hacer pensar en la posibilidad de una influencia interna en el momento de responder los ítems, todo esto puede servir como puerta de entrada a una profundización de la evaluación. El terapeuta puede llevar gentilmente su atención a estos fenómenos observados, y preguntar con curiosidad y casi como al pasar *"¿te pasa muy seguido esto de olvidarte lo que te están diciendo apenas te lo dicen?"*, o *"noté que repentinamente cambió tu humor al escuchar esta última pregunta ¿hay algo que te moleste y quieras compartir conmigo al respecto?"* Si el adolescente no quiere responder se continúa, consultándole siempre si está bien seguir realizando la toma de la escala.

Recordemos la importancia de estar en sintonía con nuestros pacientes. El objetivo no es completar la escala en la misma entrevista si hay evidencia de que la toma está generando un aumento de la tensión o si es francamente desestabilizante. Si bien una desestabilización importante no es algo que suela ocurrir muy a menudo, el clínico debe considerar esa posibilidad para estar atento a detener la toma y a hacer todo lo que sea necesario para que el paciente se retire de la entrevista, tranquilo y estabilizado.

Puede suceder que el terapeuta note que el adolescente se quiere "sacar de encima" la entrevista, y contesta con rapidez y como si no pensara ni en el contenido de las preguntas ni en las respuestas que da. A veces nos damos cuenta de que eso es algo que estuvo pasando a lo largo de la entrevista cuando les volvemos a preguntar por un ejemplo en relación a algún ítem en particular y ellos nos confiesan, con brutal honestidad *"la verdad es que no se me ocurre ningún ejemplo, te dije eso por decir..."*. En esos casos podemos optar por volver a preguntarles el ítem en cuestión: *A ver, ¿qué te parece si te leo lo que dice esta frase de nuevo y me cuentas con qué frecuencia sientes o experimentas esto?*

Algunas manifestaciones disociativas (especialmente aquellas relacionadas con despersonalización y desrealización, con escuchar voces, o con otros fenómenos de influencia pasiva) le generan al adolescente muchas veces la idea de no ser normal, de estar enloqueciendo. Son experiencias que raramente han compartido con alguien y pueden no sentirse inclinados a compartirlas con nosotros.

Por eso es muy importante que esta escala sea tomada cuando el clínico haya logrado cierto conocimiento del adolescente y haya podido establecer patrones mínimos de confianza y buena comunicación. En este punto dar información comprensible y clara sobre cómo funcionamos ante los eventos traumáticos repetidos, y cuál es el lugar de la disociación y de las manifestaciones conductuales que ellos presentan a la fecha, es un elemento fundamental para proveer de tranquilidad.

Es recomendable que al finalizar la toma de la escala el clínico repregunte acerca de aquellos ítems que obtuvieron una puntuación más alta. Para la escala de adultos, Putnam sugiere que cualquier pregunta que el paciente marque en un 20% y hacia arriba, merece ser repreguntada. Para el caso de los adolescentes se puede usar el mismo criterio y preguntar por toda aquella respuesta en la que marque un 2 o más. Las re preguntas se pueden hacer en la misma entrevista o a la siguiente si se nota al paciente cansado o perturbado, si le queda poco tiempo, o si el adolescente se muestra reticente a hacerlo inmediatamente luego de responder.

Lo puede hacer pidiéndole un ejemplo, o preguntándole si puede explicar un poco más detalladamente cómo le pasa eso que ha señalado, si recuerda cuándo comenzó, o cuándo fue la primera vez que se dio cuenta de que le estaba sucediendo. Estas preguntas cualitativas van a permitir establecer de manera más fehaciente si la respuesta dada se refiere realmente a una manifestación disociativa o no.

Si las preguntas muestran ser un tanto desestabilizadoras, es prudente dejarlas, y pasar a otras o directamente no continuar con la evaluación cualitativa de la escala. El juicio clínico sigue siendo siempre el mejor orientador.

A continuación se presentan algunas preguntas que pueden orientar a la hora de hacer esta evaluación cualitativa.

- *¿Puedes recordar cuándo fue la primera/última vez que te pasó?*
- *¿Qué estaba sucediendo en ese momento? ¿Qué pasó justo antes de que esto pasara? ¿Puedes recordar qué pasó después, cómo saliste de ese estado, cómo resolviste la situación?*
- *¿Cómo te sentiste cuando te diste cuenta de lo que estaba pasando/ de lo que había pasado?*
- *¿Conoces a alguien más a quien le haya pasado/le pase algo parecido?*
- *¿Alguna vez se lo contaste a alguien? [Si la respuesta es afirmativa] ¿Qué te dijo, cómo reaccionó? ¿Y qué hiciste entonces?*

- ¿*Cómo te sientes ahora compartiendo esto conmigo?*
- *Mientras estamos hablando de esto ¿hay algo nuevo, diferente, que esté pasando ahora, o que estés pensando/sintiendo en este momento que te gustaría compartir conmigo?*

Para muchos niños y adolescentes, estas experiencias han sido parte de su vida; posiblemente hayan pasado desapercibidas a los ojos externos, o hayan sido interpretadas como comportamientos más habituales o esperables para la edad (el estar permanentemente distraído, el ser un irresponsable como justificativo de los olvidos, el mal carácter como responsable de los cambios bruscos de humor, los trastornos de conducta como explicación de las "mentiras" o acciones conductuales desajustadas que el paciente no reconoce). Cuando las manifestaciones disociativas llevan un tiempo importante ocurriendo, su influencia en la conducta puede ser tan notoria y amplia a la vez, que el adolescente pasa a ser definido por sus comportamientos desajustados. Cuando esto sucede, es el mismo adolescente quien no encuentra ninguna razón para destacarlos, comentarlos o compartirlos. Mucho menos con otro adulto.

Un adolescente de 14 años habla risueño y con mucha naturalidad de sus "olvidos". No le resultan en absoluto problemáticos. *"Todo el mundo se olvida de algo"*, dice, lo cual es bastante cierto. Se indaga entonces sobre estos olvidos, alentándolo a dar ejemplos. Entre ellos cuenta que una vez, se detuvo con su grupo de amigos delante de una pared que tenía pintado un *graffitti*. Los amigos lo elogiaban a él por la calidad de su obra, pero él estaba seguro de no haberlo hecho. Sus amigos le insistieron, le recordaron que habían estado allí solo unos días atrás, le contaron detalles de la situación en la que el dibujo había sido hecho. Finalmente y ante la insistencia, él reconoció haberlo hecho y enseguida cambió de tema. Pero lo cierto era que él no recordaba en absoluto haberlo hecho. *"Les dije que sí, que lo había hecho yo, porque me di cuenta de que ya pensaban cualquier cosa de mí"*, dijo.

El ejemplo anterior muestra otro elemento que puede comprometer la posibilidad por parte del niño o adolescente de comunicar espontáneamente lo que le pasa: el temor a la burla, a ser visto como raro, o incluso como "loco" (ésta suele ser una preocupación frecuente ligada al fenómeno de escuchar voces). Esto sucede especialmente al entrar en la adolescencia, cuando la necesidad de encajar en el grupo de pares, y de no ser visto de una manera diferente que pueda generar burla en los compañeros del grupo, es vital.

Con todos los pacientes, pero con los adolescentes en especial, siempre es importante quitarle a la entrevista un enfoque problemático. En primer lugar, porque no es agradable para ningún ser humano enfrentarse a una visión deficitaria o problemática de sí mismo. Pero además porque es contrario a un principio fundamental de la psicoeducación sobre la disociación, que es que la disociación les ha permitido sobrevivir y seguir adelante en circunstancias extremadamente difíciles y dolorosas, incomprensibles, o incluso hasta locas y bizarras.

Esto no significa que vamos a enseñarle al paciente a seguir funcionando de esa forma, ni a avalar su conducta cuando ésta es desajustada. Significa que ese es nuestro punto de partida para poder luego distinguir entre las circunstancias pasadas que alentaron el uso de la disociación, y las presentes, en las que no es necesaria (siempre y cuando el niño o el adolescente se encuentre en una situación de seguridad real en el afuera, es decir sin fuentes posibles o reales de volver a ser traumatizado). Es en las circunstancias actuales en las que la disociación ya no solo no es útil, sino que puede convertirse en un obstáculo generando problemas o inconvenientes diversos en la vida diaria así como en el curso del desarrollo.

Sub escalas en el A-DES.

Al tomar el A-DES, notarán que al final de la escala hay una hoja de *Resumen de Áreas para puntaje*. Estas áreas –concentración e involucración imaginativa, amnesia disociativa, influencia pasiva y despersonalización y desrealización- reflejarían los principales grupos de manifestaciones disociativas y aportarían una idea de cuáles son las más preponderantes en cada paciente al que se le toma.

El terapeuta debe trasladar los puntajes de cada ítem al área en la cual éste se encuentra. Suma, para cada área, el valor de todos los ítems reflejados en ellas y divide el resultado por el número de ítems.

Veamos un ejemplo en el cuadro que sigue:

```
                  Área 3
             Influencia Pasiva
          Ítem #      Puntaje
             4          _8_
            14          _6_
            16          _2_
            19          _0_
            23          _0_
       Total:    _16_  /5 = _3.2_
                        (Puntaje del área)
```

La utilidad de estas sub escalas sigue siendo aún objeto de investigación (Nilsson, 2007). Sin embargo la escasez de investigaciones en población infanto-juvenil en el área de trauma y disociación, en comparación con la proliferación de investigaciones en población adulta, hace que todo lo que existe hasta el momento tenga una utilidad y confiabilidad de una relatividad que es necesario tener en cuenta.

Existe la necesidad de aunar criterios respecto de qué concepto de disociación se va a utilizar para llevar adelante dichas investigaciones, y de ver cómo se podría incluir una evaluación de disociación que refleje -a la vez- la inclusión de conceptualizaciones más nuevas en el campo del trauma infantil. Por ahora, sin embargo, debemos manejarnos con lo que tenemos, recordando las limitaciones.

Con esta idea en mente, la utilidad clínica de estas sub escalas se manifiesta en aportar una visión un tanto más ajustada de las áreas de funcionamiento disociativo más significativo en el paciente adolescente.

El A-DES Taxon.

De la misma manera que se hizo con el DES, se identificaron en el A-DES, un número de ítems que reflejarían manifestaciones disociativas patológicas centrales, en contraste con otros ítems de la misma escala que evaluarían manifestaciones no patológicas. [15] Tanto el DES, como el CDC y el A-DES parten de una conceptualización de la disociación como un continuo de experiencias que van desde manifestaciones normales hasta manifestaciones patológicas de la disociación. Solo en la escala de

---

[15] Para una profundización del estudio y comprensión sobre la medida taxonómetrica del DES: Waller, N. G., Putnam, F. W., & Carlson, E. B. (1996). Types of dissociation and dissociative types: A taxometric analysis of dissociative experiences. *Psychological Methods, 1,* 300-321.

evaluación para adultos y para adolescentes se han identificado los ítems que reflejarían de manera más ajustada las manifestaciones propias de las áreas principales de la disociación según el DSM: amnesia, despersonalización y desrealización, alteración y confusión de la identidad[16].

Para el A-DES estos ítems son: 6, 9, 15, 17, 20, 22, 25 y 30. El puntaje total se obtiene sumando los puntajes de cada uno de estos ítems y dividiendo el resultado por 8.

El A-DES-T puede ser de utilidad, por ejemplo, para aquellos profesionales que trabajan en ámbitos públicos en los cuales deben atender una gran cantidad de población, para quienes encontrar una escala abreviada de evaluación podría ahorrarles un tiempo importante de trabajo con el paciente. La recomendación de investigación cualitativa sobre las respuestas proporcionadas a cada ítem es igualmente válida tanto para la escala completa como para esta otra reducida.

7.3
Encuesta de eventos traumáticos para niños y padres.

La *Encuesta de eventos traumáticos* es un inventario de situaciones traumatogénicas que aplican tanto al criterio A de exposición del TEPT, como a situaciones traumáticas de índole interpersonal. Hay un listado que se entrega para ser completado por los padres, y otro que se utiliza en la entrevista a niños y adolescentes. Es muy simple de llenar, y solo requiere que quien la complete responda si el niño a evaluar ha sufrido determinados eventos traumáticos.

La utilidad de chequear esta misma información con el niño o adolescente a evaluar, radica en que muchas veces nos podemos encontrar con información faltante en la lista completada por los padres. Esta información puede faltar bien por desconocimiento de los progenitores, bien por olvido (a veces los adultos fallamos a la hora de darle a un hecho la importancia que el niño que lo sufre le daría), bien por decisión concreta de no comunicarlo. Asimismo, en la lista que completan los adultos pueden estar presentes eventos traumáticos que tal vez hayan acaecido cuando el niño era muy pequeño y que éste no recuerde.

Indagar sobre los eventos traumáticos a los que el niño ha estado expuesto y el momento de la vida en el que éstos han sucedido, es una

---

[16] Según el DSM.

acción coherente con lo que sabemos acerca del impacto del trauma en el desarrollo del cerebro infantil; al mismo tiempo ayuda a una correcta planificación del tratamiento, ya que nos permite también orientar nuestras acciones hacia aquello que constituye hoy para el niño una preocupación candente, y nos ayuda a entender qué otros recuerdos traumáticos podrían estar alimentando la sintomatología actual.

Nadia está transitoriamente viviendo con su madre y su hermana menor en una Casa Refugio para mujeres que vivieron violencia por parte de sus parejas. Su mamá escapó de la casa con sus hijas, llevando lo puesto, mientras el marido había entrado al baño a bañarse. La noche anterior, delante de las hijas, el hombre había roto una botella y había amenazado de muerte a su esposa con un vidrio cortado. Al mismo tiempo, amenazaba con dejar correr el gas y volar la casa con todos adentro. Escenas como ésta eran habituales al menos desde el nacimiento de la hija menor (cuando Nadia tenía 2 años), e incluían muchas veces agresiones físicas concretas hacia la madre. Ya en la Casa Refugio, Nadia preguntaba insistentemente cuándo podrían volver a su casa: su preocupación era que, en el apurado escape, habían dejado a su perrito, y el padre ya había amenazado con matarlo. Nadia sabía que su papá era capaz de hacerlo, porque ya había matado a otros dos perros que ella tenía siendo más pequeña.

En una situación como la descripta, uno se preguntaría cómo es posible que a esta niña le preocupara volver a su casa por su perro, siendo que en la casa seguía estando el padre, quien había amenazado de muerte reiteradas veces a su madre y a ella misma, amenazas que habían escalado hasta el punto en el cual el padre estaba con un arma en la mano, y ni ella ni su pequeña hermana ni su mamá podían prever o anticipar si el padre iba a usarla o no para a consumar tales amenazas. Sin embargo Nadia se preocupaba por algo que ya había visto y que sabía que podía volver a suceder. Se preocupaba por perder algo importante para ella *porque eso ya había sucedido en otras oportunidades.*

Poder entender este tipo de situaciones en una historia de múltiples escaladas de violencia y locura como las de esta familia, y validar la preocupación, nos permite darle al niño una oportunidad de sentirse más aliviado, y de buscar alternativas, cuando es posible. Es cierto que no siempre podemos intervenir de la manera deseable, pero la peor de las intervenciones posibles en este caso hubiera sido la de negar o minimizar la inmensa preocupación y angustia que esta niña sentía por el destino de su mascota.

7.4
Guía de preguntas para evaluar
experiencias de apego en el cuidador y en el niño.

Estas preguntas se realizan al inicio de la evaluación del niño que usted va a atender. La idea es poder realizarlas a las personas que están actuando como cuidadores primarios del niño, ya sean padre y madre o uno de ellos, padrastros o madrastras, abuelos u otros familiares, o padres adoptivos. Cuando se trate de padres sustitutos, será conveniente tener en cuenta el tiempo que hace que estos se encuentran a cargo del niño, y si es posible, cuánto tiempo más podrían estar a cargo de él. Si los padres sustitutos han pasado mucho tiempo con el niño (más de un año) y se prevé que todavía sigan estando a cargo de él por un período de tiempo indeterminado, usted puede proceder con estas preguntas. Las preguntas variarán levemente cuando el niño haya sido adoptado. Cuando el niño se encuentre en un hogar o institución, estas preguntas serán reemplazadas por las que se presentan en el apartado correspondiente.

Es de suma importancia la actitud del terapeuta al hacer estas preguntas. Reasegure al adulto que responde acerca de que todas sus respuestas son importantes, que no hay respuestas correctas o incorrectas y que su función no es juzgarle. Si al hacerle preguntas sobre la propia infancia, el adulto que responde se desestabilizara o angustiara, es recomendable detenerse y darle lugar a que se tranquilice. Si considera que es conveniente no continuar, deje primar su propio criterio clínico. Muchos adultos pueden hacer esfuerzos por mostrarle una faceta agradable de su infancia e historia personal, o ser escuetos e incluso contradictorios a la hora de darle esa información. No confronte, simplemente deje asentadas sus impresiones. Dado que es un momento de evaluación, usted puede retomar esas impresiones para trabajarlas en el momento del tratamiento que considere adecuado.

Si el adulto que responde compara al niño sobre el cual usted está preguntando, con otro niño (por ejemplo, con otro hijo), vuélvalo amablemente a focalizar en el niño sobre el cual usted necesita la información, dejando asentada la cualidad de comparación (si coloca al niño a evaluar en un lugar negativo o positivo), sobre la que podrá volver a preguntar hacia el final. Si se diera esta situación procure que la re pregunta sea respondida de la manera más abierta posible, dando lugar a todo aquello que el adulto desee expresar.

Preste especial atención a si surgen: expectativas desmedidas, poca tolerancia al no cumplimiento de las mismas, sobre identificación con el niño (que puede demostrar una necesidad del adulto de que este viva la infancia que él hubiera deseado tener y no tuvo), sobre valoración de cualidades positivas y negativas que polarizan excesivamente la mirada que tiene el adulto sobre el niño, poca flexibilidad, encono, rechazo o irritación, o por el contrario una idealización que demuestra una alteración en la percepción que el adulto tiene del niño como tal.

Puede introducir el cuestionario que va a realizar de la siguiente manera:

"A continuación voy a hacerle algunas preguntas que tienen que ver con el momento en que estaba esperando a...., el nacimiento y su primer año de vida, y luego le haré algunas otras preguntas sobre su infancia. Esto me permitirá entender cuáles fueron los mayores desafíos que usted pudo haber enfrentado al criar a ...., y cómo su historia pudo haber influido en ello. Usted sabe que no existe ninguna guía ni ninguna enciclopedia que nos enseñe a ser padres, y todos hacemos lo mejor que podemos. Voy a comenzar haciéndole algunas preguntas sobre la historia de...."

Embarazo y parto.

Quisiera saber si usted ha vivido alguna de estas situaciones que le voy a mencionar durante el embarazo, parto o primer año de vida de.... y en cuál o cuáles de estas etapas sucedieron

* muerte de algún ser querido [indicar quién]
* separación/divorcio
* violencia emocional por parte de su pareja
* violencia física por parte de su pareja
* violencia sexual por parte de su pareja
* mudanzas o traslados forzados (por causas económicas, sociales, políticas, personales)
* pérdidas económicas significativas que afectaran de manera importante su vida (por ejemplo, perder trabajo, casa)
* dificultades durante el embarazo (amenaza de aborto, problemas de salud física, depresión u otros problemas de salud psicológica)

Durante esas situaciones ¿contó usted con alguna persona en la cual apoyarse emocionalmente?

En caso afirmativo, ¿qué relación tenía esa persona con usted, cómo fue la experiencia de apoyo recibida y cómo se sintió usted recibiendo esta ayuda?

¿Llegó el embarazo a término?
En caso que no fuera así, ¿cuál fue el problema?

¿Recuerda cómo fue el parto? ¿Tiene un peor y un mejor recuerdo de ese momento?

Valoración y descripción del niño cuando era bebé.

¿Cómo era.... durante los primeros tres meses? [Se alienta una descripción espontánea por parte del adulto]

¿Era un bebé tranquilo y callado? ¿Era muy demandante? [Si la persona responde que el niño era muy demandante, pídale un ejemplo que grafique ese estilo demandante]

¿Lloraba mucho?
¿Se calmaba fácilmente?
¿Qué debía hacer usted para calmarlo?
¿Cómo se sentía usted si surgían dificultades al calmarlo?
Si otra persona estaba cerca suyo y lo calmaba ¿recuerda cómo se sentía usted?

Durante el primer año de vida de... ¿qué es aquello que más disfrutaba de compartir con él/ella?
Y ¿cuál era el momento más temido o difícil? Cuénteme más sobre ese momento.

¿Dejaba usted a ... al cuidado de otras personas?
¿En qué momentos?
¿Por cuáles razones?
¿Por cuánto tiempo?
¿Cómo se sentía al dejarlo?
¿Y qué sucedía cuando se volvían a encontrar?
¿La/lo recibía con alegría, con llanto, con quejas, con indiferencia? [La pregunta tiene que ver con conocer cómo era la reacción del bebé o niño hacia el adulto, asegúrese de que el adulto que responde lo entienda correctamente.]

¿Cómo respondía usted a su vez a la reacción de...?
¿Con enojo?
¿Con angustia?
¿Con indiferencia?
¿Lo dejaba a un lado?
¿Le reprochaba algo (por ejemplo, que no le tendiera los brazos o que se quejara cuando usted lo cargaba)?

¿Cómo definiría su relación con .... cuando era pequeño (hasta los dos años)? ¿Podría ilustrarlo con un ejemplo?

Valoración y descripción del niño en la actualidad.

¿Cómo definiría su relación con... hoy? ¿Podría ilustrarlo con un ejemplo?

¿Cómo describiría a....?

¿Puede dar un ejemplo que represente de la mejor manera posible esta descripción? [Si hay varios adjetivos, se aconseja pedir un ejemplo para cada uno; si hay adjetivos positivos y negativos, se comienza por los primeros; si solo hay adjetivos negativos, luego de pedirle los ejemplos que ilustren esa descripción, se le pregunta si hay alguna cualidad positiva en el niño sobre quien se está preguntando, y un ejemplo ilustrativo].

¿En qué situaciones debe usted ponerle límites? [Aquí es importante permitir que el adulto describa todas aquellas situaciones en las que considera necesario poner límites al niño]

¿De qué manera pone usted los límites? [La idea es que el adulto se explaye sobre todas las formas en las cuales ha puesto en el pasado y pone hoy límites al niño, sin hacer hincapié en ninguna forma en especial. Es importante registrar las expresiones del adulto respecto de su propia conducta en la puesta de límites, si se siente efectivo o inefectivo, si es flexible o rígido, si es confuso o laxo a la hora de poner límites, si es excesivamente rígido (incluyendo situaciones de maltrato físico y/o emocional), si su política de límites es heredada o contrapuesta a su propia historia infantil, si ha recibido consejos o advertencias al respecto y qué ha hecho con ellos; el profesional puede agregar en este punto todas las preguntas que le resulten de ayuda para obtener esta información adicional].

Experiencias traumáticas en la infancia del adulto

"Ahora voy a hacerle algunas preguntas sobre su propia historia personal. Si usted se siente incómoda/angustiada y desea que nos detengamos en algún momento, por favor hágamelo saber y podremos continuar cuando se sienta mejor".

Le voy a mencionar algunas situaciones que puede sufrir un niño o adolescente, y le voy a pedir que me indique si ha sufrido alguna de estas situaciones, y me especifique si sucedieron en su infancia, en su adolescencia o en ambas.

* maltrato físico (por quién)
* maltrato emocional (por quién)
* abuso sexual (por quién)
* violencia entre padres
* negligencia (por quién)
* abandono (por quién)
* institucionalizaciones (por qué)
* internaciones o procedimientos médicos repetidos, invasivos, inhabilitantes (por ejemplo, no poder moverse, no poder ir al colegio o a actividades habituales) (consignar el motivo)
* muerte de padre/madre
* catástrofes naturales tales como inundaciones, terremotos, huracanes u otros fenómenos meteorológicos; guerras/guerrillas, violencia comunitaria, pandillas
* abuso de alcohol y/o drogas por parte de alguna de las personas adultas convivientes (quién)
* internación de alguno de los cuidadores (por cuánto tiempo y de qué tipo, aclarar si fue por salud física o psiquiátrica) (quién)
* encarcelamiento de alguno de sus cuidadores (quién)

Ahora le voy a pedir que me cuente cuánto le ha impactado cada situación de las que vivió con un número de 1 a 5 donde 1 es "no me impactó" y 5 "me siento fuertemente afectada por eso todavía."

Alguna de estas experiencias vividas ¿permaneció oculta a los ojos de otros (padres, hermanos, maestros)?
Si es así, ¿sabe usted por qué?
¿Cómo se sintió al respecto en aquel entonces?
¿Y cómo se siente ahora?

En el caso de que estas experiencias o alguna de ellas fueran conocidas por otros adultos ¿cómo respondieron éstos en ese entonces?

¿Recibió usted algún tipo de apoyo ante estas situaciones? (terapia, apoyo espiritual de un líder religioso, consuelo por parte de algún adulto cercano –especificar quién)

Si recibió apoyo ¿siente que le ayudó? Si la respuesta es positiva ¿en qué? Si la respuesta es negativa ¿por qué?

Historia de apego del adulto

¿Cuál fue la persona más significativa en su crianza y por qué?

¿Podría elegir una palabra o frase que describa la relación con esa persona?

¿Podría dar un ejemplo que represente de la mejor manera posible esa palabra o frase que usted eligió?

¿Recuerda haberse sentido solo o triste en algún momento de su infancia? ¿Por qué? ¿Cuál fue la reacción de sus cuidadores?

¿Cómo cree que influyó su propia crianza e historia en su manera de ser madre/padre?

Final de la entrevista

¿Le gustaría contarme algo más de sí misma como niña que fue, como madre, o de su hijo, ya sea cuando era un bebé o en la actualidad?

7.4.1
Cuando quienes responden son los padres adoptivos.

Las situaciones de adopción pueden ser sumamente variables: los niños pueden ser adoptados desde bebés, pero también pueden haber sido adoptados a edades posteriores. Cuanto mayor es el niño, es más probable que tenga una historia de múltiples institucionalizaciones o familias sustitutas previas a la adopción, lo cual tendrá un impacto importante en su historia de apego. En muchos casos las familias adoptivas conocen pocos antecedentes de la historia del niño, y en ese caso se puede intentar complementar la información con reportes realizados por la Justicia o las Instituciones en las que el niño hubiera estado albergado. Cuando el niño fue adoptado siendo un bebé de hasta un año se pueden hacer prácticamente todas las preguntas del apartado sobre valoración y descripción del niño. En todos los casos se obvian las preguntas sobre embarazo y nacimiento.

La entrevista se introduce de manera similar a si se trata de los padres biológicos, pero con algunos leves cambios:

"A continuación voy a hacerle algunas preguntas que tienen que ver con... y luego le haré algunas otras preguntas sobre su infancia. Esto me permitirá entender cuáles pueden ser los mayores desafíos que usted enfrenta hoy/pudo haber enfrentado [aquí es necesario tener en cuenta el tiempo que lleva el niño en dicha familia] al criar a ...., y cómo su historia pudo haber influido en ello. Usted sabe que no existe

135

ninguna guía ni ninguna enciclopedia que nos enseñe a ser padres, y todos hacemos lo mejor que podemos. Voy a comenzar haciéndole algunas preguntas sobre la historia de...., entiendo que puede que no conozca muchos datos, y si usted me lo permite, me gustaría poder completar esta información recurriendo a otras fuentes, como por ejemplo el Tribunal que intervino en la adopción."

¿Cuánto tiempo hace que ... vive con usted?

¿Cuánto tiempo pasó aproximadamente desde que le dieron la guarda y hasta que se resolvió la adopción definitiva?

¿Tiene usted otros hijos? [Consignar si fueron adoptados o si son biológicos; si son mayores o menores que el niño a evaluar; en caso de ser adoptivos, si son hermanos biológicos del niño objeto de la evaluación; si el niño tiene hermanos biológicos pero que no han sido adoptados por esta familia, preguntar si el niño tiene contacto con éstos o no, y en este último caso, por qué razón.]

¿Cuál fue el motivo que le llevó a considerar la adopción? [En caso de que hubiera problemas de fertilidad en la pareja, consignar si se hicieron tratamientos de fecundación, y cuántos fueron]

¿Cuánto tiempo estuvo esperando para adoptar un niño?

¿Qué sabe usted de la historia familiar del niño y quién le proporcionó dicha información? [En caso de que los padres no sepan nada de la historia o sepan poco es importante consignar si esto se debe a que falta información concreta sobre la historia familiar del niño, o a que ellos no quieren tomar conocimiento de la misma]

Valoración y descripción del niño cuando era bebé.

¿Cómo era.... durante los primeros meses que vivió con ustedes? [Se alienta una descripción espontánea por parte del adulto]

¿Era un bebé tranquilo y callado? ¿Era muy demandante? [Si la persona responde que el niño era muy demandante, pídale un ejemplo que grafique ese estilo demandante]

¿Lloraba mucho?
¿Se calmaba fácilmente?
¿Qué debía hacer usted para calmarlo?
¿Cómo se sentía usted si surgían dificultades al calmarlo?
Si otra persona estaba cerca suyo y lo calmaba ¿recuerda cómo se sentía usted?

136

Durante el primer año en que... vivió con ustedes ¿qué es aquello que más disfrutaba de compartir con él/ella?

Y ¿cuál era el momento más temido o difícil? Cuénteme más sobre ese momento.

¿Dejaba usted a ... al cuidado de otras personas?
¿En qué momentos?
¿Por cuáles razones?
¿Por cuánto tiempo?
¿Cómo se sentía al dejarlo?

¿Y qué sucedía cuando se volvían a encontrar?
¿La/lo recibía con alegría, con llanto, con quejas, con indiferencia? [La pregunta tiene que ver con conocer cómo era la reacción del bebé o niño hacia el adulto, asegúrese de que el adulto que responde lo entienda correctamente.]

¿Cómo respondía usted a su vez a la reacción de...?
¿Con enojo?
¿Con angustia?
¿Con indiferencia?
¿Lo dejaba a un lado?
¿Le reprochaba algo (por ejemplo, que no le tendiera los brazos o que se quejara cuando usted lo cargaba)?

¿Cómo definiría en general su relación con .... durante el primer año que vivió con ustedes? ¿Podría ilustrarlo con un ejemplo?

Valoración y descripción del niño en la actualidad.

Se repiten las mismas preguntas que para padres biológicos, agregando solamente:

¿Le pregunta el niño sobre sus padres biológicos o realiza comentarios favorables acerca de los mismos, o menciona extrañarlos, o lo compara a usted con ellos?

¿Cómo se siente usted cuando esto sucede?

¿Cómo responde o reacciona a esto?

¿Ha sentido alguna vez que la tarea de criar a ... era tan compleja y desafiante que le hacía sentirse superado, frustrado, enojado, falto de herramientas, inadecuado?

¿Ha pensado alguna vez que quizá hubiera sido mejor no adoptar a..., o conocer mejor su historia antes de adoptarlo, o devolverlo al Tribunal para que le buscaran a otra familia? [Para hacer estas últimas dos preguntas es necesario que el clínico tenga establecida una buena relación con los padres adoptivos, ya que éstos se pueden sentir juzgados, o incluso temerosos a la hora de develar este tipo de sentimientos. Si el clínico está en una fase inicial de conocimiento de la familia, es preferible que guarde estas dos últimas preguntas para un momento en que la relación terapéutica con niño y familia se encuentre más consolidada.]

Experiencias traumáticas en la infancia del adulto

Se repiten las mismas preguntas que para padres biológicos.

Historia de apego del adulto

Se repiten las mismas preguntas que para padres biológicos.

Final de la entrevista

¿Le gustaría contarme algo más de sí misma/o como niña/o que fue, como madre/padre, o de su hijo/a?

7.4.2
Cuando el niño se encuentra en un Hogar o Institución.

Cuando los niños se encuentran albergados en Hogares o Instituciones, la recolección de datos de su historia de vida y crianza es más compleja. Una fuente posible de información son los informes que puedan haberse hecho sobre el niño y su familia tanto en los organismos judiciales como los de protección a la infancia. Sin embargo, pocas veces esos informes darán una información profunda sobre experiencias de apego, aunque posiblemente aporten datos sobre la dinámica familiar y exposición a traumas (de hecho, si el niño no está conviviendo con su familia de origen es porque ha vivido al menos una situación traumática).

Los niños albergados en Instituciones no están al cuidado de una única persona, sino de varias. A su vez, conviven con muchos otros niños, de diversas edades y necesidades. El número de niños que alberga una Institución puede ser dramáticamente alto en aquellas comunidades que cuentan con pocos recursos para atender a las necesidades de protección de la infancia, por fuera de las familias de origen. En algunos casos, los niños se encuentran viviendo transitoriamente en una

138

Institución antes de pasar a otra. En otros, por diversas razones, han pasado por más de una en un período de tiempo relativamente corto. Todas estas razones conspiran a la hora de obtener información sobre la forma en la que el niño se vincula con pares y adultos en el lugar en que reside al momento de nuestra evaluación. Tal como plantea Joyanna Silberg, los niños aprenden rápidamente las ventajas de no apegarse a nadie en estos ambientes cambiantes.

Es importante que el profesional cuente con esta información antes de entrevistar a algún miembro del personal que trabaja en la Institución, ya que le va a permitir entender y contextualizar mejor las respuestas que reciba por parte de los adultos a cargo de ese niño.

Como guía previa a esa entrevista, el clínico necesita saber:

a) ¿Cuánto tiempo hace que el niño se encuentra alojado en esa Institución?

b) ¿Qué motivos llevaron a que fuera separado de la familia y ubicado en la Institución?

c) Antes de llegar allí ¿dónde estuvo? Es importante consignar si hubo diversos cambios de cuidador incluso dentro de la familia (por ejemplo, que fuera cuidado por la abuela, u otro familiar o miembro de la comunidad), por qué se dieron esos cambios y cuánto tiempo permaneció el niño en las ubicaciones previas.

d) Si antes de llegar a la Institución actual estuvo en otras, es importante saber cuánto tiempo estuvo en las otras y por qué se dieron los cambios.

e) Es importante saber si el niño se encuentra en proceso de adoptabilidad, y si el ingreso a la Institución actual se debió, por ejemplo, a que los padres adoptivos "lo devolvieron". En ese caso, es fundamental conocer el por qué (esto suele darse muchas veces como consecuencia de conductas disruptivas desplegadas por el niño en el seno de la nueva familia).

Una vez que cuenta con esta información de antecedentes previos, el clínico debe conocer cómo funciona la Institución en la cual el niño se encuentra alojado actualmente, preguntando, por ejemplo:

a) ¿Cuántos niños alberga la Institución?

b) ¿En qué rangos de edades se encuentran?

c) ¿Cuántos adultos trabajan en contacto con los niños y en qué roles?

d) Los niños ¿son separados por grupos en base a edades y/o sexo, o por el contrario, están mezclados?

e) ¿Cuáles son todas las razones por las cuales un niño puede ser albergado en dicha Institución? (en algunas situaciones, y nuevamente, debido a la escasez de recursos humanos y económicos, en una misma Institución puede ser que se albergue a niños que han sido víctimas de situaciones de malos tratos familiares junto con niños que están en conflicto con la ley, o que han presentado problemas de adicción a sustancias tóxicas)

En cuanto a la persona que vaya a responder a las preguntas del clínico sobre los vínculos y modos de relacionarse del niño en cuestión, es preferible que se entreviste a alguna de las personas que pasan más tiempo en contacto con los niños y al cuidado de éstos. Los Directivos suelen tener un contacto más distante con la cotidianeidad del niño, y puede que intervengan ante determinadas situaciones puntuales (muchas veces, disciplinarias). Los profesionales tienen un contacto mediatizado por la profesión que ejercen y el rol asociado que desempeñan dentro de la Institución. Pero las cuidadoras son quienes comparten la cotidianeidad y las rutinas de los niños, por lo cual éstas suelen ser las personas más indicadas para darnos la información que nos interesa acerca de ese niño.

La entrevista puede comenzar con la siguiente introducción:

Le voy a hacer algunas preguntas sobre.... para conocer de qué manera se relaciona con las otras personas y niños que viven en esta Institución en la cual usted trabaja, y cómo es su comportamiento en general en distintas situaciones de su vida cotidiana.

Voy a comenzar por preguntarle cuál es su función en relación a ... (aquí se trata de identificar el rol que desempeña el adulto).

Además de... ¿de cuántos otros niños debe ocuparse usted cuando realiza su función?

¿Sabe usted cuánto tiempo hace que ... está alojado aquí?

¿Sabe usted la razón por la cual está alojado aquí? (en este punto es importante consignar si la persona hace algún tipo de juicio de valor respecto de la familia del niño o del niño mismo, prestando especial atención a si emite juicios negativos o positivos hacia la familia, de lástima y pena hacia la familia o el niño, de resentimiento, rencor, dolor, etc.)

Si usted estaba cuando ... ingresó, ¿recuerda cómo fueron sus primeros días aquí?

¿Se adaptó con facilidad?
¿Se relacionaba con otros niños? ¿Lo hacía con todos por igual?

¿Se relacionaba con otros adultos? ¿Lo hacía con todos por igual?

¿Recuerda si en ese momento se apegó a alguien en particular? (aquí se le pide que describa todas las conductas que le dieran la impresión de que el niño se relacionaba con esa otra persona de una manera diferente. Si la persona en cuestión es el adulto que responde la entrevista, se le pregunta:) *¿Cómo reaccionó usted en ese momento?*

Desde el momento en que ... ingresó y hasta ahora ¿cambió algo de su manera de vincularse con las personas y con otros niños? Por ejemplo, ¿se abrió más, se cerró más, se tranquilizó, se puso más agresivo/desafiante, amplió su círculo de relaciones, desde entonces es igual o inconstante, etc.?

¿Se enoja, llora, angustia con facilidad?
¿Cómo son esos episodios? Le voy a pedir por favor que me describa uno de la manera más detallada posible (si la persona responde que el niño se enoja y llora con facilidad, es importante pedirle un ejemplo de cada una de esas expresiones emocionales).

¿Cuál es la reacción de los adultos en ese caso? (si la persona responde que depende de quién sea el adulto que está cerca en ese momento, se le pide que describa todo lo que sabe sobre las diversas reacciones y acciones que llevan a cabo los distintos adultos que intervienen)

¿Y cuál es la reacción de.... ante la respuesta del adulto? (nuevamente, si la persona habló de varios adultos interviniendo en distintas oportunidades, se le pide que cuente todo lo que sepa o haya visto sobre la reacción del niño ante la respuesta de cada uno de esos adultos)

¿Busca a alguien cuando se siente triste o cuando llora? ¿A quién y de qué manera lo hace?

¿Se calma? (aquí se alienta a la persona a que cuente lo más detalladamente posible cómo se calma, o que sucede si, por el contrario, el niño no se calma).

¿Tiene... conductas que resulten problemáticas? Por favor detalle cuáles son y en qué momentos suceden.

¿De qué manera se ponen límites a las conductas problemáticas de ...?
¿Cuál es su reacción ante esos límites?

¿Juega con otros niños o es más solitario?
¿Es agresivo en el juego, mandón, sumiso?

¿Tiende a cuidar/proteger a otros niños menores que él o que vea como más vulnerables o débiles?
¿Tiende a acoplarse a niños mayores? (tanto en esta pregunta como en la anterior, es importante que el adulto que responde se explaye sobre todas las cualidades observadas en esa relación).

Le voy a pedir ahora que me dé una impresión general de ... (en esta situación, es posible que la persona responda que no todos los adultos de la Institución lo ven de la misma manera, en cuyo caso se la alentará a que cuente *todas* las impresiones que ella nota por parte de los distintos adultos –consignando quiénes son los que tienen tales impresiones. Si la persona no menciona ninguna cualidad negativa del niño, se le pregunta *¿cree usted que ... tiene alguna característica negativa?*, y se consigna todo lo que la persona responda. Si, por el contrario, no menciona ninguna característica positiva, se le pregunta *¿cree usted que... tiene alguna característica positiva?*, consignando nuevamente todas las respuestas de la persona entrevistada).

*

Esta no es una guía exhaustiva, y cada profesional puede incluir las preguntas que le parezcan más pertinentes. Con las Instituciones es importante saber que tal vez no puedan responder a todas nuestras preguntas, o que lo hagan de manera vaga e imprecisa. También existe la posibilidad de que, en algunos casos, las respuestas no sean del todo honestas. Si la persona entrevistada malinterpreta que de lo que responda podría resultar eventualmente una evaluación de su desempeño o del funcionamiento de la Institución, posiblemente se muestre más preocupada por mostrar una imagen positiva de sí y de su trabajo, que en dar información confiable sobre el niño que usted está evaluando. Es una posibilidad a tener en cuenta, y en todo caso usted puede reasegurar una y otra vez que su intención es conocer más acerca de los modos de vinculación de su paciente en el lugar en el cual está alojado, planteándole además la posibilidad de que, una vez que usted concluya su evaluación del niño, podrá dar a la Institución algunas herramientas para saber cómo manejar las situaciones que se les hacen más complicadas. También puede ser de utilidad que indague a la persona que está entrevistando sobre los ítems de la escala de disociación en niños.

CAPITULO 8

LA EVALUACION CLINICA. DIFERENCIANDO LA DISOCIACION DE LOS FENÓMENOS EVOLUTIVOS NORMALES

"Origen de las dos Fridas. Recuerdo. Debo haber tenido seis años cuando viví intensamente la amistad imaginaria con una niña, de mi misma edad más o menos. En la vidriera del que entonces era mi cuarto, y que daba a la calle de Allende, sobre uno de los primeros cristales de la ventana, echaba "baho". Y con un dedo dibujaba una "puerta"......... Por esa "puerta" salía en la imaginación, con una gran alegría y urgencia, atravesaba todo el llano que se miraba hasta llegar a una lechería que se llamaba PINZON..... Por la O de PINZON bajaba intempestivamente al interior de la tierra donde "mi amiga imaginaria" me esperaba siempre. No recuerdo su imagen ni su color. Pero sí sé que era alegre —se reía mucho. Sin sonidos. Era ágil y bailaba como si no tuviera peso ninguno. Yo la seguía en todos sus movimientos y le contaba, mientras ella bailaba, mis problemas secretos. ¿Cuáles? No recuerdo. Pero ella sabía por mi voz todas mis cosas... Cuando ya regresaba a la ventana, entraba por la misma puerta dibujada en el cristal. ¿Cuándo? ¿Por cuánto tiempo había estado con ella? No sé. Pudo ser un segundo o miles de años... Yo era feliz. Desdibujaba la "puerta" con la mano y "desaparecía". Corría con mi secreto y mi alegría hasta el último rincón del patio de mi casa y siempre en el mismo lugar, debajo de un árbol de cedrón, gritaba y reía. Asombrada de estar Sola con mi gran felicidad y el recuerdo tan vivo de la niña. Han pasado 34 años desde que viví esa amistad mágica y cada vez que la recuerdo, se aviva y se acrecienta más y más dentro de mi mundo."

Frida Kahlo. Diario. Páginas 82-85

***

Un factor que suele obstaculizar el reconocimiento de algunas manifestaciones disociativas en niños radica en confundirlas con fenómenos evolutivamente normales. Muchos fenómenos evolutivamente normales en la infancia no siempre están delimitados de manera taxativa y concluyente. Esa frontera gris hace que muchas veces se sobredimensionen conductas, y tantas otras se las minimice, sin encontrar en ninguno de los dos casos un punto de equilibrio que permita, al menos, darnos espacio para investigar más sobre dicha conducta. El objetivo de este capítulo es entonces echar algo de luz sobre algunas manifestaciones propias de la infancia, e intentar delimitar en qué punto esas manifestaciones están fuera de lo esperado, y por qué, y de qué manera se relacionan con la disociación.

8.1
La fantasía.

La fantasía es el elemento primario del juego, pero a veces aunque no estén jugando, los niños pueden estar fantaseando, imaginándose cosas, escenarios, situaciones. ¿Es esto malo? Por supuesto que no. Fantasear tiene el mismo objetivo que jugar: el niño aprende a simbolizar, a interactuar con objetos que están en el afuera, a colocar en ellos cualidades "inventadas", a resolver situaciones. A través de la fantasía y el juego el niño descansa en un mundo que todavía está bajo su control absoluto. Se divierte, se proporciona compañía, se descubre y descubre el mundo que lo rodea desde diferentes ópticas. Fantasía y juego son parte de un mismo proceso.

El juego fantástico requiere de la posibilidad y la flexibilidad de poder entrar y salir de la realidad. Sin embargo, la posibilidad de diferenciar fantasía de realidad es un proceso que se va dando con el desarrollo. Este proceso contendría diferentes momentos (Putnam, 1997). En primer lugar el niño pasa de una ausencia de fronteras entre fantasía y realidad, a una frontera borrosa: puede reconocer que entre ambas existen ciertas diferencias, pero carece de control sobre tales límites o fronteras. Luego, pasa a una etapa de fronteras rígidas, en que puede controlar a voluntad su entrada y salida entre ambos mundos, para finalmente llegar a un momento de fronteras integradas, momento en el cual puede diferenciar, controlar e integrar la realidad y la fantasía con mayor facilidad. Algunos niños tienen una capacidad para fantasear mayor que otros. A la vez, algunos niños tienen una fantasía muy empobrecida, muestran poca curiosidad y mucha dificultad para involucrarse en o inventar escenarios de juego.

La fantasía puede servir como un poderoso medio de escape de una realidad dolorosa. En la película *La vita é bella* ("La vida es bella", 1997, escrita, dirigida y protagonizada por Roberto Benigni), Guido es un judío italiano que es capturado por los nazis junto con su familia y es llevado a un campo de concentración. Para que su pequeño hijo Giosué no sufra, inventa una historia con esa realidad: le dice que todo lo que están viviendo no es más que un juego cuyo premio mayor es un tanque. El horror de esa circunstancia es sostenido y enfrentado vez a vez por esta historia: Guido le presta una fantasía a su hijo para que ese horror sea más llevadero. La fantasía como vía de escape al dolor puede ser una gran ventaja cuando esa realidad dolorosa se da puertas adentro de la propia casa. Muchos adultos con historias de traumas severos en la infancia, relatan cómo su mundo de fantasías les protegía –siendo niños- del caos que los rodeaba.

Ahora bien: ¿cómo y por dónde se unen fantasía y disociación? La relación de la fantasía con la disociación ha generado controversias en el mundo científico, académico y clínico. El modelo sociocognitivo de la disociación (Spanos, 1994), plantea que los trastornos disociativos no constituyen un desorden psiquiátrico per se, sino que son "creados" o simulados como producto de la combinación entre una alta tendencia a la fantasía y a la sugestibilidad por parte de los pacientes, la influencia sociocultural de los medios y la influencia de psicoterapeutas poco cautos y afectos a "creer" en tales trastornos y a favorecer la implantación de falsos recuerdos sobre traumas pasados en sus pacientes.

Recientemente un estudio llevado a cabo con una muestra de pacientes adultos con diagnóstico de TID, en comparación con una muestra control de pacientes no disociativas con alta tendencia a la fantasía y otro grupo control de pacientes no disociativas con baja tendencia a la fantasía, mostró la falta de sustento científico del modelo sociocognitivo (Reinders et al, 2012). Una de las conclusiones fue que las pacientes con TID de la muestra no mostraban una mayor tendencia a la fantasía que mujeres no disociativas. No obstante, los autores de este estudio sugieren la necesidad de continuar investigando el papel de la fantasía y la imaginación en el desarrollo de las características de las partes disociativas de la identidad. Uno de los documentos de apoyo que los investigadores aportaron a su estudio, incluyó la evaluación de los contenidos de las fantasías de las pacientes con diagnóstico de TID de la muestra, así como los motivos por los cuales éstas, siendo pequeñas, se involucraban en su mundo de fantasías. (Nijenhuis et al, 2012).

Me parece interesante presentar algunas de las manifestaciones de las pacientes (adultas) de dicha muestra:

"Necesitaba creer en ello [la existencia de elfos y hadas] para sobrevivir. Deseaba que mi mundo interior se hiciera visible para que mis amigos internos me protegieran del abusador."

"Para protegerme, me sumergía en los libros, donde la vida era mejor."

"Mi madre me encerraba con frecuencia en un armario. Las teteras y la caja de elementos para lustrar los zapatos eran mis mejores amigos."

"Cada vez que mi padre abusaba de mí, yo abandonaba mi cuerpo. Mirando la escena, realmente creía que no era yo, sino otra niña, la que estaba siendo abusada. Todavía me cuesta mucho creer que yo era esa niña."

De manera similar, muchas pacientes adultas que yo he atendido han revelado cómo su mundo de fantasías las "protegía" de la realidad de los abusos, de alguna u otra forma: transformándose, distanciándose, sumergiéndose, las múltiples herramientas de su fantasía les permitían lidiar con lo insostenible de la situación. Una de ellas contaba cómo se sentía cuidada por su muñeca a la hora de irse a dormir. Al atribuirle propiedades humanas a su muñeca, lograba compensar la falta de esos cuidados esenciales por parte de su familia.

Si bien sigue sin quedar claro cómo ese proceso colabora en la conformación de partes disociativas de la identidad, parece tener sentido el hecho de usarlo como vía de escape mental: si en la fantasía un niño puede ser tan poderoso como su súper héroe favorito, ¿por qué no podría utilizar exactamente el mismo proceso para protegerse? La pregunta parece ser entonces ¿cuál es el límite? Si lo hay, ¿es posible distinguirlo? Una pregunta que suelo escuchar en los colegas que me consultan es ¿cómo me doy cuenta de que este nivel de fantasía *no es* normal?

Parece esperable que los niños severamente traumatizados recurran a la creación de un mundo interior rico que les permita no estar en contacto con la realidad permanente y dolorosa del abuso o el abandono vividos. Parece también lógico suponer que, si esa realidad dolorosa se cronifica, las chances de circular por los procesos descriptos anteriormente -en los que el niño va logrando una mejor discriminación entre fantasía y realidad- sean limitadas.

En mi experiencia clínica he observado las siguientes situaciones:

a) <u>Niños sobre involucrados en su mundo fantástico</u>: se hace muy difícil sacarlos de él o incluso tratar de entrar en él. Suele haber múltiples contenidos, caóticos y confusos. Puede haber diversos personajes que van cambiando de características, y esos cambios parecen no tener razón aparente o explicable en el guión que el niño nos va mostrando. Silberg (1998) se refiere a estos niños como poseedores de una menor sofisticación cognitiva para comprender y poder hablar de sus propios fenómenos internos, y pueden ser fácilmente vistos como niños psicóticos o en el borde de la psicosis.

En estos casos mi acción de primera línea es lograr una representación "externa" de esto que está sucediendo; suelo pedirles que me dibujen lo que está pasando, o lo que están viendo en esa escena que están jugando o imaginando; luego que dibujen las relaciones entre los personajes. ¿Cuál es el conflicto? ¿Qué hacen y cómo lo hacen? ¿Por qué aparecen o por qué desparecen? ¿Qué sienten y qué los hace sentir así? ¿Qué hacen entonces cuando se sienten de esa forma en especial? Estas y otras preguntas pueden ilustrar las diversas características de la fantasía. A medida que estas características van cambiando les voy mostrando a los niños estos cambios, mientras les pregunto qué es lo que hace que vayan cambiando. Esto me permite un acceso más organizado al caos. Además me permite poder mostrarle de manera concreta al niño una continuidad a lo largo del tiempo: cómo, lo que él vivencia en su experiencia interna, va cambiando o manteniéndose estable, qué me contó él sobre cada personaje y/o situación; de esta forma podemos comenzar a establecer un diálogo un poco más coherente entre ese mundo interior y yo, que estoy en el afuera. En algunos casos, con el tiempo, logramos establecer la presencia de claras partes disociativas contenidas en alguno de los personajes de estas historias.

b) <u>Niños que pueden hablar mejor de su mundo interno a través del juego o la simbolización</u>: en algunos casos esto me ha servido para que –sobre todo niños pequeños- puedan mostrar sus partes disociativas más claramente. Volvamos brevemente al ejemplo citado más arriba, el de la paciente adulta que lograba separarse de su cuerpo (despersonalización) mientras su padre abusaba de ella, hasta el punto de percibirse a sí misma en dicha situación *como otra niña*. Si se nos presentara esa niña que la adulta fue, y le preguntáramos por las cosas que su papá le hace por la noche, posiblemente esa niña nos miraría con cierta incredulidad o perplejidad, y nos contestaría que no pasa nada. O ni siquiera nos respondería, como si nuestra pregunta se refiriera a hechos de otro planeta.

Pero esta es otra forma posible de abordar la situación: a través de la psicoeducación, le contamos que sabemos de otras niñas que, cuando se sienten muy mal o muy tristes por cosas que les suceden, pueden, verdaderamente, sentir que no les está pasando a ellas mismas, sino a otra niña. Podemos sugerirle luego que escoja dos muñecas o títeres para representar lo que le sucede a esa niña, y a partir de ahí, preguntando acerca de la historia, la experiencia y las emociones de la "otra niña", es posible que nos cuente mucho de lo que a ella misma le sucede. La psicoeducación puede luego avanzar un poco más, para explicarle que una niña se encuentra dentro de la cabeza de la otra (para acompañar estas verbalizaciones es importante que el clínico siempre tenga a mano elementos que le permitan mostrar de manera concreta a qué se está refiriendo; puede hacer títeres de papel, puede utilizar cajitas que se guarden unas dentro de otras, mamuschkas, dibujos de la cabeza por dentro[17]). El terapeuta debe estar muy atento a las reacciones de la niña con la que habla mientras todo esto va sucediendo, ya que esas reacciones pueden ser signos de que estamos abrumando con la información, y nuestro objetivo no es obtener información a cualquier precio, sino de una manera pausada y respetuosa para con las necesidades de la niña.

c) <u>Niños con una fantasía o producto fantástico bien organizado, y no queda claro si comprenden los límites entre lo fantástico y lo real:</u> algunos niños tienen fantasías que, de alguna manera, hacen pertenecer a ambos mundos, el fantástico y el real. Es el caso de una niña a quien le gustan las hadas hasta el punto que comienza a creer que las hadas están con ella. Que hay hadas buenas que la protegen, y otras malas, dispuestas a hacerle daño, a engañarla, a controlarla. Por momentos su conducta cambia bajo la influencia de estas hadas: no camina bajo los árboles porque es donde se esconden las hadas malas, y trata de salir con abrigos llenos de bolsillos para llevar siempre consigo a las hadas buenas protectoras. En la vida de esta niña el refugio de la fantasía ha ido poblando lentamente la realidad.

Ciertamente vivir en una casa donde el peligro acecha todo el tiempo requiere de una actividad que distraiga a los pensamientos de semejante realidad. La imaginación y la fantasía pueden convertirse en excelentes estrategias de escape mental cuando el escape físico real no es posible. Sin embargo cuando el producto de este escape comienza a filtrarse por las fronteras de la realidad y esta niña comienza a vivir y a actuar bajo la convicción de que el producto de su fantasía ha traspasado los límites de su propia imaginación, ese es el momento en el cual la fantasía deja de cumplir el rol propio de la infancia, y quedaría puesta al servicio del trauma.

Cuando el producto de la fantasía se convierte en compañero permanente y la situación de trauma todavía persiste, queda claro que es la única salida posible para el niño. La posibilidad de ver a esta absorción fantástica como un producto que va más allá de lo normalmente esperable para la edad dependerá de una serie de factores (Putnam, op.cit): ¿qué tan vívida es la fantasía?, ¿existe todavía un claro límite que le permita al niño diferenciarla de la realidad, o ese límite se torna confuso y cambiante?, ¿qué tan intrusiva es?, ¿logra el niño tener

---

[17] Esta técnica se explica más adelante.

148

control sobre esta fantasía, o por el contrario, se siente controlado por ella?, ¿en qué contexto se desarrolla esta absorción fantástica: estando el niño en una situación de peligro o tensión, o puede darse incluso en situaciones neutras o emocionalmente alejadas del trauma?

Van der Hart et al. consideran que, en pacientes adultos, la fantasía y las ensoñaciones diurnas pueden eventualmente constituir un síntoma disociativo positivo, y ponen el ejemplo de una PAN que fantasea con haber tenido una infancia feliz, mientras que la realidad y los contenidos de alguna PE dicen todo lo contrario. Muchos pacientes adultos conservan una fuerte tendencia a la fantasía que les permite no estar en contacto con aquello que les resulta intolerable, temeroso o difícil de afrontar, ya sea el contacto con la propia realidad interna como el contacto con la realidad externa (salir al mundo exterior, tener una pareja, conocer gente nueva).

Sin lugar a dudas esta es un área que requiere de mucha más investigación, no obstante es importante recordar que –en esta situación- el límite no puede definirse de manera taxativa, y requerirá del terapeuta flexibilidad y apertura para saber qué y cómo preguntar, antes de concluir que la propensión a la fantasía del niño es normal o no, y si está o no puesta al servicio del trauma y la disociación.

8.2
El juego

Cuando yo tenía alrededor de 5 años me regalaron un libro hermoso llamado "Los niños del mundo". En ese libro, página a página, se podía pasear por distintos países, ver dibujos de un niño y una niña vestidos con las ropas típicas de dicho país, y conocer a través de los relatos, distintas costumbres y formas de vida. En ese libro, por ejemplo, yo aprendí que existía un lugar llamado Samoa. Pero, por alguna razón que al día de hoy desconozco, mi mente depositó su curiosidad en el atuendo de otra niña y en las características del país del cual provenía.

En aquel entonces, ayudada o potenciada por las imágenes de ese libro, yo empecé a decir que era holandesa, que había nacido en Holanda y que hablaba en holandés. La jerigonza incomprensible que según mi mente infantil era el idioma "holandés" era tomada por mis padres y por mi hermana mayor en broma. Yo *sabía* que no era holandesa y que no estaba hablando holandés, pero al mismo tiempo, mientras jugaba, estaba 100% convencida de que *sí lo era*. Esa es la esencia del juego: saber que es un juego al mismo tiempo que se encarna con absoluta convicción el papel que se está llevando a cabo. Algo así como la actuación. Cuando jugamos entramos y salimos a voluntad de personajes y situaciones, y escribimos los guiones de nuestras epopeyas. Jugar es un ejercicio de creatividad tanto como de libertad.

El juego es el escenario privilegiado para el despliegue de la fantasía. En el juego los niños personifican e imitan lo que ven: a los superhéroes, a los padres, a los diversos roles sociales que conocen (la maestra, el médico, el policía); juegan a transgredir ciertos límites, a ser ladrones, o a ser "los malos" a los que combaten "los buenos". A través del juego los niños aprenden también lo que son las reglas, y ensayan reacciones ante los triunfos y las derrotas. El juego es un escenario de la vida misma, y en el juego, sobre todo en el simbólico, los niños pueden inventar, cambiar el guión, o dejar de jugar cuando lo deseen.

No nos preocupamos cuando un niño juega, sino cuando no lo hace. A través del juego los niños se entretienen, pero también descargan tensiones, resuelven conflictos, proyectan escenarios futuros, logran paliar el aburrimiento y la soledad, aprenden a compartir con otros pares, a negociar roles, acciones, cantidad y tipo de palabras que dirán en sus diálogos improvisados; más adelante aprenden a comprender e interiorizar reglas, a respetarlas, a ganar y perder, y a lidiar con la espera del propio turno y con la frustración del primer lugar perdido. El juego es una experiencia de crecimiento y de desarrollo. Pero el juego infantil también puede verse alcanzado por la herida infligida por el trauma, y convertirse en su expresión sintomática.

A diferencia del juego normal de los niños, el *juego postraumático* es el que Lenore Terr (1990) definiera como un juego lúgubre, obsesivamente repetido, que replica una y otra vez partes de la situación traumática, a veces de una manera increíblemente literal. Cuando es acompañado por alguna emoción, suele producirse una escalada de ansiedad intolerable que termina por interrumpir abruptamente el juego, sin solución alguna, solo para volverse a repetir más adelante casi exactamente en la misma secuencia.

———————————————

Dalma tiene 4 años. Al usar la casa de muñecas para jugar, su juego termina siempre indefectiblemente de la misma forma. El padre, la niña y el hermano de la familia están en la habitación: la niña tendida boca abajo, el padre arrodillado sobre ella y el hermano en la puerta a una cierta distancia, mirando. Esta escena conduce a Dalma a su vez a una conducta masturbatoria que repite en una suerte de trance hipnótico, alejada por completo de ese momento de realidad conmigo. Solo sale de ese trance con la intervención de mi voz: la casa de muñecas es automáticamente dejada de lado, y la conducta masturbatoria cesa abruptamente.

La viñeta anterior muestra de qué manera el juego termina quedando contaminado por las memorias traumáticas: la casa de muñecas se transforma en el estímulo disparador del recuerdo fragmentario del abuso sexual paterno. Esta intrusión en el juego está completamente desconectada de lo que esta niña está haciendo, y al mismo tiempo la desconecta del aquí y ahora en el que se encuentra durante su sesión terapéutica, la vuelve a transportar por un instante a aquella situación, incluso con las mismas sensaciones corporales que el abuso despertó en aquel momento.

El juego postraumático en los niños es una de las formas en las cuales se manifiesta el criterio de re experimentación del TEPT (Trastorno por Estrés Postraumático). Pero también, desde la perspectiva de la TDE, puede ser entendido como un síntoma disociativo positivo dado su carácter intrusivo y su contenido de memorias traumáticas fragmentarias. Los niños que juegan este juego postraumático no disfrutan de él, de la misma manera que no disfruta el adulto que no puede dejar de tener imágenes intrusivas de un hecho traumático. En este tipo de juego el terapeuta muchas veces queda como hechizado por la repetición secuencial de un fragmento de lo que el niño vivió, o por la emoción predominante en dicho momento. La única intervención posible una vez que el terapeuta se sacude de la espalda esa sensación, es reorientar al niño al presente, al aquí y al ahora, permitirle que observe de qué manera es diferente el momento y el lugar en el que se encuentra *en este preciso momento*, respecto del momento, el lugar y las personas involucradas en ese juego.

Un niño de 3 años juega en su primera sesión a encerrar a unos "niños" dentro de una casita de juguete, mientras alrededor de la misma acechan varios "malos". Se encuentra completamente estancado en esta acción que se repite una y otra vez: abrir la puerta, sacar a los niños, ponerlos dentro de vuelta, cerrar la puerta y colocar a los malos alrededor; ese es todo el juego, y no admite cambios en semejante círculo vicioso. Luego de un rato la terapeuta logra captar su atención con la intención de hacer algo diferente; el niño acepta sentarse a dibujar con la condición de que adentro de la casita la terapeuta coloque a "un grande" que cuide a los niños.

Durante las primeras entrevistas con un niño que despliega este tipo de juegos, una intervención adecuada del terapeuta puede consistir en proveer de alguna modificación del escenario del juego que pueda generarle al niño una mínima sensación de seguridad. Que un niño pueda percibir como seguro y confiable al espacio terapéutico y al terapeuta, es una condición básica y elemental para el inicio de cualquier tratamiento terapéutico en cualquier marco teórico que el clínico utilice para su trabajo. Como en el ejemplo anterior, acceder a poner a una figura que represente a un adulto, favorece en el niño la percepción de que está siendo escuchado y respetado por un adulto, experiencia que muchas veces, muchos niños severamente traumatizados, no han tenido.

Cuando el terapeuta conoce de antemano la experiencia del niño, puede tener una mejor idea sobre aquello que está viendo en el juego postraumático. Cuando es posible, puede hacer preguntas que le permitan ahondar más en otros elementos de esa experiencia: ¿quiénes son los malos?, ¿qué hicieron o qué quieren hacer a los niños?, ¿han podido los niños hacer algo para defenderse, y si eso sucedió, cuál fue el resultado? Si conocemos cómo terminó esa situación, podemos introducir la información a la que en ese momento el cerebro del niño no puede acceder, diciendo por ejemplo: *"Sé que los niños les han contado a sus papás sobre las cosas que los malos hacían, y sus papás les creyeron y ahora los malos están en penitencia, y no pueden volver a hacerles daño a los niños"*.

8.3
Los amigos imaginarios

Tal como planteara en párrafos anteriores, no existe una línea divisoria clara que nos permita hacer una distinción taxativa entre aquello que es evolutivamente normal y aquello que está siendo puesto al servicio del trauma y la disociación. Nuevamente el juicio clínico debe ser el que prime ante todo. Pero ningún juicio clínico va a ser suficiente si no contamos con alguna base previa que nos guíe para hacer la distinción. Ojalá los límites pudieran ser más claros ¿no es verdad? Pero he ahí parte del desafío al trabajar con población infantil.

Decíamos al principio del capítulo que en los niños –sobre todo en los más pequeños– algunas manifestaciones disociativas pueden pasar desapercibidas, o ser vistas como manifestaciones propias de la edad. El caso más claro es el de los amigos imaginarios. El tema de los amigos imaginarios y su relación con las partes disociativas, sigue siendo motivo de discusión e investigaciones en población adulta, ya que, por un lado, se plantea que las partes disociativas podrían ser un derivado más elaborado de los amigos imaginarios en la infancia, mientras que, por otro lado, se plantea que no es factible establecer una relación etiológica entre ambos fenómenos.

Volvamos a los niños, que son el objeto de este libro. Los amigos imaginarios *son* fenómenos evolutivamente normales, aunque no necesariamente todos los niños los tengan. Los niños no disociativos tienen en claro que sus amigos imaginarios no son parte de la realidad: aunque a veces nos reprochen el no haberlos visto al sentarnos en una silla, supuestamente ocupada por estos amigos imaginarios, eso es parte del mismo juego. Esta será una cuestión clave a la hora de distinguir los amigos imaginarios de los niños disociativos.

Putnam (1997) cita un estudio de la década del 90[18], en el que se comparó una muestra de niños en edad escolar con una muestra de niños con historia de maltrato que recibían tratamiento en la institución en la cual vivían, y que tenían un diagnóstico de trastorno disociativo. El 57% de los niños maltratados tenía amigos imaginarios, en comparación con la muestra normal, en la que solo el 30% de los niños los tenían. Otro hallazgo importante fue la cantidad promedio de amigos imaginarios reportados: mientras que en los niños de la muestra escolar se encontró un promedio de 2.4 amigos imaginarios, los niños maltratados tenían un promedio de 6.4 amigos imaginarios. Los niños maltratados conservaban aún a sus amigos imaginarios a la edad que tenían cuando fue realizado el estudio (casi 11 años). Trujillo et al., aportaron además una descripción cualitativa de los amigos imaginarios presentes en las dos muestras.

En la muestra normal los amigos imaginarios eran benévolos, podían ser convocados voluntariamente, cumplían funciones de compañero de juego y consuelo ante sentimientos negativos y desaparecían alrededor de los 8 años. Estos niños eran capaces de recordar la edad aproximada que tenían cuando sus amigos imaginarios aparecieron por primera vez (entre los 2 y los 4 años).

En la muestra de niños maltratados con diagnóstico de trastorno disociativo, encontraron, en cambio, que éstos no podían recordar a qué edad habían aparecido sus amigos imaginarios por primera vez. En esta población encontraron además que los amigos imaginarios podían cumplir diversos roles:

---

[18] Trujillo, K., Lewis, D., Yeager, C. & Gidlow, B. (1996). Imaginary companions of school boys and boys with dissociative identity disorder: A normal to pathological continuum. *Child and Adolescent Psychiatric Clinics of North America 5: 375-392.*

- Ayudantes, proveedores de confort, compañeros de juego
- Protectores poderosos, que a veces podían estar asociados a conductas agresivas (al estilo *la mejor defensa es un buen ataque*), y que a veces podían adquirir la forma de superhéroes, animales fantásticos o mitológicos, o de niños más grandes. Éstos aparecían en momentos en los cuales los niños estaban muy asustados o se sentían amenazados. En otras ocasiones los protectores cumplían roles menos activos y se encargaban de aconsejar a los niños acerca de conductas, lugares o personas a evitar, fueran éstas verdaderamente peligrosas o no.
- Miembros de la familia, que también podían cumplir diversos roles, desde la protección (por ejemplo, una abuela, una tía, un hermano muerto) hasta la internalización del abusador.

En 1999 Michael Pica propuso una teoría para explicar –en principio especulativamente- cómo las partes disociativas podrían evolucionar desde los amigos imaginarios en la infancia. Pica plantea en su teoría que habría una *ventana de vulnerabilidad* para el desarrollo de un trastorno disociativo de la identidad, ubicada entre los 2 y los 8 años de edad. Cuando el niño es traumatizado de manera repetida durante esta ventana de vulnerabilidad, podría transferir a su/s amigo/s imaginario/s, aspectos relacionados con la traumatización (conductas, emociones, sensaciones, recuerdos), de manera tal que -ante la repetición de la experiencia o ante situaciones que gatillen recuerdos o sensaciones asociadas a ella- el o los amigos imaginarios pasarían a "cubrir" al niño en el afrontamiento de la situación abrumadora. Ya no es Ricardo quien tiene miedo y se hace pis, sino "el niñito tonto". El "niñito tonto" empezaría a cumplir la función disociativa, y a medida que la situación se siguiera repitiendo y cronificando, el vínculo entre el amigo imaginario y la disociación se vería fortalecido. Si el trauma continúa, en la adolescencia el amigo imaginario pasaría a individualizarse en personalidades autónomas que constituirían las partes disociativas de la personalidad. Esta teoría, reconoce el autor, requiere de investigaciones que permitan comprobar qué tan factible es el desarrollo propuesto.

Mi experiencia clínica coincide con algunas de las cuestiones planteadas hasta el momento. Los niños disociativos que atendí y presentaban amigos imaginarios habían transferido a ellos elementos de la experiencia traumática, ya fuera la experiencia misma ("el abuso no me pasó a mí"), o alguna emoción central o periférica ("está enojado, triste, es tonto").

Una clasificación de características que me sirvió para poder prestar una atención más fina al fenómeno de los amigos imaginarios en niños traumatizados, deriva de los aportes realizados por diversos autores que han investigado el tema, quienes concuerdan en señalar que hay una serie de condiciones que permiten trazar una línea más clara entre el amigo imaginario evolutivamente normal y el que no lo es y puede estar al servicio de la disociación. Entre ellas figurarían:

- La permanencia y vividez del AI a edades en las cuales es esperable un menor uso de la fantasía
- El hecho de que el niño se sienta controlado en sus emociones o en su conducta por su/s AI.
- La creencia o convicción de que el/los AI no son solo producto de la fantasía
- La posible existencia de desacuerdos entre los AI que el niño posee y la influencia que este presunto desacuerdo tiene sobre la conducta del mismo
- El hecho de que el niño comience a sentirse abrumado, amenazado, atemorizado por el/los AI
- Que el niño se sienta presionado por su/s AI a mantener en secreto su existencia
- Que el niño sienta que el AI sabe cosas sobre su vida o puede hacer cosas que él desconoce

---

Ana, de 7 años, dice tener una familia de amigos imaginarios. En esa "familia" hay una mamá que la cuida cuando no tiene que trabajar todo el día. Un papá que no habla demasiado. Un bebé al que ella misma cuida y con el que juega. Y finalmente una hermana de 19 años. Se niega a dibujarlos, y dice que la hermana de 19 años está enojada porque me contó sobre su existencia. Se aparta a un rincón, de espaldas a mí, habla por lo bajo, vuelve y dice en voz muy baja *"Ahora está distraída, la vez que viene cuando venga tienes que tener preparadas unas golosinas y yo se las doy enseguida, así no escucha lo que te digo. Ella no quiere que te hable."*

Ana no tiene una familia conformada de esa manera en la vida real. Sí tiene una madre que trabaja, y no ve a su padre desde hace un tiempo debido a una denuncia por abuso sexual. No tiene hermanos, ni menores ni mayores. Nótese que de todos los miembros de esta familia imaginaria, solo uno tiene fuertes resistencias a que se conozca su existencia (al menos por parte mía), y es necesario establecer ciertas estrategias de distracción para que esta niña se sienta cómoda y libre de hablar conmigo.

Esa será la puerta de entrada a investigar: ¿hay alguien más que conozca a esa familia de amigos imaginarios? ¿Esa hermana acepta que

Ana hable de su existencia con otras personas o no? ¿Se puede saber cuándo y cómo aparecieron? ¿Cómo se sienten los otros miembros de la familia con la actitud de esa "hermana mayor"? ¿Protegidos, amenazados? ¿Cómo se siente Ana con la actitud de esa hermana mayor? ¿Sabe ella –y puede compartirlo en todo caso- por qué la "hermana mayor" tiene esa actitud?

Las preguntas que se pueden abrir son interminables, y las líneas de investigación se irán abriendo con el mismo comportamiento y las mismas respuestas de los niños; al clínico solo le resta ser curioso, pero respetando no presionar para saber más. Si esa "hermana mayor" tiene una función de protección, el no querer que se la conozca tiene un sentido que acompaña esa función. Si, por el contrario, es hostil, el hecho de que para Ana sea mejor no hacerla conocida tiene la lógica de protegerse de mayores hostilidades. En el cerebro traumatizado nada ocurre porque sí.

Evaluar la existencia de AI y la cualidad de los mismos así como su relación con el niño, deben ser parte rutinaria de una evaluación de disociación en niños traumatizados. Cuando un niño está en condiciones externas de seguridad que facilitan y promueven el tratamiento, abordar los AI como posibles manifestaciones disociativas (cuando tenemos sospechas o evidencia de que es esa una lectura correcta del fenómeno), puede ayudar a que los mismos no se cristalicen en estados disociativos más elaborados a futuro.

8.4
¿Qué hay adentro de mi cabeza?
Una técnica de exploración y explicación
del trauma y la disociación para niños.

Hace muchos años, cuando todavía mi trabajo con esta población era más que nada intuitivo debido a la carencia de información que tenía, atendí a una niña de 4 años con un trastorno disociativo, que había sido víctima de múltiples y graves abusos sexuales por parte del padre desde por lo menos los 3 años. [19]

La gravedad de la situación padecida por la niña junto a dos de sus hermanos, determinó que la Justicia separara a los tres niños de ambos progenitores. Durante más de un año, la niña no tuvo ningún tipo de contacto con ninguno de los dos: el padre se había fugado; la madre

---

[19] Este caso ha sido publicado en el libro *Dissociation in Children and Adolescents. Theory and Clinical Interventions.* Sandra Wieland (Ed). 2010, Routledge.

estaba conviviendo con una nueva pareja, y estaba embarazada nuevamente. Luego de un tiempo, el Juez actuante permitió que la madre tuviera visitas con sus hijos, pero solo en el contexto de una terapia familiar. La niña, luego de haber sido separada de una manera bastante traumática de su madre[20], volvió a verla cuando ya tenía casi 6 años. Su madre, apenas un tiempo más tarde de iniciada esta terapia familiar, volvió a desaparecer (a causa del parto), y reapareció con un nuevo bebé en brazos.

Las terapias individuales de los niños y la terapia familiar (de la cual yo participaba junto con la terapeuta que atendía a la madre) se realizaban el mismo día, lo cual me daba la oportunidad de ver las reacciones de estos niños en un continuo de tiempo y en diferentes espacios.

La niña a la que me refiero mostraba cambios rotundos y por momentos hasta grotescos, en su actitud y comportamiento entre el espacio familiar y el espacio individual. Mientras que en el espacio familiar se comportaba como una niña buena, quieta y callada, que hacía preguntas a su mamá sobre la bebé que llevaba en brazos (si dormía, si era buena, si comía), en los espacios individuales se transformaba literalmente en otra niña: regresiva, salvaje, sexualizada, sin posibilidad de hablar de otra forma que no fuera a través de su cuerpo.

En una oportunidad, su mamá faltó sin aviso a los encuentros familiares (situación, por otro lado, bastante habitual); en su sesión de terapia individual la niña me comentó, un tanto enojada, que sus hermanos le decían que *"se hacía la loquita"*, pero ella no entendía por qué se lo decían. Esa fue mi oportunidad para decirle lo que yo veía cuando venía su mamá; le hablé acerca de los cambios muy marcados en su comportamiento que yo observaba, y de lo difícil que era para ella poder calmarse cuando entraba en esos estados. Le pregunté si tal vez sus hermanos alguna vez habían visto comportamientos parecidos en ella, o cambios tan repentinos que la hicieran parecer un tanto *loquita* como ellos le decían. Se quedó pensando. Fue entonces que tomé una hoja en blanco y dibujé un círculo grande a cada lado de la hoja, y le pedí

---

[20] Aquí me parece necesario aclarar que la separación de la niña de ambos padres era absolutamente necesaria para su protección y la de sus hermanos de mayores abusos. Cuando hablo de que la separación fue traumática me refiero a la forma en la que a veces se llevan a cabo tales desvinculaciones, incluyendo, como fue en este caso, la presencia de policías uniformados y la ausencia de personas que supieran cómo acompañar y contener adecuadamente a los niños en tales intervenciones.

que me mostrara qué había adentro de su cabeza cuando estas cosas pasaban.

Ese fue el rudimentario inicio de una sencilla técnica que con el tiempo se convirtió en una excelente aliada en mi trabajo con los niños que atiendo (e incluso, más de una vez también, con mis pacientes adultos.)

La técnica es absolutamente sencilla. Consiste en tomar una hoja de papel en blanco y dibujar a mano alzada un gran círculo de cada lado. A este dibujo lo acompaña la siguiente explicación:

"Hay cosas que están afuera de nuestra cabeza que puede ver todo el mundo. ¿Cuáles se te ocurren que son?"

[En este punto el niño puede responder lo esperable: ojos, cara, pelo. Si no lo hace, o se muestra inhibido, entonces el entrevistador lo alienta con preguntas del estilo *¿Yo puedo ver tu nariz? ¿Puedo ver tus ojos?* Este tipo de preguntas suelen activar las respuestas del niño.]

"Bien, muy bien. Ahora, resulta ser que, adentro de nuestra cabeza también hay cosas, pero a esas, no las puede ver nadie. ¿Cuáles se te ocurren que podrían ser?"

[La mayoría de los niños suelen responder *el cerebro* o *los huesos del cráneo*. Cuando dan este tipo de respuesta el entrevistador continúa de la siguiente forma:]

"Es cierto, adentro de nuestra cabeza está el cerebro. ¿Pero sabías que hay formas de ver el cerebro? Si yo me golpeo la cabeza muy fuerte, es posible que mi doctor me mande a hacer una radiografía (o una placa de rayos X, depende de lo que en el lugar donde el niño viva se utilice decir), *que es una foto de los huesos que hay dentro de la cabeza. O puede mandarme a hacer una resonancia magnética, que es una foto que le sacan a nuestro cerebro."*

[En este punto si el niño quiere contar experiencias de golpes o de estudios médicos que se le hicieron, el entrevistador puede dejar unos minutos de tiempo para que lo haga y luego continuar]

"Pero además del cerebro y de los huesos, dentro de nuestra cabeza hay cosas que nadie, pero nadie, nadie puede ver. Que solo las puede conocer otra persona si nosotros decidimos mostrárselas o contárselas. Esas cosas también están guardadas en el cerebro pero no salen en ninguna foto ni en ningún estudio. A veces pueden ser recuerdos, o cosas que sentimos, o cosas que nos molestan, o que no sabemos bien de

dónde vienen. [Aquí es recomendable hacer una breve pausa para chequear que el niño sigue nuestra explicación y la entiende, y para alentar la posibilidad de que él mismo diga qué cosas tiene en su cabeza. Acto seguido el entrevistador le dice:]

"En esta hoja está dibujada tu cabeza por fuera y por dentro. Yo te voy a pedir que dibujes qué cosas hay afuera de tu cabeza ahora ¿puede ser?" [Una vez que termina con ese dibujo, se lo alienta a que lo muestre y que cuente -si quiere- lo que dibujó; luego se da vuelta la hoja y se le dice:]

"Ahora, de este otro lado ¿podrías dibujar lo que hay adentro de tu cabeza?"

[Si el niño pregunta si debe o no dibujar algo en particular, se lo alienta a que dibuje lo que tiene adentro de su cabeza en ese momento, siempre siguiendo la idea de que, más allá del cerebro y los huesos del cráneo, hay cosas que no se ven a simple vista y que solo él puede mostrar/contar]

Este es el formato estándar de introducción de la técnica cuando la vamos a hacer por primera vez. La idea de remarcarle al niño que adentro de su cabeza hay cosas que solo él conoce o sabe, y puede mostrar/contar, apunta a devolverle parte del control sobre sí mismo que los eventos traumáticos le han quitado. En mi experiencia, esta primera introducción ha sido valiosa muchas veces para que el niño o la niña empiece a contar acerca de la presencia de voces o amigos imaginarios, o partes de su cerebro (o de sus recuerdos) a los que sienten que no tienen acceso (o a las que no desean acceder); pueden decir, por ejemplo: *"está todo oscuro porque hay cosas muy feas que no quiero ver"*.

Recuerdo el caso de un niño de 8 años que recortó un pedazo de papel y lo pegó en una parte del dibujo, diciéndome que lo que había detrás de ese papel era algo que él no me podía contar. En otra oportunidad, un niño de 10 años, dibujó múltiples "amenazas" por fuera del círculo, mientras que el interior estaba completamente vacío. En el caso de una niña de 8 años que había reportado una vocecita que le decía que debía romper cosas de su mamá, este dibujo permitió descubrir la presencia de otra vocecita que aparecía para hacer desaparecer a la primera, y para que todo se calmara como si nada hubiera sucedido.

Esta técnica puede ser adaptada con ilimitadas variantes de preguntas (tantas como el clínico tenga en mente) para ser utilizada en

159

diferentes momentos del diagnóstico y del tratamiento. A continuación van algunas:

a) La niña trae una preocupación o una molestia. El clínico la alienta a que muestre en el dibujo de adentro y afuera de la cabeza qué hay adentro en ese momento que la hace sentir tan molesta, o qué cosas aparecen adentro de su cabeza cuando ella se siente así de molesta o perturbada.

b) El clínico puede empezar por lo que hay adentro de la cabeza, y a partir de ese contenido pedirle a la niña que dibuje qué es lo que todos los que están a su alrededor pueden ver afuera de su cabeza cuando ella tiene lo que dibujó adentro. Esto sirve para ver si existe discordancia (o disociación) entre lo percibido internamente y lo que la niña puede expresar o mostrar externamente. Por ejemplo: una niña dice sentirse "loca" cuando se acuerda de su papá, pero cuando se le pide que dibuje lo que los otros pueden ver afuera de su cabeza mientras ella se está sintiendo así hacia adentro, dibuja una cara sonriente y feliz, con ojos muy grandes y bien abiertos. El sentido de esta discordancia entre el adentro y el afuera se hace evidente cuando tomamos conocimiento de que el padre abusó sexualmente de ella, pero tiene visitas permitidas con escasa supervisión. En consecuencia, esta niña está mostrando por un lado el conflicto entre el adentro y el afuera, pero también la única estrategia posible de supervivencia que encuentra disponible: permanecer con los ojos bien abiertos (hipervigilante ante el peligro), sonreír (para no "alterar" a su papá-victimario), y contener sus emociones puertas adentro.

c) El niño trae diversas preocupaciones, el clínico lo alienta a que dibuje cómo está su cabeza por dentro con cada una de estas preocupaciones en hojas separadas. Luego le pide que dibuje cómo está adentro su cabeza cuando piensa en todas esas preocupaciones. Eso puede alentar la puesta en evidencia de estrategias adaptativas: el niño puede decir que está todo negro y confundido, puede establecer barreras entre cada una de las preocupaciones, como si estuvieran presentes en compartimientos estancos, puede mostrar dinámicas de interacción entre las preocupaciones y sus estrategias (por ejemplo, *cuando me acuerdo de eso se me va la cabeza a otra parte*).

d) Si el niño ya ha hablado de partes o de amigos imaginarios, el dibujo de adentro de la cabeza puede ayudar a establecer si hay conexión entre esas partes, y en ese caso de qué tipo es, si se conocen, cuál es la relación, etc. A veces los niños pueden plantear que partes que sienten muy dicotómicas entre sí, están en diferentes cabezas, entonces se le permite, en un principio, utilizar diferentes hojas para que dibuje adentro de la cabeza a las diferentes partes. El objetivo es poder ir logrando paulatinamente que el niño pueda aceptar que todas las partes están dentro de *una misma y única cabeza.*

e) Si se está trabajando con alguna memoria traumática puntual, como por ejemplo, un recuerdo, o una imagen o pesadilla recurrente, el terapeuta puede alentar al niño a que dibuje dentro de su cabeza cómo está ese recuerdo/imagen, pesadilla. Una vez que finaliza el dibujo le puede preguntar *¿y qué hace tu cerebro cuando ese recuerdo/imagen/pesadilla aparece?*; si el niño comenta, por ejemplo, que piensa en otra cosa, entonces se lo alienta a que dibuje en qué otra cosa piensa, pero este segundo dibujo se realiza en un pedazo de papel de calcar o semi translúcido. Una vez que lo termina, el terapeuta puede pegarlo con un pedazo de cinta por una esquina sobre el dibujo de adentro de la cabeza. Esto puede servir como elemento para la psicoeducación, mostrándole al niño cómo, con solo levantar el dibujo hecho en el papel de calcar, el recuerdo sigue estando, y que la terapia le ayudará a poder hacer más pequeño ese recuerdo, de manera tal que ya no sea necesario que se esfuerce en pensar en otra cosa para no pensar en ese recuerdo, explicándole que cuando esos recuerdos se quedan ahí como "congelados" parece como si nunca se fueran a ir, y entonces, como a nadie le gusta recordar cosas tristes o feas, el cerebro se esfuerza en pensar en otras cosas, más agradables. Pero que cada vez necesita más esfuerzo para lograrlo, y eso entonces puede hacer que no tenga ni espacio ni tiempo para dedicarse a otras cosas que debe hacer (por ejemplo, prestar atención en la clase, que suele ser un problema muy habitual en muchos de estos niños).

También es posible que, al preguntarle qué hace su cerebro cuando ese recuerdo aparece, el niño nos brinde información que nos oriente a evaluar la presencia de manifestaciones disociativas más concretas, como por ejemplo: *se me pone toda la cabeza en blanco, me duermo pero con los ojos abiertos, aparece una vocecita que llora,* etc., y de esta manera, la respuesta del niño se convierte en una excelente puerta de entrada para conocer y entender mejor lo que le sucede y cómo se expresa eso que le sucede.

Estas opciones descriptas nos enseñan que lo más importante a tener en cuenta es que siempre podemos utilizar estos dibujos como una forma de interacción con el niño, un diálogo en el cual lo invitamos a contarnos más sobre su mundo interno, sobre sus contenidos, pero también sobre sus estrategias para con estos contenidos, y eventualmente hasta podemos aventurarnos a explorar juntos las posibles consecuencias de tales estrategias.

Estos dibujos, y la técnica en sí misma, pueden ser utilizados a lo largo de todo el tratamiento, no solo en fase diagnóstica. Siempre es recomendable tenerlo a mano como una fuente para el re chequeo constante de los progresos de la terapia.

Como decía en el ítem d), cuando la niña ha develado la presencia de partes disociativas, esta técnica puede ayudar tanto a evaluar el tipo de conexión o comunicación existente (o no) entre las diversas partes, como a establecer mecanismos de comunicación y cooperación entre dichas partes, lo cual es un objetivo constante a lo largo de todo el proceso terapéutico con niños disociados, en tanto y en cuanto favorece un trabajo hacia la integración. Una forma de utilizar el dibujo de adentro de la cabeza para facilitar la evaluación de la comunicación existente entre partes consiste en la metáfora de la casa, y la explicación es más o menos la que sigue:

"Imaginemos que tu cabeza por dentro es como una casa. Hay una puerta que separa lo que hay adentro de lo que hay afuera, puedes decidir si abrirla o no, cuándo, y también dejar pasar algunas cosas que puedan ser necesarias, tanto desde afuera hacia adentro, como desde adentro hacia afuera. Dentro de la casa hay pasillos que conectan habitaciones, pero también hay puertas, y esas puertas pueden estar abiertas o cerradas. Cada uno puede decidir si dejar la puerta abierta o no, o si cerrarla con llave. También hay paredes que dividen las habitaciones, y no permiten que nada pase de una habitación a la otra. Si pensamos en todo lo que hay adentro de tu cabeza (o en tus partes o en las partes que dibujaste/que descubrimos) como si estuviera dentro de una casa ¿dónde pondrías las puertas, los pasillos, y las paredes?"

Siempre, incluso desde las primeras fases diagnósticas, es importante remarcar la necesidad de encaminarse hacia una comunicación entre las partes disociativas. Sin dejar de mencionar – desde un encuadre psicoeducativo- las múltiples razones por las cuales nuestro cerebro se embarca en semejante operación fragmentadora, los terapeutas debemos tener en claro que el objetivo último de nuestro trabajo es la integración de todo aquello que quedó desagredado como producto de la disociación.[21]

---

[21] Hay muchas explicaciones acerca de qué significa exactamente "integrar" en el tratamiento de pacientes severamente traumatizados y disociativos, y ninguna de ellas es errada. Integrar es, en última instancia, reclamar la propiedad de la experiencia con todo lo que tiene: los recuerdos, las sensaciones, las emociones, para, desde allí, poder efectivamente dejarla en el pasado.

Incluso cuando usemos la metáfora de la casa, podemos decir que, aunque haya paredes entre diversas habitaciones, y puertas que puedan ser cerradas con llave, todo lo que hay en esa casa nos pertenece, y poder conocerlo nos dará las herramientas para lograr un mejor y mayor control sobre todo lo que hay en ella.

Con los adolescentes -maestros a la hora de encontrar explicaciones que justifiquen de una manera ineludible, que no hay ninguna buena razón para conocer lo que hay ahí dentro escondido- se puede utilizar como metáfora explicativa el cuento *Casa tomada*, de Julio Cortázar. Dos hermanos viven en una casa que un día comienza a hacer ruidos. Sus habitantes, lejos de intentar conocer el origen del ruido, deciden cerrar con llave para siempre la habitación de la cual el mismo proviene. Cada día un nuevo ruido los obliga a cerrar una nueva habitación. Hasta que un día terminan cerrando la puerta de entrada a la casa; solo que ellos quedan del lado de afuera, en la calle. Los hermanos, lejos de enfrentar los fantasmas de la casa tomada por los ruidos, deciden evitarlos, aún a costa de perderlo todo.

***

Para los terapeutas entrenados en EMDR (Eye Movement Desensitization and Reprocessing)[22], la técnica del dibujo de adentro y afuera de la cabeza puede ser un eficaz entretejido cuando el procesamiento queda bloqueado en *la nada* (cuando en medio del reprocesamiento el niño comienza a decir "nada, nada, no hay nada", pero el terapeuta sospecha que no ha llegado a un canal positivo, sino que se está dando un bloqueo en el procesamiento). En esas oportunidades el terapeuta le puede ofrecer al niño una hoja y pedirle que dibuje lo que hay adentro de su cabeza *en este momento* y seguir el procesamiento desde ahí. Una especulación posible es que el dibujo funciona como una técnica de alejamiento que le permite al niño correrse momentáneamente de una posible reexperimentación que activó la disociación. También es un recurso valioso para ser utilizado en la Fase 8 de Reevaluación de dicho modelo de tratamiento.

***

La serie de dibujos de adentro y afuera de la cabeza hechas a lo largo del tratamiento, terminan siendo un testimonio valioso, auténtico y emocionante, de los progresos y los logros adquiridos por estos niños para vencer las secuelas de la traumatización sufrida. Puede ser muy intenso ver cómo ellos mismos se sorprenden a la hora de ver lo que había en sus cabezas cuando comenzamos a trabajar y lo que tienen al finalizar.

Y cualquier herramienta que el terapeuta tenga a su disposición para ayudar a estos niños a vencer la sensación de falta de poder y control sobre su propio padecimiento, es en sí misma, absolutamente terapéutica.

Fig. 1. Niña de 8 años. Dibujo de adentro de la cabeza. La figura en el centro es el cerebro rodeado por los huesos del cráneo. La cruz al lado del cerebro señala el lugar donde se ubica el recuerdo que ha dibujado por fuera de la cabeza.

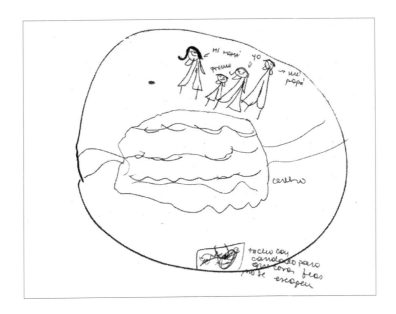

Fig. 1.1. En el dibujo de esta niña de 7 años (adentro de la cabeza), el centro de la figura está ocupado por el cerebro y los huesos del cráneo separando claramente el plano en dos: en el área superior se dibuja a sí misma y a su familia ideal, y en la parte inferior dibuja "un tacho con candado para que las cosas feas no se escapen".

CAPITULO 9

SÍNTOMAS Y MANIFESTACIONES DISOCIATIVAS. ¿CÓMO PREGUNTAR Y QUÉ OBSERVAR?

Joyanna Silberg, una de las personas que más sabe sobre disociación infantil, y autora de dos libros sobre el tema y varios artículos, escribió una frase que sigue iluminando mi trabajo: *"La intensa necesidad [de estos niños] de encontrar a alguien con quien compartir la singularidad de su mundo interno, es balanceada por la intensa necesidad de proteger este secreto, y el temor a que se devele"* (Silberg, 1998, p. 48).

Cuando yo comencé mi trabajo como psicóloga recientemente graduada en un servicio de asistencia a niños víctimas de malos tratos, una de las cosas que más me costó entender era algo que me decía mi supervisora de entonces: el niño víctima de abuso sexual no tiene intención de que se sepa lo que le está pasando. ¿Cómo era esto posible? ¿Cómo alguien que estaba siendo lastimado por un adulto que debía cuidarlo, podía desear mantener en silencio semejante dolor?

La misma dinámica conductual del abuso sexual explica y responde esa pregunta: a la niña abusada sexualmente se le impone un secreto y la llave que corona y garantiza que ese secreto se mantenga con el tiempo, es la coerción. Esa coerción puede ser violenta física y/o verbalmente, pero a veces nunca llega a serlo. A veces radica en manipular emocionalmente a la niña, por ejemplo, el abusador le habla de lo que le pasaría a él si ella contara, y no necesita hacerlo en tono amenazante; a veces, incluso, llora. Esa persona adulta, no es cualquier persona: en los abusos sexuales intrafamiliares, es una figura de apego, o alguien altamente significativo para una figura de apego (como puede ser, por ejemplo, una pareja de la madre con la que la niña convive desde hace poco tiempo). Conservar el apego a la figura primaria es vital e indiscutible para el niño. Entonces el peso del temor o el peso de la responsabilidad por el dolor del otro, sientan las bases para mantener el secreto. Ahí está *la decisión* de no contar, o la poca intención de hacerlo, de la que me hablaba mi supervisora en aquel entonces.

La disociación puede funcionar como otro pilar para mantener el secreto. Cuando la niña víctima de abusos sexuales por parte de su papá se enfrenta a la percepción tan disímil entre el papá que no abusa de ella y aquél en el que se transforma cuando lo hace (Baita, 2004), se hace necesario organizar esa información tan discordante de una manera que tenga cierto sentido: pero ya no solo va a quedar disociada la percepción que ella tiene de ese papá sino la percepción de sí misma en relación a este papá en los diversos momentos y situaciones en los que interactúa con él (Liotti, 1999; Baita, 2004). De esa manera no solo el secreto del abuso queda guardado, sino también las diferencias irreconciliables entre esas dos percepciones del otro y de sí.

A veces, ni siquiera hay un secreto que proteger. Pienso en los casos de negligencia o de abuso físico, en los que el maltrato y la violencia son visibles dentro de la familia, y están normalizados y justificados dentro de ella. ¿Qué es lo que protege allí la disociación? Protege por un lado una mirada positiva hacia la figura de apego, y por otro protege al mismo niño de la faceta negativa y oscura de esa figura de apego.

Si bien la disociación no surge en sí con el objetivo de proteger algo en especial, sino como una manera de organizar información absolutamente contradictoria (Liotti, 1999), relacionada con una figura de apego y la vinculación a la misma, la función protectora termina siendo una suerte de subproducto, una consecuencia secundaria.

Entonces, poner al descubierto a aquello que mantiene esa nueva organización interna, es riesgoso al menos por dos motivos: porque ya no se puede conservar el secreto de lo que pasó (aunque lo que pasó ya no siga pasando), y porque irremediablemente pone al descubierto para sí la existencia de estas dos "realidades paralelas" contradictorias e irreconciliables.

**

Cuando preguntamos a los niños de manera directa, concreta y curiosa sobre la presencia de manifestaciones disociativas, se suele generar en ellos una apertura interesante, y nos cuentan con naturalidad que escuchan voces, o que no se reconocen a sí mismos, o que sienten a veces que el cuerpo se les va al techo.

En mi experiencia personal, cuando averiguo por ciertas manifestaciones disociativas, obtengo respuestas francas y abiertas en aquellos niños que las tienen, mientras que niños que jamás han tenido un fenómeno de despersonalización, por ejemplo, solo por citar uno, suelen mirarme con cara de no entender en qué idioma les estoy hablando.Esta apertura y franqueza a la hora de responder no debe ser malinterpretada a la luz de lo que planteaba anteriormente respecto de la necesidad de mantener oculta la división interna producto de la disociación.

Creo que el clínico debe tener en mente ambas cuestiones: por un lado, debe habituarse a preguntar por la existencia de fenómenos o conductas por los que tal vez no esté acostumbrado, o no haya aprendido a indagar; por otro lado, debe recordar que la renuencia de la niña a compartir mayor información, o el desdecirse de lo dicho en otra sesión, son también manifestaciones de un conflicto interno más profundo: la niña se pregunta ¿qué me pasaría si contara? ¿Puedo confiar en este adulto que tengo delante? ¿Qué lo hace confiable? ¿Qué sentirán mis partes[23] si yo hablo de ellas, o de lo que saben?

Los clínicos que trabajan con adultos severamente traumatizados en su infancia, advierten que el hecho de que el paciente tenga efectivamente una historia de trauma temprano, y presente síntomas disociativos, no necesariamente es garantía de que lo cuente, al menos en las primeras entrevistas con el terapeuta (Courtois, 2004). Para poder dar ese paso, el paciente necesitará sentir que puede confiar en quien lo escucha, y para personas cuya historia de confianza en el otro ha sido siempre nefasta, aprender a confiar en un terapeuta es todo un trabajo en sí mismo. Idéntico principio se aplica al tratamiento de niños, con el agregado de que el niño todavía se encuentra en una posición real de dependencia y sumisión frente al mundo adulto, con lo cual la necesidad de chequear la fiabilidad del terapeuta, aumenta.

Valentina me cuenta: *"Yo tengo un recuerdo en mi cabeza que me dice que mi papá me tocó la colita, y otro recuerdo en mi cabeza que me dice que no es cierto, que mi papá nunca me tocó la colita".* Le pregunto entonces de cuál recuerdo quisiera ella hablarme y me responde: *"De ninguno de los dos."*

Este es el tipo de conflicto que trata de resolver la disociación, y el que se pone de manifiesto cuando, como terapeutas, intentamos echar una mirada al mundo interno de estos niños. Si Valentina habla del papá que tiene en un recuerdo, inmediatamente se activan - junto con la percepción de ese papá en ese recuerdo- emociones y sensaciones que son contradictorias con todo el contenido presente en el *otro recuerdo sobre el mismo papá.*

---

[23] Aquí me refiero a las partes disociativas, más adelante se profundiza más sobre este tema.

168

En la viñeta anterior, yo le di a Valentina en principio el control sobre aquello de lo que ella quería hablar. Eligió no hablar de ninguno de los dos "recuerdos", porque eso hubiera provocado seguramente una tensión importante con el "recuerdo" que ella decidía preservar. La intervención subsiguiente entonces apunta a poder poner en palabras *"¡qué difícil debe ser tener adentro de la cabeza dos recuerdos que te dicen algo diferente!"*, y acto seguido tratar de entender y averiguar qué le pasa a ella cuando cada recuerdo le dicta su propia versión de los hechos.

Esta intervención tiene dos objetivos: el primero reconocer y validar el conflicto y la tensión que este conflicto genera; el segundo, tratar de entender de qué manera este conflicto se manifiesta. Por ejemplo, cuando aparece el recuerdo que le dice que su papá le tocó la cola, Valentina no puede dormir sola, se hace pis encima y tiene miedo todo el tiempo de que alguien se la lleve (es decir, se activa una parte emocional de la personalidad). Entonces aparece el recuerdo que le dice que su papá no le tocó la cola, y ella puede funcionar como si fuera una niña más grande, segura de sí misma, que se pregunta cuándo va a volver a ver a su papá porque lo extraña mucho, y se enoja con su mamá cuando le dice por qué no lo puede ver (he aquí la parte aparentemente normal de la personalidad).

Esta es una de varias formas en las que el clínico puede aprender a reconocer a la disociación y a sus manifestaciones y síntomas asociados.

Pero vamos a profundizar un poco más en una de las habilidades que todo terapeuta debe enfatizar - la observación- y en las preguntas que nunca nos enseñaron a hacer, y que en este tema se convertirán en excelentes aliadas.

Frank Putnam advierte que en niños pequeños (él sugiere en niños menores a 6/7 años) la observación es más importante que las preguntas que el clínico pueda hacer (Putnam, 1997). Si bien yo coincido con esta opinión, considero que los terapeutas en general no hemos sido formados ni para observar las conductas que estos niños despliegan y leerlas desde la perspectiva del trauma y la disociación, ni hemos aprendido cómo preguntar, ni en qué momento hacerlo, para obtener información adicional fiable sobre lo que hemos observado durante las entrevistas con los niños.

En este sentido mi sugerencia es que cada clínico incorpore ambos elementos a su práctica de evaluación -muy especialmente y de manera rutinaria cuando se sabe o se sospecha que el niño a evaluar tiene o ha tenido una historia de traumatización crónica y severa- y que los tome como hábito incluso a lo largo del tratamiento.

9.1
Síntomas reportados.
Síntomas observados.

Como en cualquier anamnesis, los síntomas reportados por terceros (padres o cuidadores primarios y escuelas, fundamentalmente), son aquí también parte importante de nuestra recolección de datos. Algunos de estos síntomas tal vez aparezcan reportados por los adultos en la escala de experiencias disociativas. Cualquiera sea la fuente de información, es importante preguntar lo siguiente:

a) ¿Recuerdan cuándo surgió este síntoma o conducta por primera vez?
b) ¿Pueden hacer una descripción lo más detallada posible del mismo?
c) ¿Recuerdan si pasó algo en especial alrededor de la época en la cual este síntoma o conducta apareció?
d) ¿Qué hacen los adultos cuando el síntoma aparece? ¿Cómo responden?
e) ¿Cómo reacciona el niño ante la respuesta adulta?
f) ¿Puede el niño explicar lo que le pasa/pasó, o por el contrario parece como si no entendiera de qué le están hablando?
g) ¿Pueden identificar qué hechos, estímulos, situaciones, disparan la aparición del síntoma?

Es importante tener en cuenta que algunos padres y algunos maestros se pueden asustar al escucharnos hacerles preguntas relacionados con la existencia de determinadas manifestaciones o síntomas. Por eso es importante que el terapeuta sepa y comprenda que la psicoeducación es una herramienta permanente de ayuda, tanto en el trabajo con los adultos que rodean al niño como en el trabajo con el niño mismo. Siempre ayuda que el clínico pueda dar su explicación de una manera simple, sin demasiados conocimientos teóricos o conceptos que los padres difícilmente puedan retener. Hacia el final usted encontrará información relacionada con la psicoeducación a padres y escuelas que puede resultarle de utilidad. Recuerde adaptarla siempre al tipo de población con la que usted trabaja.

Al hacer la pregunta incluida en el ítem c) puede ser necesario indagar de una manera más específica, haciendo nosotros preguntas concretas, ya que para los adultos "algo en especial" puede ser algo de una gran magnitud o simplemente algo que para ellos sea significativo, sin recalar en el hecho de que los niños pueden hacer lecturas completamente diferentes de situaciones que para nosotros son inocuas, o incluso han pasado desapercibidas. Les podemos preguntar si murió alguna persona importante en la familia, si hubo cambios en el trabajo, mudanzas, conflictos en la pareja o con miembros de la familia extensa, enfermedades o internaciones; si en la familia había violencia, podemos preguntar qué pudo haber habido de diferente en las manifestaciones de violencia. Estas son solo algunas preguntas posibles; la historia del niño y su familia nos pueden ayudar a emprender vías alternativas de investigación.

Una niña cuenta que tiene una parte pequeña que se metió en su cabeza cuando ella tenía 5 años (la edad que tiene también esa parte). Cuando le pregunto si sabe por qué esa parte pequeña se metió en su cabeza, me responde que fue cuando sus padres la abandonaron, y como estaba sola, se metió en su cabeza. En la historia de esta niña no había habido abandonos, pero sí violencia verbal y física. Con la madre pasamos revista pormenorizada de diversos eventos que pudieran haber impactado en la niña de una manera especial por la época en la que ella tenía 5 años. Nada nuevo surgía. Hasta que en un momento la madre comentó que creía que por ese entonces, había muerto una gata que su hija amaba y que había sido su mascota por muchos años.

A primera vista, y en comparación con la historia, ese no parecía ser un dato muy relevante; pero al preguntarle a la misma niña por este suceso, ella contó con lágrimas que extrañaba mucho a su gata, porque ésta era su gran compañera, la única que la escuchaba, la única que la entendía y la única que la quería, y que cuando sus papás se peleaban, ella le hablaba a su gata, y ésta la hacía sentir mejor.

El ejemplo propuesto en esta viñeta nos enseña que nuestra lógica siempre puede ser desafiada. Esta niña, a los 5 años, se sentía contenida por una mascota, y cuando la mascota murió (con lo incomprensible que la muerte es en ese momento para un niño de 5 años), es posible que se haya sentido abandonada y sola. En su percepción de ese momento, sus padres estaban ausentes porque estaban centrados en la gravedad de su propio conflicto, y en consecuencia, su disponibilidad emocional para contener a su hija, estaba fuertemente limitada. Entonces, al morir la gata, ¿quién quedaba allí para ella? La conjunción de todos estos factores pudo disparar la aparición de esta parte disociada, en un ambiente facilitador para que la disociación actuara.

171

9.2
La sintomatología infantil desde la perspectiva de la disociación estructural.

Algunos síntomas que presentan los niños pueden tener cierto parecido con los que podríamos evaluar en un adulto. Pero otros, no. Esto puede llevar a sub dimensionar síntomas disociativos en los niños por el hecho de que no se parecen a los que presentaría un adulto.

Los autores de la teoría de la disociación estructural plantean que el problema a la hora de establecer qué es un síntoma disociativo y qué no lo es, radicaría en la conceptualización misma de la disociación, que puede llegar a ser tan amplia y difusa como para sumar síntomas que no necesariamente se considerarían disociativos desde esta teoría. Por ello, plantean que más bien se trata de poder considerar a la disociación como una organización que subyace a un variado complejo de síntomas (van der Hart et al., 2008). Al finalizar la Primera Parte mencioné la clasificación que van der Hart y colaboradores hacen de los síntomas disociativos en, por un lado, psicomorfos o psicológicos (o sea que se manifiestan a nivel mental), pudiendo ser negativos o positivos, y por otro lado somatomorfos o somáticos (es decir que se manifiestan a nivel corporal), pudiendo ser también negativos o positivos. Estos síntomas pueden alternarse o coexistir.

En su descripción de estos síntomas van der Hart y colegas se limitaron solamente a hablar de los que presentan pacientes adultos. Una descripción de la sintomatología infantil desde esta perspectiva no ha sido presentada a la fecha. Por ello, a continuación se presentan los síntomas que suelen evaluarse dentro del espectro disociativo en niños, y se acompañan con una breve explicación acerca de la categoría a la cual pertenecerían desde la clasificación sintomática propuesta por la teoría de la disociación estructural.

Olvidos/Amnesia

Por prodigiosa que sea nuestra memoria, no puede retener absolutamente todo lo que guardamos en ella. Todos nos podemos olvidar de algunas cosas; incluso, cuando estamos cansados o particularmente estresados es posible que nos olvidemos más cosas que lo habitual.

En los niños, también hay que considerar cuál es el interés o la motivación que pueden tener en evocar algo o no. Si un niño tiene que tratar de recordar lo que aprendió por primera vez hoy en la escuela, y si eso que aprendió fue difícil, o no lo motivó de manera suficiente, es posible que no recuerde más que generalidades o incluso que no se

172

acuerde de lo que hicieron ese día en particular en la escuela o en alguna materia concreta. Si a un niño se le invita a recordar una mala conducta, la motivación para hacerlo será aún menor.

Los olvidos disociativos en niños están relacionados con olvidar información personal relevante, sucesos recientes que por su envergadura sería esperable que recordaran (por ejemplo, explosiones de rabia, episodios regresivos importantes vistos por otras personas, conductas disruptivas severas) o los eventos traumáticos vividos (ya sea en su totalidad o en parte). Cuando se trata de evaluar amnesia respecto de conductas agresivas o destructivas que el niño haya tenido, es importante recordar que respuestas del tipo "no sé, no me acuerdo", también pueden estar motivadas por un deseo de evitar reconocer la conducta y sus consecuencias. En este sentido, las recomendaciones de Silberg a la hora de evaluar amnesia disociativa son cruciales (Silberg, 2013):

a) Crear un ambiente seguro, confiable y amable [esta recomendación es válida para todo el proceso de evaluación], evitando avergonzar o juzgar al niño, y motivarlo a recordar.

b) Es importante revertir en primer lugar la amnesia sobre conductas agresivas, sexualizadas o destructivas que el niño haya tenido.

c) Si el niño no recuerda los eventos traumáticos, el clínico solo se limitará a consignarlo en la etapa de evaluación, ya que revertir la amnesia de recuerdos traumáticos es parte de la segunda etapa del tratamiento y no de la evaluación.

Los olvidos disociativos incluyen:

- Olvidarse de los nombres de los compañeros de clase cuando hace años que comparte el grado con ellos; olvidarse de algo que aprendió o hizo que le insumió un tiempo y/o un esfuerzo importantes y que realizó recientemente, como si nunca lo hubiera aprendido; olvidar información personal relevante (como la propia edad, o el nombre de uno de los progenitores u otro familiar).

- No recordar alguna situación significativa recientemente vivida (como pueden ser episodios de malas conductas o de arranques de llanto o furia en la escuela o en la casa).

- Entrar a la oficina del terapeuta como si la conociera y viera por primera vez —cuando lleva un tiempo concurriendo a la misma- y/o preguntar por objetos o juguetes que anteriormente había utilizado con frecuencia e interés.

- En los adolescentes pueden aparecer más claramente amnesias relacionadas con períodos de su vida que debieran recordar pero no pueden (a la manera de lo que notamos en adultos); por ejemplo, no poder recordar absolutamente nada de cuando ingresaron a la escuela primaria, incluso si traen fotos que funcionen como estímulos; a veces pueden reconocerse a sí mismos en esas fotos pero no pueden recordar más información sobre el contexto de esa foto (no reconocer la casa en la que estaban en la foto aunque fuera la propia, por ejemplo).

© Carlos A.Cademartori

"A algunos niños y niñas a veces les sucede que les acusan de haber hecho algo que ellos no recuerdan que hicieron y están seguros de no haberlo hecho. ¿Alguna vez te sucedió algo así, como a la niña del dibujo?"

Un elemento crucial a la hora de evaluar estos olvidos es la perplejidad. La perplejidad es una actitud de confusión y/o sorpresa que de ninguna manera acompañaría un olvido intencional (por ejemplo, el que el niño responda *"no me acuerdo"* porque no quiere responder la pregunta que se le hace, o porque está aburrido y quiere terminar con la entrevista o hacer otra cosa). Esa perplejidad se manifiesta en un gesto sutil, en una actitud de sorpresa, cuando, por ejemplo, al ser confrontado con el hecho de que ya había usado con frecuencia los mismos lápices de colores que tanto admira hoy, y negar que alguna vez los haya visto, el niño pasea su mirada entre nosotros y el objeto de su olvido, como si estuviera buscando en algún lugar interno la confirmación de alguna de las dos versiones, la propia o la nuestra. Esa actitud denota realmente que el niño ha perdido "la pista" de lo que venía haciendo/diciendo, es decir que su conducta y la memoria sobre ella han perdido *continuidad*. Esta discontinuidad –como se verá– está presente también en otras manifestaciones disociativas.

Desde la teoría de la disociación estructural, las amnesias constituyen síntomas disociativos psicológicos negativos.

Fluctuaciones en habilidades, capacidades y gustos.

Una de las áreas en las que estas fluctuaciones disociativas se notan mejor es el área escolar. Debido, en parte, a las consecuencias del trauma infantil repetido y de índole interpersonal en el desarrollo de áreas cerebrales críticas para el aprendizaje, la planificación o la anticipación, el ámbito escolar suele ser el que muestra de manera más elocuente estas fluctuaciones.

Estas se pueden notar, por ejemplo, en situaciones como las que siguen:

- Sacarse una baja calificación en una materia para la que el niño había estudiado y estaba muy bien preparado, y más adelante en la misma materia sacarse la calificación más alta con el mismo nivel de preparación que antes; el niño no puede explicar qué le pasó en la evaluación en la que se sacó una nota baja.

- No saber usar la tijera, el sacapuntas u otros elementos, no saber atarse los cordones o vestirse solo, cuando se sabe que lo viene haciendo desde hace tiempo.

- Insistir en que no aprendió algo que se sabe que ha aprendido.

- Insistir en que no le gusta ni jamás le gustó una determinada comida, ropa, juego o juguete que se sabe era su favorito o que le despertaba sumo interés.

- Insistir en que no sabe leer, sumar, restar, contar, etc. cuando se sabe que sí lo ha aprendido y hay constancia de que esto es así.

Aquí es necesario poder anticipar que estas fluctuaciones no tienen nada que ver con los cambios de gustos que un niño puede desplegar, a veces como resultado de estados ansiógenos o de tensiones diversas que se expresan sintomáticamente a través de cambios en el carácter. En estos niños, ellos pueden reconocer que *antes* les gustaba, sabían, o podían hacer algo, o vestirse de una forma determinada o jugar o comer algo en especial, pero *ahora* ya no. Muchas veces pueden explicar estos cambios con un *no porque no*, pero son más o menos conscientes de estas fluctuaciones. La fluctuación asociada a la disociación, al igual que los olvidos, está caracterizada por una discontinuidad entre dos eventos, entre dos conocimientos, entre dos gustos, que al niño le resulta difícil –y muchas veces angustiante-explicar.

Este síntoma se corresponde en la teoría de la disociación estructural con lo que los autores denominan *pérdida de habilidades mentales*, que atribuyen a "las alternancias entre las distintas partes disociativas de la personalidad que ostentan el control ejecutivo" (van der Hart et al., op.cit, pg 159). La pérdida de habilidades mentales es un síntoma disociativo psicológico negativo, que conlleva también una pérdida de habilidades a nivel conductual, que constituiría un síntoma disociativo somático negativo.

Como parte de mi evaluación, suelo sugerir que me traigan sus cuadernos o carpetas de clase, o las evaluaciones en las que han "fallado", como forma de poder entender o tener un acercamiento a los procesos internos que pudieron haber actuado en ese momento. Allí es muy habitual ver cómo de repente lo que el niño está escribiendo se corta abruptamente y la hoja queda en blanco, o cómo va cambiando la caligrafía de manera drástica (y no atribuible a procesos de cansancio), hasta el punto que al niño le cuesta reconocerla como propia, o muestra nuevamente perplejidad y puede incluso comentar que no sabe quién escribió eso. En algunos casos los niños insisten en que ellos no lo hicieron (el dibujo, o el dejar la página en blanco), y cuando se les pregunta quién creen ellos que pudo haberlo hecho, suelen no tener una respuesta, o se dan cuenta de que la respuesta que aportan no se puede sostener demasiado en el tiempo.

También es posible observar que estas fluctuaciones se encuentran en los dibujos, cuando hay marcadas diferencias en el logro de un mismo dibujo (ver Figuras 2 y 3 para una mejor comprensión). Por ejemplo, que el niño haga dibujos con niveles de elaboración importantes en contraposición a otros pobres, o que muestre cierta regresión en la producción cuando se la ve comparada con otros dibujos del mismo período y edad.

Dado que todo aquello que está relacionado con la escuela suele estar teñido de cierto estigma social y de altas expectativas parentales y escolares (no saber significa ser un burro, un tonto, un incompetente, y todo esto no hace más que remitir a todas las experiencias que dejaron marcado a fuego un sentido general de incompetencia o poco valor como persona), yo siempre sugiero que el acercamiento que el terapeuta tenga a todo lo escolar sea, antes que nada, respetuoso. Le podemos decir a los niños que nos interesa conocer qué está aprendiendo él en su clase en ese momento, y cómo lo está aprendiendo, y que por eso nada mejor que ver sus cuadernos y carpetas, y que él mismo nos los muestre. Una vez que encontramos ciertas inconsistencias –que muchas veces el niño pasa por alto adrede- podemos dirigir su atención a ellas con una curiosidad respetuosa y genuina: *"Noto que aquí cambia mucho tu letra, ¿lo notaste? ¿Qué crees que pudo haber pasado? ¿Te había pasado eso antes?"*

Si se trata de trabajar con un examen en el que han sacado bajas calificaciones, los aliento a que investiguemos con curiosidad e interés qué pudo haber pasado. Algunos niños y adolescentes pueden manifestarse completamente indiferentes ante sus cuadernos incompletos o ante sus exámenes en blanco, pero para otros puede provocar un sufrimiento y una vergüenza difíciles de tolerar. Es muy importante que podamos ayudar a padres y maestros a tener una actitud similar al respecto (tarea harto difícil muchas veces, pero no por ello, poco digna de intentarse).

Una explicación que suele generar cierta tranquilidad en los niños consiste en decirles que entendemos que han pasado por muchas cosas y que tienen aún muchas preocupaciones en su cabeza, y dado que es la única cabeza que tienen para todo, es muy difícil prestar atención a lo que les preocupa y a lo que deben aprender al mismo tiempo. Esta misma explicación debe ser repetida una y otra vez a padres y maestros para que no desalienten los progresos del niño cuando éste "no aprende" o no logra los objetivos académicos esperados.

Puede ser de mucha utilidad indicar una evaluación neuropsicológica, que nos dará información clara y concreta acerca de las áreas que han sido afectadas por la exposición repetida al trauma. Incluso cuando el profesional que haga dicha evaluación no tenga formación en trauma, los resultados suelen ser coherentes con lo que sabemos acerca del impacto traumático en la afectación del desarrollo cerebral. Podemos encontrarnos con información referida a lo atencional, a las funciones ejecutivas, así como con pautas claras que guíen el proceso de aprendizaje. De esa forma, familia y escuela cuentan con un mapa más claro acerca de qué estrategias implementar para acompañar el aprendizaje. Y, de paso, el proceso terapéutico puede continuar por la vía de ayudar al niño en toda su vida, y no solo en el hecho de no poder estar a la altura de lo esperado por los adultos en lo académico.

A veces, si la familia hace un hincapié muy fuerte en los logros escolares, esto puede replicar y/o potenciar sentimientos de frustración e impotencia en el niño, y dificultar aún más el proceso de aprendizaje. Suele ser muy difícil poder convencer a los padres de disminuir el nivel de presión, por eso es fundamental realizar un trabajo en conjunto y lograr que la escuela acompañe el esfuerzo. De lo contrario, ir a la escuela se convertirá en un nuevo disparador de múltiples experiencias de fracaso y de emociones de angustia, vergüenza y miedo.

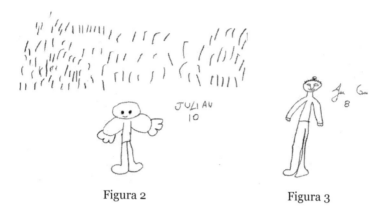

Figura 2   Figura 3

Figuras 2 y 3. Estos dibujos fueron realizados por el mismo niño, de 8 años, y en una misma entrevista, durante su evaluación en una Institución en la cual se encontraba alojado. El de la Figura 2 responde a la consigna de dibujar a una persona bajo la lluvia, mientras que el de la Figura 3, a la consigna de dibujarse a sí mismo. Al dibujo de la Figura 2 le asignó 10 años de edad, mientras que al otro, 8.

Conductas regresivas.

Este ítem agrupa a todas aquellas conductas y acciones que no están en período de adquisición o consolidación, y que muestran repentinas involuciones a estadios previos del desarrollo. Si bien en niños pequeños es más difícil establecer el límite entre una regresión y las transiciones conductuales y actitudinales propias del momento que están viviendo, algo que suele marcar una diferencia es si el niño registra, cuando se le hace notar, que está haciendo algo propio de un niño más pequeño (como empezar a hablar repentinamente como un bebé, sin que se le pueda entender lo que articula, o gatear cuando sabe caminar). Alrededor de los 4/5 años es también útil tratar de determinar si la conducta es producto del juego (y en ese caso se supone que el niño lo puede registrar e informarnos al respecto) o si por el contrario, al igual que los olvidos y las fluctuaciones sobre los cuales hablamos anteriormente, hay una pérdida de la continuidad mental y conductual.

Algunas manifestaciones regresivas incluyen:

- Empezar a hablar como un bebé o un niño más pequeño, gatear, chuparse el dedo, acostarse en posición fetal.

- Realizar dibujos con trazos primitivos o que muestren una clara pérdida o regresión en adquisiciones que se sabe el niño había logrado (muchas veces se puede notar en el dibujo de la figura humana, o el recurrir al garabato)

- La enuresis y la encopresis en niños que ya han adquirido control de esfínteres, suelen ser síntomas presentes en muchos niños que han experimentado situaciones traumáticas, con o sin sintomatología disociativa presente. Esto puede estar relacionado con la activación del sistema de alarma ante el peligro, y el descontrol de los esfínteres puede ser entendido como una consecuencia de la activación del sistema nervioso parasimpático. Muchas veces notamos que estos niños no registran que se han hecho encima, incluso estando despiertos. Si estos episodios se dan en el consultorio del terapeuta es importante llevar con delicadeza la atención del niño al hecho y ver si es posible entender qué fue lo que activó esa respuesta. Por ejemplo, en mi experiencia, ha sido muy común ver a los niños correr al baño intempestivamente o hacerse encima cuando estamos trabajando con alguna cuestión relacionada a lo que les sucedió, sobre todo en los casos de abuso sexual. En estos casos la manipulación de los genitales o del esfínter anal es parte de las conductas abusivas, y sería posible que los niños hayan tenido episodios de enuresis y/o encopresis como consecuencia de la estimulación de tales zonas. Una niña de 5 años relató que *"cuando el monstruo le ponía su piti en la chucha a la bebé, la bebé quería hacer caquita y se hacía encima en el pañal"*. Esto explicó por qué durante un tiempo cuando ella jugaba "al bebé y al monstruo" siempre se le escapaba su propia caquita. En este tipo de síntoma siempre es fundamental saber si el niño ha adquirido el control de esfínteres así como hábitos de higiene personal.[24]

Desde la teoría de la disociación estructural, las conductas regresivas pueden ser entendidas como intrusiones, y en consecuencia como síntomas disociativos positivos. Si nos atenemos a cómo los autores definen a los síntomas positivos, éstos constituyen "fenómenos mentales y físicos o conductuales que invaden o irrumpen en una o más partes de la personalidad, y que representan rasgos o características de una o más de otras partes de la personalidad (...) pueden incluir

---

[24] Debemos considerar que niños que han vivido en condiciones de extrema pobreza y negligencia, y que han vivido en las calles, pueden no haber adquirido hábitos de higiene adecuados, porque su acceso a sanitarios tal vez haya estado limitado. También es importante saber si el niño tiene registro de las sensaciones corporales que acompañan la necesidad de evacuar esfínteres.

recuerdos accesibles a dichas partes de la personalidad, sus ´voces´, intenciones, percepciones, emociones, cogniciones o conductas" (van der Hart et al., op.cit, pg. 155). Una conducta regresiva en un niño podría ser la manifestación de partes aún más infantiles.

Cambios emocionales, conductuales y actitudinales bruscos.

Estos cambios se dan siempre entre estados opuestos: la niña tímida que repentinamente se muestra desinhibida y parlanchina para - en otro momento o circunstancia- volver a mostrar su férrea timidez; el niño usualmente tranquilo que está haciendo su tarea, y repentinamente, ante algo que no le sale, muestra un despliegue de agresividad y arroja todo, como si estuviera "poseído"; la niña dulce y silenciosa que saluda a los adultos refregando su cuerpo contra el de la otra persona, con una mirada ida. La niña quieta y muy femenina que un día es observada por sus maestras con sorpresa, gritando como un niño y empujando a sus compañeros varones, no queriendo compartir nada con las otras niñas *"porque siempre se hacen las princesitas"*, aunque tan solo el día anterior ella misma jugaba con esas otras niñas a las princesitas.

Estos y muchos otros cambios del mismo estilo, tienen entonces tres características distintivas: son bruscos, repentinos y entre estados completamente opuestos, uno de los cuales no sería aquel que estamos habituados a ver en el niño. A esto hay que agregarle un par de elementos más: muchas veces el niño no recuerda la conducta posterior al cambio, lo cual lo hace parecer como mentiroso y manipulador, y rara vez puede explicar el por qué de dicho cambio.

A veces, cuando los adultos reportan estos cambios, les cuesta identificar exactamente qué los pudo haber disparado, o bien porque el estímulo provocador parece menor e insignificante, o bien porque no aparece claramente ningún estímulo disparador. Generalmente en estos casos los adultos que son testigos de tales cambios también hablan de éstos con perplejidad: se pueden referir al niño como *"parecía otro, estaba como poseído, nunca antes lo vimos así, sus compañeros se asustaron"*, o en los padres pueden aparecer comentarios del tipo *"no es mi hijo, cuando hace eso es otro niño, yo veo a otro niño."*

Nuevamente aquí, encontramos el factor de discontinuidad del que venimos hablando a lo largo de este capítulo.

Los autores de la teoría de la disociación estructural identifican a las alteraciones afectivas (entendidas como cambios entre estados afectivos claramente diferenciados), junto con los pensamientos, sensaciones y conductas asociados, como síntomas disociativos psicológicos positivos. De la misma manera que la desregulación afectiva y conductual es un síntoma propio del trauma complejo en adultos, también lo es en la infancia y en la adolescencia. Desde la perspectiva de la disociación, sería una evidencia de la oscilación entre diversas partes de la personalidad que guardan estados afectivos diferentes.

Conductas y quejas físicas/somáticas

En este apartado es importante tener en cuenta que nos vamos a referir a quejas, dolores, y presencia o ausencia de sensaciones a nivel físico, para las cuales *no existe causa orgánica*. Una evaluación psicológica nunca debe descartar un completo examen médico. En especial si tenemos en cuenta que niños que han sufrido abuso físico y/o sexual, pueden haber recibido un daño concreto a su cuerpo con consecuencias a mediano o largo plazo en cuanto a curaciones, dolor o sensibilidad aumentada del cuerpo.

También se incluyen aquí, aquellas conductas que implican un claro acto de autoinjuria.

A continuación, en detalle, se enlistan aquellas conductas y síntomas de orden corporal a las que el clínico debe prestar especial atención cuando se conoce que no hay razón orgánica o médica que justifique su presencia (o ausencia).

- Enuresis y/o encopresis son manifestaciones postraumáticas muy comunes en niños que han sido víctimas de malos tratos y/o abusos sexuales, pero debemos ser cuidadosos y no considerarlos síntomas *específicos*, en tanto y en cuanto la enuresis secundaria puede estar presente como síntoma de otras perturbaciones emocionales en niños. En el apartado sobre conductas regresivas ya se ha desarrollado este ítem, por lo cual no se volverá a repetir en éste, salvo para volver a recalcar la necesidad de conocer de antemano si la presencia de estos trastornos en el control de esfínteres podría –o no- tener causas físicas que requieran de una atención médica concreta.

- Dolores de cabeza y de estómago suelen aparecer con frecuencia en los niños severamente traumatizados y disociativos. En pacientes adultos el dolor de cabeza repentino que aparece durante las sesiones ha sido reportado muchas veces como precediendo un cambio entre partes disociativas. En mi experiencia personal he visto este tipo de síntomas y cambios en especial en adolescentes disociativos; el dolor de estómago repentino (muchas veces seguido de una necesidad inmediata de ir al baño) lo he observado con frecuencia en niños más pequeños. No es poco habitual que estos dolores aparezcan y desaparezcan de manera absolutamente repentina, y que los niños puedan reportar amnesia sobre el mismo unos minutos más tarde de haberlos padecido.

- Pueden reportarse dolores sin causa orgánica que los justifique, que aparezcan en zonas del cuerpo que fueran afectadas o dañadas en su momento por el abuso o el maltrato. Es importante recordar que el cuerpo también recuerda, aunque no pueda decir con palabras claras qué recuerda.

- Ausencia de sensaciones físicas: los niños disociativos pueden presentar una llamativa ausencia de dolor o registro de dolor en lastimaduras y golpes corporales, e incluso no recordar cómo se los hicieron.[25] Siempre es importante averiguar con la familia qué tan propenso es el niño a accidentarse, o a lastimarse, y de qué manera esto ocurre. A temprana edad especialmente es lógico que los niños caigan, tropiecen, o se lastimen como producto de la curiosidad que los lleva a explorar más allá de los límites posibles. Pero es importante saber si esto ocurre como producto de la curiosidad típica infantil, o si el niño incurre en conductas altamente peligrosas de manera recurrente, como si no pudiera registrar los riesgos de su conducta. Es habitual que estos niños y adolescentes incurran en claras conductas de riesgo.

- Autolesiones: aunque pueda resultar increíble, los niños –incluso muy pequeños- también incurren en autolesiones: se arañan, se golpean la cabeza contra la pared, se cortan (no accidentalmente), se arrancan el cabello, se rascan hasta hacerse sangrar, se pellizcan. A veces pueden no registrar estos hechos, como si los hicieran en un estado alterado de conciencia. A veces reportan que lo hacen como producto de la influencia interna de partes disociativas hostiles y agresivas. Otras veces pueden reportar que lo hacen como una forma de lograr alivio, o incluso como una forma de sentir que están vivos, o de volver al aquí y ahora ante un fenómeno de despersonalización.

Sabrina, de 16 años, cuenta que cuando está en la estación de trenes, siente una irrefrenable necesidad de pararse en el borde del andén cuando el tren se está acercando. Dice que no quiere morirse, pero que la sensación de ser "chupada" por el vacío de aire que genera la formación al acercarse, le da la sensación de estar viva. Generalmente, antes de que

---

[25] Nunca debemos descartar la posibilidad de que el niño esté siendo efectivamente golpeado, ya sea por un adulto, o incluso por pares en su escuela como objeto de conductas de acoso escolar o *bullying*.

esto suceda siente que le cuesta registrarse a sí misma y a la gente que la rodea, lo cual le da mucho miedo.

_____

Desde la teoría de la disociación estructural, éstos constituyen síntomas disociativos somáticos; algunos de los detallados son negativos (aquellos referidos a ausencias de sensaciones, por ejemplo), y otros positivos.

Fenómenos de influencia pasiva. Alucinaciones y distorsiones del pensamiento

© Carlos A.Cademartori

"A algunos niños les sucede que a veces sienten como si hubiera una voz dentro de sus cabezas, o una persona, o un amigo imaginario, que les habla, o les dice que hagan cosas; a veces dan buenos consejos, otra no; a veces suenan asustados, otras enojados... ¿te ha sucedido alguna vez como a este niño del dibujo?"

Este puede ser un ítem sensible para la formación de muchos terapeutas. En mi ámbito de formación hablar de alucinaciones suele remitir exclusivamente a la esquizofrenia y la psicosis. Sin embargo, los pacientes disociativos, tanto adultos, como adolescentes y niños, también pueden presentar alucinaciones; a continuación se detalla lo que más usualmente podemos encontrar:

- Escuchar voces: es un fenómeno bastante común en niños y adolescentes disociativos (así como lo es en pacientes adultos). Puede ser una o varias voces, mayormente las escuchan como provenientes del _interior_ de sus cabezas; pueden ser conocidas o desconocidas, y los

183

niños pueden describirlas con características tales como edad, género, y otras cualidades y atributos. En los niños pequeños cuando el clínico pregunta por la probable existencia de voces, éstos suelen hablar de ellas de una manera natural y espontánea (a menos que el contenido de lo que la voz diga sea amenazante), ya que están más alejados del sesgo patologizante que tiene para la psicología y la psiquiatría el hecho de escuchar voces. Estas voces generalmente cumplen roles de advertencia/cuidado, advertencia/amenaza, calma y reaseguro, o pueden estar repitiendo comentarios hostiles que el niño escuchara alguna vez y fueran internalizados (ej.: *"la voz me dice 'estúpido, estúpido'"*).

- Alucinaciones visuales: estos niños también pueden reportar ver sombras o fantasmas, o ver a sus partes disociativas o amigos imaginarios.

- Alucinaciones táctiles, olfativas, kinestésicas y sensaciones físicas aumentadas: los niños y adolescentes disociativos pueden reportar que sienten como si los estuvieran agarrando, empujando, acariciando o tocando, cuando eso no está sucediendo. Pueden reportar ahogos repentinos, sensación de presión en el pecho, la garganta o cualquier otra parte del cuerpo, y reportar claramente que sienten como si *alguien* se los estuviera haciendo aunque reconocen que no lo pueden ver. Cuando se conoce la historia del niño, suele ser muy claro reconocer fragmentos de memorias traumáticas en estas sensaciones físicas aumentadas, ya que se trata de niños que efectivamente fueron agarrados, tocados de manera inapropiada, ahorcados. En este grupo entran también los registros sensoriales de olfato y gusto.

Carla es una adolescente que vivió desde los 10 años en situación de calle. Otro niño del grupo con el que ella estaba en la calle, le prendió fuego, sufriendo ella quemaduras importantes en brazos, cuello y cara. Cuenta el episodio sin mayor afectación y con el mismo tono con el que cuenta cualquier otra cosa, pero repentinamente se detiene y me urge a que vaya a fijarme qué se está quemando, porque ella huele un intenso olor a quemado, olor que yo no siento.

- Pueden reportar otras formas de influencia pasiva como sentir que les quieren sacar los pensamientos o –por el contrario- meter pensamientos o cosas por decir, que están por fuera de su control voluntario. Esta influencia es percibida de manera interna, y a veces es muy difícil para los niños poder explicarlas con sus propias palabras, ya que les resulta confuso. A veces el clínico puede observar de primera mano estas manifestaciones cuando escucha al niño hablar como para sí mismo y diciendo cosas que parecen por completo salidas de contexto. Si el clínico lleva la atención del niño sobre estas verbalizaciones (*"estabas dibujando tranquilo y de repente escuché a tu voz decir [se repite aquí lo que el niño dijo], me pregunto ¿de dónde habrá salido eso que dijo tu voz?"*), puede obtener información acerca de lo que el niño está experimentando en ese momento.

María refiere la presencia de una *María pequeña* adentro de su cabeza que empuja sus pensamientos hacia fuera y la hace decir cosas que ella no desea decir. Dice que *María pequeña* no quiere sus pensamientos y está muy enojada, cree que son basura y se los quiere sacar de encima.

---

*

Natalia está dibujando algo para su mamá. De repente dice *"no, no te va a gustar"*. Cuando llevo la atención a ese comentario preguntándole a quién no le va a gustar, responde: *"a la niña"*. Cuando le pregunto a cuál niña: *"a la hija de esta señora"*, mientras señala en el dibujo a quien – según ella misma- era su mamá.

- También se consideran en este apartado conductas sobre las cuales el niño dice no haberse podido controlar, adscribiendo a una parte de su cuerpo o a un amigo imaginario o parte disociativa, la autoría de dicha conducta.

A una niña de 9 años se le llama la atención por haber salido del aula gateando. Cuando la Directora de la Escuela le pregunta por qué lo hizo, responde: *"no sé, yo no quería hacerlo, pero de repente mi cuerpo se puso así y yo no podía ponerlo derecho de nuevo"*.

Los fenómenos de influencia pasiva pueden hacer que veamos al niño como confuso y desorganizado; por eso es importante que el clínico esté al tanto de cómo éstos se pueden manifestar en los niños y que pueda introducir las preguntas de evaluación desde la psicoeducación:

"Yo sé que algunos niños a veces sienten como si hubiera algo dentro de ellos que los hace decir o hacer cosas, o pensar o sentir cosas que ellos no piensan, o no sienten, o no desean decir o hacer. Ahora te veo (aquí el clínico hace referencia a lo que está observando ya sea en la conducta, la actitud o la gestualidad del niño) y me pregunto si algo de esto te está pasando."

Desde la teoría de la disociación estructural, los síntomas aquí reportados constituyen síntomas positivos que se pueden manifestar tanto a nivel psicológico (escuchar voces, sentir que les meten/sacan pensamientos) como somático (las alucinaciones visuales, táctiles, olfativas y kinestésicas), y son producto de la intrusión de partes emocionales de la personalidad con sus respectivos contenidos.

Algo más para agregar sobre los fenómenos de influencia pasiva.

©Carlos A.Cademartori

"A algunos niños y niñas a veces les sucede que se miran en el espejo y no se ven a ellos mismos; es como si vieran a otro niño, tal vez más pequeño, o más grande, o con otro color de cabello o bien con otra ropa distinta de la que ellos tienen. ¿Te ha sucedido algo así alguna vez?"

Me resulta relevante hacer un breve alto en este punto e incluir un poco más de información acerca de la relación entre algunos de estos fenómenos y el trauma crónico interpersonal. Pensar al trauma interpersonal crónico y de inicio temprano como causa etiológica de muchos cuadros psicopatológicos, sacude todo lo que conocemos y aprendemos habitualmente en salud mental.

Tal vez, mientras usted lee este libro, sienta que muchos de los pacientes con los cuales trabaja o ha trabajado, pueden ser vistos desde esta perspectiva con mayor claridad que desde otras. Sin embargo, esto no es lo que ocurre a muchos otros profesionales. A algunos por desconocimiento, a otros porque minimizan, a otros porque descalifican abiertamente la incidencia de estas experiencias en los desórdenes que sus pacientes presentan. Por eso decidí hacer una pausa en este listado de manifestaciones a evaluar, para acercar a los lectores un poco de información actualizada sobre el vínculo entre fenómenos de influencia pasiva y trauma.

Hay un reconocimiento cada vez más creciente del vínculo existente entre abuso en la infancia y desarrollo posterior de desórdenes mentales tales como depresión, trastorno límite de personalidad, abuso de sustancias, trastorno por estrés postraumático, y trastornos de la alimentación, entre otros.

Sin embargo, Read y colaboradores (2006) señalan que ha habido siempre una menor tendencia a conectar estos mismos eventos infantiles con el desarrollo de trastornos psiquiátricos más severos, tales como la esquizofrenia o la psicosis. Estos autores se dedicaron a revisar investigaciones sobre población adulta e infantil con historias de abuso, que tenían un diagnóstico de psicosis o esquizofrenia, y habían sido pacientes psiquiátricos ambulatorios o ingresados a servicios de emergencias psiquiátricas.

Entre los diversos hallazgos, por ejemplo, encontraron que los pacientes con diagnóstico de esquizofrenia y antecedentes de abuso sexual o físico en la infancia, tenían una mayor probabilidad de experimentar alucinaciones visuales y voces que comentan, que aquellos con mismo diagnóstico y sin historia de abuso en la infancia.

En otro estudio se halló que los no pacientes con una historia de trauma múltiple, tenían una mayor predisposición a las alucinaciones auditivas. En cuanto al tipo de abusos, el abuso emocional y la agresión física estaban relacionados con la predisposición a alucinaciones auditivas, mientras que la intimidación se relacionaba más con alucinaciones visuales.

Un estudio que involucró a pacientes ambulatorios halló alucinaciones táctiles solamente en aquellos con historia de abuso sexual o físico en la infancia. En cuanto al contenido, los autores citan un estudio realizado sobre una muestra de niños maltratados entre 5 y 10 años de edad, en los que el contenido de las alucinaciones presentaba fuertes reminiscencias de detalles de las experiencias de abuso vividas (Famularo et.al, 1992, citado por Read et al. 2006).

187

Usualmente se ha planteado que una diferencia entre las voces que escuchan los pacientes disociativos y las que escuchan los pacientes esquizofrénicos, es su localización, interna en los primeros, externa en los segundos. Sin embargo, esta distinción podría no ser tan taxativa. Moskowitz (2012) señala diversos estudios al respecto. Entre las conclusiones que presenta, por ejemplo, surge que, por lo menos un tercio de las personas que escuchan voces, las escuchan dentro de sus cabezas. Las voces externas se escuchan de manera exclusiva en un 19 a 50% de los pacientes con diagnóstico de esquizofrenia, un 28 a 56% de los pacientes psiquiátricos (en especial, con diagnóstico de depresión), un 12% de pacientes con diagnóstico de TEPT, un 3 a un 27% de pacientes con diagnóstico de trastorno de identidad disociativo, y un **33 a 40% de no pacientes** (el resaltado me pertenece).

De un estudio realizado por Dorahy y colaboradores, que compara las voces en pacientes con trastorno de identidad disociativo (TID) y esquizofrénicos, Moskowitz señala las siguientes conclusiones, altamente interesantes: el 90% de los pacientes con TID versus el 32% con esquizofrenia, escuchaba voces antes de los 18 años; el 90%de los pacientes con TID versus el 31% de esquizofrénicos, escuchaba múltiples voces; el 97% de los pacientes con TID versus el 6% de los esquizofrénicos escuchaba voces infantiles, además de adultas. En este estudio no se halló diferencia entre los grupos en cuanto a la ubicación percibida de las voces, que en ambos casos fue primariamente interna.

Estos estudios se relacionan con población adulta. En relación a población adolescente, existe un consenso similar en cuanto a la tendencia a diagnosticar de manera errónea a adolescentes con alucinaciones relacionadas con trauma, quienes reciben usualmente un diagnóstico de esquizofrenia (Nurcombe et al., 2008), situación muchas veces facilitada por el simple hecho de que muchos profesionales no preguntan por antecedentes de trauma, o bien, cuando lo hacen, les dan un lugar secundario en la psicopatología de los pacientes.

Nurcombe y colaboradores proponen denominar *alucinosis disociativa* a las alucinaciones postraumáticas observadas en pacientes psiquiátricos adolescentes. Las características de esta alucinosis disociativa serían las siguientes:

- el inicio es agudo y suele precipitarse ante una amenaza de coerción o abandono;
- no hay deterioro psicológico entre episodios;
- los episodios de confusión emocional pueden durar entre una hora y una semana;

188

- los episodios agudos se caracterizan por la presencia de alteraciones en la conciencia, terror, rabia, hiperactivación autonómica, impulsividad (autoinjuria, fuga, intentos suicidas), y alucinaciones visuales y auditivas, que generalmente reflejan de manera más o menos directa la experiencia traumática;
- los episodios son recordados de manera fragmentaria;
-la personalidad pre mórbida es borderline, histriónica, dependiente, necesitada o inmadura;
-las familias suelen ser violentas, caóticas, negligentes, con presencia de abuso de alcohol y/o sustancias, pudiendo los pacientes mismos haber sufrido al menos alguna forma de maltrato intrafamiliar.

La alucinosis disociativa difiere de la esquizofrenia en: la personalidad pre mórbida, la prevalencia de abuso sexual y físico, la hiperactivación y los síntomas intrusivos. Nurcombe y colaboradores proponen pensar a la alucinosis disociativa como una forma de TEPT complejo en la que las alucinaciones son un síntoma sobresaliente. Los estudios en este tema con población infantil son todavía escasos, pero apuntarían en un sentido similar (Hornstein & Putnam, 1992)

Para concluir con este apartado me gustaría compartir algo que Moskowitz nos trae acerca de los recuerdos de eventos traumáticos y su contextualización, para poder entender hasta qué punto pasado y presente se fusionan en los sobrevivientes de trauma, generando confusión en ellos mismos, pero también en los profesionales que los atienden cuando no los ven desde la perspectiva del trauma:

"Cuando los recuerdos se forman en situaciones de intenso estrés [o bien ocurren durante los primeros años de vida] un componente crítico de la formación normal de las memorias –el hipocampo- es inhabilitado, y se forman memorias sin un contenido espacio temporal. Al mismo tiempo, otro componente del funcionamiento normal de la memoria –la amígdala- puede verse potenciado, llevando a [tener] una memoria más fuerte que lo habitual de eventos fuertemente cargados emocionalmente. Cuando una persona recupera un recuerdo de un evento traumático, la información recuperada es desprovista del contexto espacio temporal. En lugar de encontrarse fuertemente atada al pasado, esa memoria ´incorpórea´ del evento, se fusiona con el marco espacio temporal en curso". (Jacobs & Nadel, 1996, citado por Moskowitz, 2012)

Despersonalización y desrealización

La despersonalización es la alteración en la percepción de sí mismo, del propio cuerpo o de partes de él, mientras que la

189

desrealización es la alteración de la percepción del ambiente que nos rodea. Algunas maneras en las que se manifiestan en niños no difieren en gran medida de las manifestaciones en adultos, sin embargo es poco probable que el niño devele por sí mismo esto, en tanto y en cuanto se trata de una experiencia que puede creer es común a todos.

"A algunas niñas y niños a veces les sucede que sienten como si su cuerpo o algunas partes de él flotaran en el aire, o como si se les separaran las piernas o los brazos o la cabeza del cuerpo. ¿Alguna vez te ha sucedido algo así?"

© Carlos A. Cademartori

Voy a aportar algunos ejemplos que nos permitan entender su manifestación:

- Un niño responde a una pregunta relacionada con este fenómeno, de la siguiente manera: *"Sí, a veces cuando me vienen los malos recuerdos mi cuerpo sube hasta el techo y me mira. No dice nada, está desnudo, pero yo estoy en mi cama con la ropa puesta, cuando yo le pido que baje, vuelve. Pero a veces tengo miedo de que no vuelva".*

- Una niña de 10 años dice que puede ver cómo se transforma la piel de su brazo, que ve cómo se le sale, y entonces ve la carne y la sangre. Refiere que cuando esto le sucede ella siente mucho miedo y corre a buscar a su

190

mamá, pero no se lo ha contado a ella porque tiene miedo de que la lleven a un doctor.

- Una adolescente cuenta con angustia haber sentido como si su cuerpo desapareciera mientras viajaba en el transporte público. Dice que podía verse a sí misma como si solo tuviera la cabeza flotando en el aire. Refiere que no es la primera vez que le sucede, y que en otra oportunidad lo que sucedió fue que el transporte desaparecía y era como si ella se encontrara sentada en el aire.

- Una adolescente vuelve de hacerse un análisis de sangre y refiere que siente que el pinchazo que tiene en el brazo es como un agujero grande por el que va a salir más sangre. Me muestra el pinchazo (apenas perceptible) y me dice que puede sentir cómo se agranda y vuelve a su tamaño una y otra vez.

Desde la teoría de la disociación estructural se considera que – si bien el trastorno por despersonalización está incluido como uno de los trastornos disociativos en el DSM IV, solo podría considerarse un síntoma de disociación estructural ante la evidencia de que la persona se siente desdoblada y observada por sí misma como a la distancia, al estilo del primer ejemplo presentado aquí. Caso contrario deben ser considerados como alteraciones en la conciencia y no ser tomados per se como una evidencia de disociación estructural.

Desde mi perspectiva es importante siempre poder preguntarle al niño o adolescente cuándo le sucede esto, porque muchas veces vamos a encontrarnos que recordatorios del trauma han actuado como disparadores del episodio, como en el caso del niño del primer ejemplo y de la adolescente que viajaba en el transporte público. En este caso pudimos identificar que esto le sucedía exclusivamente cuando el bus en el que viajaba pasaba por delante de un mercado al cual su padre –quien abusaba sexualmente de ella- solía llevarla a hacer las compras para la familia desde muy pequeña (casi desde que comenzó el abuso), como si asumiera en esa actividad un rol más cercano al de una esposa.

Ausencia de afecto

La ausencia de afecto es otro polo de la desregulación afectiva. Los pacientes severamente traumatizados y disociativos oscilan entre sentir demasiado o no sentir nada, y esto puede ser igual para niños y adolescentes también. Desde la teoría de la disociación estructural se trata de un síntoma psicológico negativo. En la evaluación de niños y adolescentes puede ser a veces muy evidente cuando cuentan cosas que suponemos debieran ir acompañadas de algún tipo de afecto, y sin embargo nos encontramos con un relato vacío de emociones, o incluso con emociones contrarias a las que corresponderían (por ejemplo, un niño de 11 años cuenta riéndose a carcajadas que su padre le pegó una paliza brutal). Debemos tener en cuenta que muchos de estos niños han vivido en ambientes que no facilitaron ningún tipo de aprendizaje emocional. Muchos carecen de palabras para nombrar los estados emocionales. Solo pueden decir si se sienten bien o mal, pero las diversas emociones comprendidas en cualquiera de ambas posibilidades, son desconocidas para ellos. Por ejemplo, mal puede remitir a miedo, vergüenza, tristeza, enojo, rabia, y cada una de estas emociones significa algo diferente. Entonces no debe confundirse la ausencia de afecto con la imposibilidad de reconocerlo o nombrarlo: no es que no sienten, sino que no saben cómo nombrarlo.

A veces la ausencia de afecto es explicada por ellos mismos de una manera muy concreta: *no siento nada*. Esto nos da lugar a preguntar más acerca de cómo es esa experiencia de "no sentir nada", y ver si ellos pueden explicarnos con ejemplos si les había sucedido antes, si les pasa en la actualidad que algo por lo que no sienten nada, en otro momento les generó algún sentimiento, y en ese caso será importante saber qué sucedió y qué sentimiento despertó en su momento. Nos importará también conocer cuáles son sus hipótesis acerca de cómo fue dejar de sentir, y por qué cree que sucedió.

Mientras habla de un ataque físico que sufrió por parte de un compañero de escuela, Fernando dice que no siente nada, ni enojo, ni miedo, ni tristeza. También dice que no está seguro de haber sentido dolor cuando el compañero le pegaba. Cuando se le pregunta qué cree que sentiría otro niño en su lugar, responde que no sabe. Cuando se le pregunta si alguna vez le pasó algo similar en que sí sintiera algo como rabia, enojo, tristeza, o miedo, responde que sí, que cuando era pequeño y su padre le pegaba con el cinto, él sentía mucho miedo primero y mucho enojo después. Pero como lloraba por el dolor, el padre le pegaba más fuerte, por llorar. Entonces él aprendió a no sentir para no llorar y así evitar que su papá no le pegara más de la cuenta.

Vamos a encontrarnos con que la expresión del niño es completamente vacía y abúlica, no nos está contestando que no siente nada como una forma de oponerse o desafiarnos, mientras vemos que sus ojos se llenan de lágrimas o su gesto cambia porque trata de esforzarse en no expresar lo que siente. Muchas veces, si estamos verdaderamente conectados con ese niño al que estamos atendiendo, podremos sentir en nosotros mismos cómo es esa ausencia de afecto. En ocasiones, es posible que el afecto que falta en un lado se encuentre en demasía en otro. Una niña de 6 años hablaba de dos partes en su cabecita: una no hablaba, no hacía nada y no sentía nada, tampoco conocía nada de la historia de la niña; mientras que la otra estaba permanentemente enojada hasta el punto de tomar control de su conducta y generar conflictos permanentes en la escuela con otros compañeros.

Estados tipo trance y cambios desconcertantes en los estados de conciencia.

© Carlos A. Cademartori

"A algunos niños y niñas a veces les sucede que es como si se quedaran dormidos o hipnotizados, como si su cabecita se fuera lejos y de repente ya no está donde ellos se encuentran. A veces se ha ido a soñar, o a imaginar cosas, a veces se la han llevado algunos recuerdos, otras se la ha llevado un amigo imaginario que hay dentro de la cabeza, que tal vez no quiere escuchar lo que están hablando o lo que le dicen al niño. ¿Alguna vez te sucedió algo así?"

Decidí dejar este síntoma para el final porque, como veremos, hay algunas discrepancias entre la teoría de la disociación estructural de la personalidad y otras explicaciones sobre síntomas disociativos, que me parece importante describir.

Para Silberg (2013), los cambios desconcertantes en los estados de conciencia en tanto síntomas disociativos, constituyen episodios de desconexión con diversos grados de intensidad, que pueden ser transitorios o más prolongados. Dentro de estos cambios incluye: los estados tipo trance, los flashbacks, los trastornos en el sueño tales como

193

sonambulismo, dificultad para despertar, adormecimiento o cambios bruscos en la personalidad luego de despertar de un sueño profundo. Una cualidad importante es que estos cambios en los estados de conciencia (sobre todo los que se dan estando el niño despierto), parecen suceder completamente fuera de contexto (por ejemplo, el niño interrumpe abruptamente el juego en el que estaba involucrado y parece estar a miles de kilómetros de distancia).

Para la teoría de la disociación estructural de la personalidad, las alteraciones en la conciencia no constituyen síntomas disociativos, aunque los autores reconocen que son fenómenos que *pueden estar presentes* en pacientes disociativos (aunque también pueden estarlo en aquellos que no lo son). Las alteraciones en la conciencia pueden ser normales (por ejemplo, cuando no podemos concentrarnos en una tarea porque no dormimos bien y estamos cansados) e incluso voluntarias (por ejemplo, cuando realizamos un ejercicio de visualización). Dejan de ser normales cuando se dan de manera excesiva, frecuente, inflexible y no pueden ser controladas conscientemente (Steele, Dorahy, van der Hart & Nijenhuis, 2009).

Si bien establecen que las alteraciones en la conciencia no deben ser consideradas *per se* síntomas disociativos desde la perspectiva propuesta por la teoría de la disociación estructural, reconocen que una retracción del campo de la conciencia y una disminución del nivel de la conciencia suelen estar presentes en sobrevivientes de experiencias traumáticas, por lo cual, cuando estas alteraciones se presentan en formas crónicas y patológicas pueden ser utilizadas por el clínico como una advertencia para indagar la existencia de disociación estructural. Es decir que sería un indicador *sensible,* mas no específico, de disociación estructural.

Los autores plantean que diferentes partes de la personalidad pueden presentar diversos campos y niveles de conciencia al mismo tiempo, y mientras que una parte está focalizada en evitar cualquier recordatorio del trauma, otra parte está focalizada en mantenerse en alerta ante potenciales ataques similares al sufrido originalmente.

A los fines de la evaluación en niños, y aunque resulte complejo hacerlo, mi propuesta es tener en cuenta tanto lo que plantea Silberg como lo que plantean van der Hart y colaboradores. Lo cierto es que muchas veces nos encontraremos en la evaluación y tratamiento de niños y adolescentes con estos estados de desconexión, y es importante que, más allá de lo que observamos, sepamos cómo entender de dónde vienen, qué los provoca, y por qué aparecen en ese momento preciso. A continuación veremos cada uno de los síntomas propuestos por Silberg de manera más detallada.

Los llamados "estados tipo trance" deben distinguirse de los episodios de distracción comunes en la infancia. Algunos niños tienen una capacidad atencional menor que otros, y en general cuando los niños están aburridos, cansados o incluso estresados, la distracción suele ser un gran aliado para lidiar con estos estados.

La mejor forma de identificar un estado tipo trance relacionado con disociación suele ser la observación directa en el consultorio del terapeuta: el niño queda con la mirada en blanco, como suspendido en el tiempo, puede iniciar movimientos de balanceo o rocking, o incluso quedarse dormido repentinamente (esto representaría el extremo más severo de la desconexión). La salida de estos estados se da generalmente por la intervención del terapeuta, y muchas veces no recuerdan lo que estaban haciendo antes de quedarse "suspendidos en la nada". Si miramos esta conducta como si fuera una película y retrocedemos al momento anterior a que el niño entrara en dicho estado, notaremos que algo de lo que estaba haciendo o diciendo, o algo de lo que estaba hablándole el terapeuta, pudieron haber funcionado como disparadores involuntarios. El estado de desconexión puede ser pensado en relación a estímulos externos percibidos como peligrosos, alarmantes o recordatorios del trauma, o podría ser también el resultado de la irrupción de una parte disociativa activada por el elemento que funciona como disparador. En todo caso, parecieran ser dos caras de una misma moneda.

(...) Durante nuestros primeros encuentros, Dalma negaba su realidad actual. Seguía hablándome como si viviera con sus padres, aunque al mismo tiempo no podía recordar el nombre de su papá. (...) Cuando comenzaron las preguntas relacionadas con el abuso, se quedó como en trance, comenzó a balancearse y no parecía responder a ningún estímulo del ambiente. A veces, podía salir de este estado repentinamente, y continuaba haciendo lo que había estado haciendo hasta entonces (...)[26]

En el ejemplo anterior es fácil rastrear el motivo de la desconexión: las preguntas relacionadas con los eventos traumáticos vividos. Si en ese momento la desconexión iba acompañada de recuerdos traumáticos, no lo sabemos, aunque podemos especular que es posible que así fuera, y en ese caso podríamos hablar de la irrupción de una parte disociativa conteniendo memorias fragmentarias.

---

[26] Baita, S., 2010, pg. 33.

Los flashbacks pueden ser entendidos como intrusiones, y su cualidad vívida genera lógicamente una desconexión del contexto ambiental actual.

———————————

Un niño de 5 años está jugando y pide ir al baño, cuando la terapeuta le extiende su mano y le dice *"vamos al baño"*, el niño permanece paralizado en el sillón en el que estaba sentado, mirando fijo la pared con los ojos abiertos; luego de unos segundos comienza a llorar desesperadamente llamando a su mamá. Este niño había vivido situaciones de abuso sexual que sucedían en un baño.

———————————

En el ejemplo anterior, la desconexión se produce por una frase que pudo haber funcionado como disparador de los recuerdos traumáticos, y viene seguida de una evidente re conexión con una estrategia defensiva: el llanto de apego como una forma de buscar ayuda para escapar del peligro. Allí también podemos hablar de una parte disociativa conteniendo la información traumática y una estrategia defensiva posiblemente intentada en el momento del abuso.

A veces la desconexión se puede manifestar en formas tales como olvidarse de lo que nos está diciendo, perder el hilo de la conversación en la cual estaba involucrado hasta instantes; olvidarse de nuestro nombre cuando hace ya un tiempo considerable que nos vemos. No registrar el haber hecho un dibujo apenas unos minutos antes, aun cuando ese dibujo, al ser confrontado con otros, guarda similitud, y el niño podría reconocerlo como su propia obra por esta similitud o incluso porque lleva su nombre. En estos casos puede ser más difícil establecer qué funcionó como disparador de la desconexión, a menos que el terapeuta observe que cuando sucede siempre se relaciona con determinados eventos, palabras, acciones (por ejemplo, que sucede siempre que el niño vuelve del baño).

El adormecimiento o el quedarse profundamente dormidos, también son formas en las que se manifiesta esta desconexión. Silberg relaciona estas respuestas con la teoría polivagal de Porges, planteando que estarían mediadas por la rama dorso vagal del parasimpático; ésta se activa cuando las otras estrategias evolutivamente más sofisticadas (sistema de involucración social, estrategias defensivas de movilización –escape o lucha-), resultaron ineficaces para la situación. Recordemos que la recurrencia a las estrategias más primitivas de defensa, las de inmovilización, se da cuando lo adaptativo no es luchar o escapar, sino permanecer quieto y conservar las funciones corporales. La activación de la rama dorso vagal del parasimpático produce una disminución en el ritmo cardíaco, una relajación muscular y la liberación de opiáceos endógenos que alivian la sensación de dolor. Es decir entonces que el quedarse dormidos repentinamente puede hablarnos de la irrupción de una parte emocional ligada a estrategias defensivas de sumisión.

Un niño de 3 años cae profundamente dormido durante una entrevista de evaluación en la que la terapeuta le pregunta por sus hábitos de higiene y limpieza: si sabe ir al baño solo, si sabe limpiarse solo, si sabe bañarse solo. Repentinamente el niño se acuesta en el sillón, se da vuelta hacia la pared y se queda profundamente dormido, haciéndose incluso difícil despertarlo. De la evaluación surgieron situaciones de abuso sexual, y muchas de las situaciones por las cuales la terapeuta preguntaba eran aquellas en las que el niño sufría los abusos.

Para Silberg, las estrategias de desconexión son adaptativas cuando no hay escape a las situaciones de amenaza, cuando el niño está atrapado repetidamente en tales situaciones, y el no estar en contacto con lo que está sucediendo se convierte, paradójicamente, en lo que salva.

9.3
¿Cómo preguntar?

Siempre recomiendo a los profesionales que van a aproximarse por primera vez a este tema, que la primerísima condición para llevar adelante una entrevista exitosa con un niño severamente traumatizado y disociativo, es tener en claro qué es la disociación y cuáles son los efectos deletéreos del trauma.

En segundo lugar, una vez que uno ya tiene claro a qué se puede enfrentar, se requiere una cierta sensación de comodidad a la hora de preguntar por fenómenos tales como voces internas, amigos imaginarios y cualidades de las partes disociativas, como si uno estuviera hablando acerca de mucha gente que está *aparentemente* presente aunque solo veamos a una sola pequeñita persona.

Trabajando con niños esto no debiera ser demasiado difícil, ya que no es muy diferente de cuando les preguntamos a los niños acerca de los personajes de sus juegos, encarnados en los muñecos que están usando allí, delante de nuestros ojos. La sutil diferencia aquí, es que no se trata de personajes inventados, no están representados en muñecos, no están jugando ningún juego en particular y el niño los experimenta como verdaderos. Solo que nosotros no los vemos.

Como parte del trabajo con niños disociativos, el terapeuta utilizará mucho del juego, la fantasía y la representación simbólica que el dibujo, los muñecos y las casas de muñecas nos otorgan; no obstante ese material será una representación externa de una experiencia interna que el niño tiene y vivencia como real. Ese es el punto que nunca debemos olvidar.

Una vez cumplidas las dos primeras condiciones, el terapeuta no debe olvidar que sus preguntas deben estar encuadradas en ciertos principios:

a) *Normalizar la experiencia*: Aquí puede usted elegir o crear la metáfora que más le guste, siempre y cuando respete el principio explicado en el capítulo 8 [ver *¿Qué hay adentro de mi cabeza?*] Recuerde que lo anormal ha sido la experiencia vivida por el niño que usted está atendiendo o evaluando, y que la disociación ha sido una adaptación a dicha experiencia. Explíquele al niño que usted conoce a otros niños y niñas de su edad, algunos más pequeños y otros más grandes, que han vivido experiencias similares a las suyas, y a los que les pasan cosas similares.

b) *Alentar la exploración:* muchos de los síntomas que el niño presenta posiblemente sean fuente de problemas, y puede incluso que lo estigmaticen como un "niño problemático" o un "caso problemático". A nadie le gusta ser visto desde esta perspectiva, tampoco a un adulto. Utilice todos los recursos que le permitan alentar la curiosidad, la suya propia y la del niño, reformule positivamente (hable de las conductas como pistas a seguir, de las voces como sentimientos que hablan[27], de las partes agresivas como formas extremas de defenderse de algo malo), hable de buscar soluciones, de resolver misterios, de entender el cerebro como lo hacen los científicos. Si ha logrado comprender por qué se dice que la disociación es una estrategia de supervivencia, sea coherente con ese conocimiento.

c) *Ser respetuoso de los tiempos del niño:* hay muchas razones por las cuales un niño puede resolver no decir más de lo que ya está diciendo. La vergüenza, el cansancio, la presión interna y/o externa,

---

[27] Esta idea magnífica es obra de Joyanna Silberg, quien propone una mirada positiva y esperanzadora para el tratamiento de niños traumatizados y disociativos. Silberg (2013) ver lista de referencias bibliográficas.

el miedo, son razones más que poderosas para el silencio en un niño que se encuentra hablando frente a un adulto, en especial cuando la experiencia que el niño ha tenido con los adultos más cercanos, ha sido dilemática, impredecible, dolorosa. Aprenda a reconocer sus propias reacciones contratransferenciales y a trabajar con ellas. Sea paciente.

Las escalas -como la A-DES que puede encontrar en el anexo al final de este libro- suelen ser un buen punto de partida a la hora de preguntar directamente al niño o adolescente acerca de experiencias disociativas. Partiendo de las respuestas con mayores puntuaciones, el terapeuta puede pedirle al pequeño paciente que haga una descripción (ya sea verbal, escrita, dibujada) de la experiencia, que brinde un ejemplo, que pueda aportar, en definitiva, la mayor información posible acerca de ese ítem en particular. Esto no solo abre la puerta a nuevas preguntas que puedan surgir en el terapeuta, sino que además permitirá discriminar de manera fehaciente si la manifestación de la que se está hablando es verdaderamente de tipo disociativo o no. A continuación se presenta un ejemplo de un fragmento de entrevista a manera ilustrativa:

Terapeuta: "En esta pregunta [ítem 20 del A-DES] *La gente me dice que a veces me comporto de manera tan diferente que parezco otra persona*, marcaste un 9. ¿Podrías darme algún ejemplo de cómo es esto?"

Paciente: "*Sí, bueno.... Me lo dicen todo el tiempo en realidad, y a mí no me gusta que me lo digan.*"

T.: "¿Quién te lo dice?"

P.: "*Mis padres*"

T.: "Ajá... ¿Y cuándo te lo dicen? ¿En algún momento o situación en especial?"

P.: "*Sí, dicen que cuando voy a la escuela me porto como un señorito inglés, educado, no contesto mal, acepto lo que me dicen aunque no me guste; en cambio cuando estoy en mi casa estoy siempre de mal humor, respondo mal a todos, nunca obedezco, o si obedezco es cuando me dicen que me van a quitar la computadora...*"

T.: "Y ¿te das cuenta de si eso que ellos te marcan es realmente así?"

P.: *"…. Sí… puede ser…. Es que en la escuela tengo buena reputación, de buen alumno, y no quiero arruinarla, eso me permite que los profesores sean menos exigentes conmigo"*

T.: "¿Tuviste alguna vez la sensación de no saber de qué cambios te estaban hablando cuando te decían que parecías otra persona?"

P.: (piensa) *"No… la verdad que no".*

En este ejemplo, la puntuación alta que este adolescente de 14 años dio a un ítem en particular del A-DES, no parece representativa: él puede describirla claramente como una estrategia conductual, posiblemente de rebeldía ante la autoridad parental, y cuando se le pregunta si alguna vez tuvo la sensación de no saber de qué le estaban hablando cuando le mencionaban acerca de estos cambios –lo cual podría dar cuenta de cierta discontinuidad o amnesia en la experiencia– responde que no. Este es solo un ejemplo de cómo podemos utilizar las respuestas a estos ítems para clarificar la información. Por supuesto, en este caso estamos haciendo solamente un recorte a título ilustrativo, esto no significa que podamos descartar un trastorno disociativo en este joven basándonos solamente en la respuesta a este ítem.

Veamos ahora otro ejemplo basado en el ítem 25 de la misma escala, que indaga sobre fenómenos de despersonalización.

T.: "Volvamos a esta frase: *"Me descubro parado fuera de mi cuerpo, mirándome como si fuera otra persona"*. Aquí me dijiste que esto te pasaba 7 sobre 10, ¿te acuerdas?"

P.: *"¿7 te dije? No me acordaba… no sé…tal vez no es 7… pero bueno, dejemos un 7."*

T.: "Hay algo que quieras cambiar o pensar un poco más? Aquí lo más importante es que tu respuesta refleje lo que te sucede de la manera más parecida posible."

P.: *"No, no, está bien, dejemos un 7"*

T.: "Bien. ¿Me podrías dar algún ejemplo de alguna vez en que te haya sucedido algo así?"

P.: "*Bueno…. cuando venía mi papá y se acostaba en mi cama me pasaba eso, y ahora me pasa cuando me acuesto en mi cama y es de noche, a veces. Y él se va para arriba, mi cuerpo, como un globo que flota y entonces es como que aparece otro niño igual a mí que está sentado en el aire y me mira*".

T.: "Y ¿qué pasa entonces?

P.: "*Nada, ya te dije, me mira*"

T.: "¿Y luego? ¿Vuelve, se queda allí, te habla?"

P.: "*No, de golpe ese niño se va y mi cuerpo vuelve. Yo cierro los ojos muy fuerte y él vuelve.*"

Este ejemplo muestra en cambio una clara manifestación disociativa. Este niño de 12 años está explicando una experiencia de despersonalización, está describiendo qué la dispara, y cómo la experimenta con bastante detalle. Cuando el terapeuta está profundizando en la evaluación, y surge este tipo de información, el sentido clínico le indicará cómo seguir. Si el clínico nota al niño perturbado o activado por las preguntas, es recomendable que detenga la evaluación y se concentre en lo que al niño le está pasando exactamente en ese instante, que le provea de una sensación de reaseguro y calma, que le permita tener control sobre dicha experiencia. En estos momentos es bueno también dar psicoeducación sobre lo que el niño ha contado:

"*Entiendo lo difícil y raro que debe ser sentir que el cuerpo se va solo a otro lado ¿no es verdad? Pero te voy a contar por qué puede pasar algo así a veces. Te voy a contar lo que aprendí de otros niños a los que les pasa lo mismo. Me dijiste que esto te pasaba cuando tu papá iba tu cama, y te sigue pasando hoy cuando te acuestas en ella de noche ¿no es verdad? Cuando tu papá iba a tu cama, tu cuerpo te ayudaba a no sentir lo que pasaba, y para lograrlo podía hacerte sentir que se iba lejos de esa cama. Y se esforzaba tanto en ayudarte que lograba por un momento hacer de cuenta que podía irse de donde estaba, y flotar y mirar como si eso le estuviera pasando a otro niño. Tal vez hoy, cuando te vas a la cama, tu cuerpo recuerda lo que pasaba allí con tu papá, y vuelve a hacer lo mismo que en ese entonces. Juntos vamos a tratar de ayudar a tu cuerpo a defenderse de una manera que no te asuste/moleste tanto ¿estás de acuerdo?*"

En una situación como la de esta viñeta, es posible que el terapeuta conozca los hechos traumáticos que podrían estar alimentando los recuerdos que disparan la despersonalización o no. Si el terapeuta desconoce la historia de traumatización o tiene pocos detalles, debe ser muy cauto a la hora de preguntar acerca de qué funcionó como disparador, poniendo siempre énfasis en no abrumar, en no retraumatizar.

El terapeuta debe poder mantener un balance entre la necesidad de evaluar al niño para poder establecer una hipótesis diagnóstica y planificar las futuras intervenciones terapéuticas, y la provisión de un sentimiento de seguridad y confianza en el espacio terapéutico. Conocer lo que le pasa al niño puede ayudar al terapeuta a saber cómo ayudarlo a controlar lo que le sucede. Esto es lo que se trabaja en la primera de las tres etapas del modelo de tratamiento propuesto para pacientes severamente traumatizados (tanto niños como adultos); en esta etapa los objetivos están dedicados a proveer de seguridad, estabilidad y reducir los síntomas, como condiciones previas e ineludibles a la segunda etapa, que es la del trabajo específico y concreto con los recuerdos y experiencias traumáticas.

Con niños muy inquietos, o con niveles importantes de distracción el clínico puede adaptar los ítems de las escalas a preguntas para hacer a los niños que evalúe. Es importante que sea consciente de la necesidad de adecuar el lenguaje a la edad del niño que está entrevistando, condición que en un terapeuta infantil, se da por descontada.

Si el terapeuta desea evaluar amnesias disociativas en niños sobre la base de preguntas, puede realizar las siguientes (adaptado de Silberg, 2013, y Putnam, 1997), recordando pedir al niño un ejemplo que ilustre la respuesta cuando ésta es afirmativa:

- *¿Te ha sucedido alguna vez olvidarte de cosas buenas que te pasaron?*
- *¿Alguna vez tu mamá o tu papá te dijeron que habías hecho algo que no recuerdas haber hecho?*
- *A veces, cuando estamos enojados, nuestro enojo es tan grande que es posible que nos olvidemos de lo que decimos o de lo que hacemos ¿te ha pasado algo así alguna vez?*
- *¿Alguna vez has traído de regreso a tu casa tarea escolar o exámenes que no recuerdas haber hecho, o cosas que no recuerdas cómo llegaron a tu morral?*

Si desea evaluar características de los amigos imaginarios puede preguntar (adaptado de Silberg, 1998, 2013):

- *¿Sientes que tu/s AI es/son de verdad?*
- *(Si el niño tiene más de un AI) ¿Cómo se llevan entre ellos? ¿Se conocen? ¿Se respetan? ¿Pelean entre sí?*
- *¿Alguna vez sentiste que tu AI era tan molesto que deseabas que desapareciera?*
- *¿Alguna vez te pasó que tu/s AI te hiciera/n hacer algo que tú no deseabas hacer? ¿O te dijo que guardaras un secreto o que no le contaras a nadie que él existía?*
- *¿Qué hace/n tu/s AI cuando estás triste/enojado/avergonzado?*
- *¿Alguna vez sentiste miedo de tu/s AI? ¿Por qué? (en caso de respuesta afirmativa).*
- *Tu/s AI ¿aparece/n solamente cuando tú quieres, o aparecen cuando no deseas que lo hagan también? ¿Qué haces entonces?*
- *¿Cómo te sientes con tus AI?*

Si desea evaluar fenómenos de influencia pasiva a través de preguntas directas al niño (adaptado de Silberg, 2013 y Putnam, 1997):

- *¿Te ha pasado alguna vez hacer algo que no deseas hacer o que sabes que no debes hacer, pero no puedes parar de hacerlo?*
- *¿Te ha pasado alguna vez no poder lograr que tu cuerpo haga algo que tú querías que hiciera, como si otra fuerza lo dominara?*
- *A veces algunos niños hacen/dicen/sienten cosas que no desean, pero es como si algo o alguien los hiciera hacer/decir/sentir esas cosas, ¿te ha pasado eso alguna vez?*
- *A veces, algunos niños que se sienten solos/tristes/enojados, hablan con una voz que sienten en sus cabezas ¿te ha pasado alguna vez?*
- *¿Te ha pasado alguna vez que ves cosas que otras personas no pueden ver? ¿Qué cosas son? ¿Cómo las ves? ¿Cuándo?*
- *A veces, a algunos niños les han dicho cosas muy feas que se quedan como pegadas adentro de la cabeza y no paran de repetirse, ¿te ha pasado algo así alguna vez?*

Si desea indagar sobre experiencias de desrealización, despersonalización, sensaciones físicas (ausencia o presencia), conductas de autoinjuria, puede preguntar:

- *¿Alguna vez sentiste como si tu cuerpo o alguna parte de él cambiara de forma, o como si flotara y se separara y se fuera al techo?*

- ¿Alguna vez sentiste como si hubiera otro niño igual a ti parado al lado tuyo y te mirara mientras estás haciendo algo?

- ¿Alguna vez sentiste como si las cosas que están alrededor tuyo (la mesa o la silla en la que te sientas, o tus libros o cuadernos, etc.) cambiaran de forma, o se alejaran, o se hicieran más grandes o más pequeñas?

-¿Alguna vez te pasó lastimarte/golpearte/caerte/que te patearan/lastimaran/golpearan y que no te doliera? ¿Recuerdas si te tuvieron que llevar al doctor o al hospital por eso, o si te tuvieron que curar la herida? (Si la respuesta es afirmativa) ¿recuerdas lo que sentiste?

-¿Alguna vez te pasó que deseabas/necesitabas/sentías ganas de cortarte, arrancarte los cabellos, pegarte la cabeza contra la pared, rasguñarte, pellizcarte, poner las manos en el fuego, etc.? (Si la respuesta a alguna de estas situaciones es afirmativa) ¿Qué sentías antes de hacerlo? ¿Recuerdas qué había sucedido justo antes? ¿Recuerdas qué sentías mientras lo hacías? ¿Qué sentiste después de hacerlo? A veces, a algunos niños les pasa que lo hacen porque quieren callar a una vocecita que escuchan, o porque una vocecita les dice que lo hagan ¿te ha sucedido algo así?

Es importante recordar que las respuestas afirmativas a cualquiera de todas estas preguntas son puertas de entrada a más preguntas que el terapeuta pueda hacer para lograr una descripción lo más exhaustiva y clara posible de la experiencia disociativa del niño.

9.4
Indagando sobre la existencia
de partes disociativas

Personalmente creo que este es uno de los desafíos más interesantes con los que el terapeuta que se inicie en el tema, se va a encontrar. En mi experiencia profesional, siempre me ha resultado más sencillo indagar esto en niños que en adolescentes y adultos. Los adultos, tal vez advertidos por el conocimiento popular, o provenientes de años de psicoterapias, pueden a veces mostrarse renuentes a discutir estas cuestiones de manera más abierta. No es que no lo hacen, pero se preocupan de inmediato por la apariencia de su salud mental. ¿Escuchar voces no es acaso señal de patología? Recuerdo una adolescente que contestaba a los ítems del A-DES modificando la escala y reduciéndola de 0 a 5 en lugar de 0 a 10, ya que el 5 le parecía un número menos "loco" que el 10 para consignar la frecuencia con la que las cosas le pasaban. Muchos de los ítems que contestó puntuaban en 5, pero la explicación anterior solo me la dio después de haber completado la escala, cuando discutíamos algunas de sus respuestas.

Para los niños, en cambio, (y sobre todo en los más pequeños), algunas de sus experiencias disociativas muchas veces no son sentidas como algo fuera de lo ordinario y común, y pueden creer que a los demás les pasa lo mismo que a ellos. Cuando esto es así, es posible que reporten tales conductas solo si se les pregunta de manera concreta por ellas.

Ahora bien. ¿Por qué es importante saber si hay partes disociativas? Pensemos. ¿Cómo funciona un equipo de fútbol al que le han expulsado al arquero y en consecuencia no puede reemplazarlo? ¿Cómo se cocina una torta que debe llevar harina, huevos, azúcar y leche, pero a la que le falta la harina?

Reconocer y trabajar con las partes disociativas es una condición fundamental para lograr la integración de la personalidad. Al hablar de integración estamos hablando de reunir los distintos aspectos que componen a la personalidad, la riqueza de las experiencias (registros sensoriales y somáticos, emociones, pensamientos asociados, recuerdos) y las capacidades para lidiar con dichas experiencias, posibilitando que el sentido de sí mismo se construya a lo largo de una continuidad coherente pasado-presente-futuro.

En el campo de estudio y tratamiento de los trastornos disociativos siempre se ha hecho referencia a la integración de las distintas partes disociativas, en relación a poder disminuir el nivel de separación entre ellas o aumentar la permeabilidad entre las mismas. Para ilustrarlo con un simple ejemplo sería algo así como poder pensar que *esta rabia me pertenece a mí* y está provocada por *el daño que sufrí*, en contraposición a colocar esa rabia fuera de mí (*esto no lo siento yo, lo siente mi parte fea*) y a desconocer el daño (*a mí no me pasó nada*).

La metáfora del rompecabezas que da nombre a este libro es una forma de entender la diferencia entre mantener la disociación y tender hacia la integración. Pensemos en un puzzle de 1500 piezas. En la tapa de la caja se nos informa que vamos a armar un paisaje montañoso. Al abrir la caja, hay 1500 piezas pequeñas, algunas de las cuales, no se distinguen entre sí en lo más mínimo.

El primer trabajo nos lleva a seleccionar las piezas por similitudes: todas las celestes serán parte del cielo; todas las blancas, la nieve de la montaña; las verdes, el pasto, y así hasta terminar la primera clasificación. Pero eso no forma el rompecabezas total, solo son las piezas de las distintas partes que componen el paisaje total. Todavía es necesario entrelazar esas piezas y darles un sentido en el paisaje completo. Esas piezas cobran un significado ya no solo por el grupo al cual pertenecen, sino por la relación que establecen entre sí y a la vez con el todo que conforman. Es decir entonces que sin conocer las piezas del rompecabezas (o las partes disociativas), difícilmente pueda lograr armar el paisaje que la tapa me muestra. Esta es una aproximación gráfica y a la vez metafórica a la idea de integración.

Al trabajar con niños cuya personalidad es todavía una delicada pieza en formación constante, trabajar hacia la integración implica ayudar al niño a aprender en la escuela, a responder a sus emociones y a los desafíos diarios con conductas adecuadas y no desajustadas, a desarrollar sus propias habilidades para resolver cualquier situación problemática o conflictiva, y a poder establecer y mantener relaciones saludables y duraderas (Waters & Silberg, 1998), es decir, es ayudar al niño a volver al camino de un desarrollo armónico.

Volviendo entonces al desafío de aprender a averiguar por la existencia de partes disociativas, a continuación se muestran algunas de las preguntas que pueden abrir la puerta a la existencia de este mundo interior[28]:

* *Algunos niños sienten a veces como si hubiera alguien adentro de sus cabecitas que les dice cosas, o les habla, o les dice lo que deben hacer ¿te ha pasado algo así alguna vez?*
* *A veces los niños, cuando se sienten solos, o asustados, o tristes, sienten que pueden hablar con alguien que está adentro de sus cabezas ¿te ha pasado algo así alguna vez?*
* *A algunos niños que conozco les pasa que a veces su cuerpo hace cosas que ellos no quieren que haga o que no le han pedido que haga (como pegarle a otro niño, o que se le escape el pis), y se siente como si al cuerpo le diera órdenes alguien que no es uno ¿te ha pasado alguna vez algo así?*
* *A algunos niños les pasa que a veces se sienten como si fueran mucho más pequeños, o mucho más grandes de lo que son. ¿Te ha pasado alguna vez? ¿Como de cuántos años te sentías?*

---

[28] En general en la literatura sobre el tema se suelen utilizar como sinónimos términos tales como "alter", estado del yo, parte de la personalidad, parte disociada de la personalidad, parte aparentemente normal /emocional de la personalidad. Algunos de esos términos pueden remitir a conceptualizaciones un tanto diversas sobre lo que es la disociación, y no es el objetivo de este libro, profundizar en dichas diferencias. Por ello a lo largo de este libro se utiliza en general el término "partes disociativas" o eventualmente "estados disociados".

Las conductas del niño, en especial las observadas en la consulta, pueden ser una puerta de entrada a las preguntas que el clínico desee hacer, tal como se mostró en algunos ejemplos en capítulos anteriores. El solo hecho de observar el despliegue de conductas diametralmente opuestas puede servir al terapeuta para preguntar:

∞ *Recién cuando hablábamos vi que dabas vuelta tu cabeza y hablabas en voz más baja, como si estuvieras hablando con alguien más, tal vez otra niña/niño, un amigo imaginario, ¿qué me puedes contar?*

∞ *Uy... parece que Ana se fue y ahora hay otra niña en su lugar, me pregunto ¿con quién estoy ahora aquí en el consultorio? Me gustaría presentarme si no nos conocemos.*

∞ *Parece que Rosa se fue, y dejó a un perrito en su lugar. ¡Hola perrito! ¿Sabes algo de Rosa? ¿Qué me puedes contar sobre ti?*

∞ *La Angela grande que estaba aquí conmigo de golpe se quedó dormida y ahora parece que hay una Angela pequeña acurrucada bajo la mesa... Desearía presentarme y mostrarle el lugar al cual la Angela grande viene cada semana.*

Si pensamos en cada una de estas partes como contenedoras de experiencias que han quedado desconectadas de otras experiencias, esto nos puede ayudar a entender por qué es necesario obtener más información sobre ellas. Decimos que cada una de estas partes tiene una razón de ser, incluso aquellas que por el comportamiento que promueven en el niño (agresividad, conductas disruptivas o sexualizadas), pueden generar una reacción negativa en el adulto (incluyendo al terapeuta).

Las partes emocionales pueden guardar recuerdos o fragmentos de recuerdos de la experiencia traumática o las diversas emociones experimentadas durante la experiencia; pueden guardar sensaciones corporales (¡el cuerpo tiene memoria!) o elementos sensoriomotores (por ejemplo, una reacción corporal que no pudo ser completada en su momento, como levantar los brazos para defenderse)[29]; también puede haber partes que guarden el funcionamiento normal del niño a la edad en la que el trauma comenzó, pero que no tienen contenidos de la experiencia traumática. La presencia de una parte que conserva memorias ligadas a experiencias normales de la edad en la que −por

---

[29] Los terapeutas no estamos acostumbrados ni a observar ni a prestar atención a todo lo que el cuerpo puede manifestar acerca del trauma sufrido, y cuando se trabaja con trauma (ya sea TEPT o trauma complejo), dejar a un lado al cuerpo es un gran error. Se sugiere a los lectores que no estén familiarizados con este aspecto del trabajo con trauma, la lectura de autores como Peter Levine, Pat Ogden y Babette Rotschild.

ejemplo- comenzara el abuso (mientras que otra parte conserva las memorias del trauma), es algo que en mi experiencia he observado en varios niños preescolares y de hasta 6/7 años. De manera completamente especulativa podríamos decir que tal vez esa haya sido la primera disociación entre partes, lo cual sería completamente coherente con la formación de una parte aparentemente normal (PAN) y una parte emocional (PE) de la personalidad, de acuerdo a la teoría de la disociación estructural.

Hablar de "partes" implica hacer referencia permanente al hecho de que estamos hablando precisamente de un aspecto, de un fragmento de la persona que el niño es en su totalidad; no estamos hablando de verdaderas personalidades o entidades concretas, sino de *experiencias subjetivas* de división y fragmentación internas, que en los trastornos disociativos del espectro más severo, pueden ser vivenciadas por el niño (el adolescente y el adulto) como verdaderas entidades separadas, con un sentido propio de identidad, una memoria autobiográfica propia, y un sentido de que determinadas conductas, experiencias y pensamientos le pertenecen, mientras que las conductas, experiencias y pensamientos de otras partes, no (Kluft, 2006). Esta última característica se puede encontrar presente en la mayoría de los niños disociativos –independientemente de la gravedad del desorden- y es la que se suele poner en evidencia, por ejemplo, en el desconocimiento de determinadas conductas, emociones, o experiencias que el niño no acepta como propias, sino que atribuye a otra parte disociativa, por ejemplo: *"Yo no lloro. El que llora siempre es El Llorón"*.

Cuando el niño comienza a identificar a dichas partes es siempre recomendable referirse a ellas, como *la parte tal de....* Por ejemplo, si estamos hablando con una niña de nombre Melanie, que dice tener una parte que se llama "Meli", nos referimos a ella como *la parte Meli de Melanie*, o *la Meli que hay dentro de Melanie*. Esto favorece la relación parte-todo, reforzando la idea de que cada parte es un componente de la personalidad y no una personalidad independiente.

Aún cuando sabemos que no se trata de distintas personalidades separadas entre sí conviviendo en el cuerpo de una misma persona, estas partes pueden haber adquirido características concretas y diferenciales, y cuando esto es así, o se sospecha que sea así, es aconsejable averiguar por tales características. ¿Qué edad tiene? ¿Se sabe cuándo apareció y por qué? ¿Cuál es su "trabajo"? ¿Es su trabajo cuidar de Melanie, criticarla, ayudarla? ¿Sabe Meli que vive dentro del cuerpo de Melanie? ¿Y cómo se siente por eso? ¿Qué conoce Meli de la vida real de Melanie? ¿Sabe que tiene hermanos, padres, que va a la escuela? ¿Conoce Meli el lugar donde Melanie está ahora? ¿Y conoce a la persona con la que está hablando ahora? ¿Y qué piensa? ¿Qué siente?

El hecho de que estemos sentados frente a un niño o a una niña que muestra mucha disposición a hablarnos, o a jugar con nosotros, no implica necesariamente que tales aspectos internos que el niño vivencia como separados de sí, también sepan quiénes somos nosotros. Tampoco implica que tendrán con nosotros exactamente la misma forma de vincularse. Veamos el siguiente ejemplo:

P.: *"Meli dice que no te hable de ella porque no la quieres"*

T.: "¿Por qué cree esa parte tuya que yo no la quiero?"

P.: *"Porque no la dejas jugar con tus juguetes."*

T.: "Ajá... Debo disculparme, creí que ella también estaba jugando mientras tú estabas haciéndolo".

P.: *"No, tienes que darle permiso, si no, siempre se enojan con ella. Nadie la quiere."*

T.: "Y ¿por qué nadie la quiere?"

P.: *"Porque está siempre enojada. No preguntes por qué, no quiere que te lo diga."*

T.: "Bien, entonces voy a respetar eso y no voy a preguntar por qué. Me gustaría que tu parte Meli supiera que ella puede jugar con los juguetes al igual que tú puedes hacerlo. ¿Crees que ha podido escucharlo? ¿Crees que se lo podrías decir?

P.: *"Te escuchó, dice que no es sorda. ¿Ves? Además es maleducada. Por eso nadie la quiere..."*

De este breve ejemplo podemos aprender diversas cosas:

a) El terapeuta indaga, no impone sus propias hipótesis ni ideas. Esta niña nos dice que una parte disociativa de ella guarda la experiencia de anticipar que nadie la va a querer por estar siempre enojada, es decir que además guarda mucho enojo. Entrar en una puja acerca de si el terapeuta la quiere o no, solo complicaría más el establecimiento de una relación de confianza. En una situación como ésta el terapeuta puede explicarle que *acepta* a esa parte de Melanie, incluso con todo su enojo: la aceptación de su enojo es una experiencia que esta niña no ha podido conocer. Esta actitud del terapeuta modela para Melanie un sentimiento de aceptación para con esa parte "enojada" (y en última instancia, de aceptación de ella misma) y con la posibilidad de estar enojada, de sentir ese enojo y de expresarlo y hacerse cargo del mismo.

b) El terapeuta es respetuoso: se disculpa por no haber entendido, por no haber sabido, por no haber previsto; y acepta el límite que esa parte le pone: *no quiere que sepas por qué está enojada.* Sigue creando el camino hacia la confianza.

c) El terapeuta se comunica con esa parte a través de la niña que está hablándole, ya sea favoreciendo que esa parte escuche y esté presente mientras está ocurriendo esa conversación, ya sea favoreciendo un diálogo entre la niña que tiene sentada enfrente y esa parte de sí misma. A esto se lo conoce como favorecimiento de la co conciencia, es decir la posibilidad de que el niño tenga la experiencia y el conocimiento de todos los aspectos y características de las partes disociativas (que no es sino facilitar el conocimiento de, y el acercamiento a, la propia experiencia disociada). Esto permite empezar a establecer conexiones allí donde hasta entonces solo había disociación y fragmentación.

9.5
Características de
las partes disociativas

En los niños las partes disociativas pueden tener características humanas, pueden ser personajes de historietas o programas de televisión, y pueden ser también animales. Pueden tener la misma edad que ellos, ser más pequeños o más grandes, ser de un género diferente al propio, o ser nombrados como diversas versiones de sí mismo (*yo grande, yo pequeño*). Los niños pueden referirse a estas partes como si fueran de la familia (*mis hermanas*), como amigos, o mencionarlos de manera más general, asociándolos a conductas o emociones, refiriéndose a estas, por ejemplo, como *mi parte buena, mi parte mala, mi parte mentirosa.* A veces puede suceder que el niño nos hable de una parte sin nombre; en ese caso podemos acordar con él de qué manera nos vamos a referir a esa parte, sin imponerle nosotros la forma en que nos parece que debiera llamarse.

Por último, y no por ello menos importante, los niños pueden *no referirse a parte alguna.* Sin embargo, una evaluación y observación cautelosas y concienzudas pueden arrojar al clínico la evidencia de disociación. Silberg (2013) habla de los niños que no escuchan voces, ni tienen amigos imaginarios, ni claman tener partes que tomen el control de sus conductas, pero que aún así, presentan conductas que ellos insisten en desconocer como propias, o lapsos importante de memoria sobre acontecimiento vividos por ellos de los que fueron testigos otras personas. En tales situaciones, Silberg recomienda un abordaje del tipo *"vamos a hablar del misterioso Alan al que otros han visto robar cosas"*, y alentar al niño a conectar a través del dibujo o de la investigación de los motivos por los cuales "el misterioso Alan"[30] podría estar robando.

Waters y Silberg (1998) sugieren que el terapeuta preste atención a que las partes identificadas y descriptas tengan cualidades más o menos estables a lo largo del tiempo, como forma de distinguirlas de los productos de la fantasía que podrían ir cambiando en sus atributos de manera más fluida, como parte misma del juego. También sugieren que si el terapeuta no se siente seguro de si el niño está hablando de una parte disociativa, o si por el contrario está "creando" un personaje, adaptándose a lo que cree que el entrevistador espera o desea de él, es mejor detener toda indagación y esperar a ver qué es lo que el niño dice de manera espontánea la próxima vez que se trate el tema.

Cuando los niños se refieren a estas partes como si fueran otras personas, siempre es recomendable averiguar si están hablando de una persona real con la cual el niño tiene o ha tenido contacto.

Aquí va un ejemplo. Una niña de 4 años, que vivía en un hogar sustituto, entró un día a mi consultorio y me preguntó si ya me había hablado de sus hermanas. Esta niña, de hecho, vivía en dicho hogar con dos hermanas, una mayor y otra menor. Hubiera sido fácil decirle que sí, que ya habíamos hablado de ellas. Sin embargo, dado que yo ya tenía elementos para diagnosticar un trastorno disociativo, decidí pedirle que me hablara más de sus hermanas.

Sorpresivamente, no me habló de sus hermanas "reales", sino de 4 hermanas que constituían su sistema interno de partes disociativas. De esas cuatro, hasta el momento solo me había hablado de una. A partir de esa sesión surgieron tres más, con nombres, edades y características propias (Baita, 2010). De todos modos, averigüé en el hogar donde residía si había alguna niña que tuviera el nombre de alguna de sus "hermanas", a lo que me respondieron que no. Esto y la información que la niña me ofreció sobre cada una de ellas, me permitió entonces confirmar la hipótesis de que me encontraba en presencia de estados disociados de una misma personita.

Tanto en la literatura clínica sobre pacientes adultos como en la de pacientes infantiles, se han identificado ciertas características más o menos estables que suelen presentar las partes disociativas. Van der

---

[30] Suponiendo que el nombre del niño al que se atiende sea Alan.

Hart y colaboradores (2008) recopilan en el siguiente listado aquellas que suelen encontrarse en general en la literatura sobre trastornos disociativos, de las cuales algunas son más comunes que otras: partes invitadas, partes infantiles, partes protectoras y auxiliares, autoprotectores internos, partes persecutorias basadas en introyecciones de los abusadores, partes suicidas, partes del sexo opuesto, partes promiscuas, administradores y partes obsesivo-compulsivas, partes que abusan de sustancias, partes autistas y discapacitadas, partes con talentos o habilidades especiales, partes anestésicas o analgésicas, partes imitadoras o impostoras, demonios y espíritus, y partes pertenecientes a una raza diferente. Muchas de estas no surgen en población infanto juvenil. Pero otras, en cambio, sí. En todo caso, más que tratar de encajar lo que el clínico observa en algún tipo de clasificación de parte en especial, es preferible que trate de identificar si se trata de una PAN o de una PE, qué contenidos alberga y −en caso de ser una PE- por cual tipo de defensa pareciera estar mediatizado (lucha, huída, congelamiento, sumisión, llanto de apego).

A continuación se detallan algunas de las clasificaciones más frecuentes encontradas en pacientes infantiles (adaptado de Waters & Silberg, 1998):

Partes hostiles: a veces pueden haber incorporado el rol y/o la conducta del perpetrador. Puede ser también que su hostilidad sea debida a emociones negativas de enojo y rabia que no era seguro desplegar en presencia del abusador. En la evaluación es importante poder diferenciar frente a qué tipo de hostilidad nos encontramos. Cuando la parte está identificada al agresor, es necesario tener cuidado ante la posibilidad de conductas del mismo tipo de daño sufrido pero volcado hacia terceros (por ejemplo, intentar mantener sexo por la fuerza con niños de la misma edad o menores). Cuando la parte hostil contiene sentimientos de rabia o enojo por el daño sufrido y lo externaliza en conductas de agresividad hacia otros, es posible que el rol de esa parte sea −paradojalmente- la defensa. Para poder diferenciar si esa externalización de la agresividad es producto de la puesta en marcha de una defensa incompleta de lucha, o bien es una internalización de la figura del abusador, es importante identificar de la mejor manera posible, todos los elementos que rodean la conducta. Cuando el niño se siente atacado, es posible que esto active a la parte hostil que reacciona con la vehemencia que no pudo desplegar en el momento del abuso original, dando curso así a una respuesta de pelea (*fight*) que la situación traumática original desestimó por inconveniente. Sin embargo, cuando la hostilidad se activa como parte de la introyección de la figura de perpetrador, el niño posiblemente explique su conducta con argumentos similares a los que escucharíamos en boca del agresor: un adolescente de 13 años fue encontrado en el baño de la institución en la cual estaba albergado, tratando de forzar a dos niños más pequeños, con una discapacidad mental, a mantener sexo oral con él. Confrontado con esta conducta, el mismo la explicó de la siguiente forma: *"Yo quería y ellos son medio tontos y no hablan bien, nadie les iba a entender"*.

También es necesario prestar atención a la posibilidad de que tal hostilidad sea volcada hacia adentro, y que desemboque en acciones de autoinjuria. En este caso el enojo es contra sí mismo por no haber detenido el abuso, por no haber pedido ayuda, por no haber escapado, etc. Puede que esa parte hostil identifique al niño como un ser débil y vulnerable, y considere que la sumisión al abuso fue un acto de cobardía y no la única estrategia defensiva posible.

Estas son las partes con las que nadie quiere lidiar, sin embargo son aquellas con las que hay que poder establecer una alianza cuanto antes en el diseño de las intervenciones terapéuticas, ya que es la única garantía que existe de poder trabajar hacia una reducción de las conductas desajustadas (ya sea que estén volcadas hacia el afuera o hacia sí mismo).

Antes que nada es necesario poder entender la dinámica de dicha hostilidad, y hacia dónde está dirigida. También debemos poder conocer cuáles son las maneras en las que se expresa y qué es aquello que las gatilla. Algunas partes hostiles pueden no ser riesgosas en el sentido de lo que venimos detallando hasta ahora, pero sí es importante hacer una cautelosa evaluación y ponderar si existen o no tales riesgos. Un paso importante que debe dar el terapeuta es el de reconocer y validar los sentimientos de esos estados disociados, y aceptarlos como parte de la experiencia vivida, pero debe ser a la vez muy firme a la hora de manifestar que esas conductas no pueden seguir adelante, y que es absolutamente necesario encontrar vías alternativas de expresar el enojo, de defenderse, de resolver los conflictos. Al igual que con los pacientes adultos, se trabaja estableciendo "contratos de no dañar", mientras se va estrategizando y probando con el niño nuevas formas de expresar esa hostilidad, más ajustadas, y menos problemáticas. Los contratos de no dañar (ya sea que no se dañe a sí mismo, o que no dañe a otros o a la propiedad de otros) se establecen en principio por tiempos acotados (por ejemplo, hasta la sesión siguiente); deben contar con el acuerdo y la aceptación de las otras partes del sistema, y ser trabajadas también con los adultos que están alrededor del niño (familias y escuela, principalmente). Es importante darle a esa parte estrategias "de emergencia": por ejemplo, si desea romper cosas valiosas como forma de expresar su enojo hacia los padres adoptivos, puede tener a mano papeles de diario para descargar ese enojo, de manera tal que se pueda reconocer y validar la experiencia emocional, intentando formas alternativas de expresión. Le adelantamos al niño que tal vez no sienta el

213

mismo alivio que cuando rompe los objetos más preciados de su familia, pero que seguramente no deberá pagar las consecuencias de una conducta fuera de control.

Silberg (2013) aconseja dar siempre una reformulación positiva incluso a las partes o voces internas con contenidos hostiles y agresivos, ya sea que se dirijan hacia el mismo niño o hacia otras personas. El objetivo, plantea, es igual que con cualquier otra parte disociativa: identificar cuál es el propósito de dicha hostilidad.

Para las voces internas que inducen al niño a atacar a otros, propone decirles[31]: *"es como un guardaespaldas que quiere protegerte del peligro"*, *"es un ayudante que quiere que puedas sentir qué fuerte eres"*, *"es tu enojo hablándote, veamos qué quiere decirte"*. Cuando las voces internas inducen al niño a dañarse a sí mismo, propone lo siguiente: *"quiere recordarte cuánto te hirieron y cuánto te dolió"*, *"está buscando protegerte de que dañes a otras personas por ese enojo tan fuerte que guardas"*, *"quiere ayudarte a que no pienses en cosas tristes o dolorosas"*. Finalmente, si el niño clama que la voz interna suena como si fuera la del abusador, Silberg propone: *"es una forma de recordarte que había algunas cosas buenas de tu papá"*, *"quiere recordarte qué nerviosa estabas cuando todo eso pasaba"*, *"quiere recordarte que siempre debes estar en guardia para defenderte de gente como él"*.

Por supuesto que estas reformulaciones, o las que el clínico encuentre más apropiado hacer en base a la historia de su paciente, deben adaptarse específicamente a lo que el terapeuta esté trabajando o evaluando en el niño. Por ejemplo, si tomamos la reformulación sobre la voz que suena como el perpetrador *"es una forma de recordarte que había algunas cosas buenas de tu papá"*, es lógico que esa reformulación aparezca en un contexto en el cual la niña, por ejemplo, manifiesta escuchar una voz que le dice que su papá no le hizo nada y que es todo mentira. La reformulación positiva no busca justificar nada, sino abrir una puerta a trabajar con ese material negativo disociado, cualquiera sea el mismo.

Partes sexualizadas: Si bien puede confundirse con la identificación al agresor de la que hablábamos en la descripción de las partes hostiles, la principal característica de estas partes sexualizadas, presentes muchas veces en niños que han sido víctimas reiteradas de abusos sexuales desde temprana edad, es que el nivel de sobreestimulación que el niño ha sufrido como consecuencia de los abusos sufridos, es tan intenso que la descarga sexual se impone de manera compulsiva y cuasi obsesiva (Waters & Silberg, 1998). Esta parte

---

[31] Adaptado del texto original. Ver las Referencias.

busca constantemente involucrarse en conductas sexualizadas y el pensamiento está teñido y tomado por este impulso. En mi experiencia personal he encontrado la presencia de estas partes en niños que no solo fueron sometidos a múltiples abusos sexuales, sino que además fueron forzados u obligados a ver o participar del abuso sexual de otros niños de la familia. Al igual que con las partes hostiles cuyas conductas pueden ser riesgosas, el trabajo sobre la conducta sexualizada concreta de esta parte es prioritario.

Cuando existe evidencia de la conducta sexualizada del niño sobre otro niño, el terapeuta debe tomar esta evidencia como un punto de partida sobre el cual no hay discusión posible. Por diversos motivos, el niño que incurre en una conducta sexualizada, posiblemente niegue, distorsione o minimice su conducta. Por eso es importante que el clínico se informe con la mayor precisión posible de cuál fue dicha conducta (por ejemplo, el niño forzó a otro niño a hacerle sexo oral en la escuela, durante un recreo). Si esta conducta es a su vez, similar a las que sufrió el niño, el clínico debe mostrarle esa relación (*"Sucede que tú y yo sabemos que cuando vivías con tu tío, él te obligaba a hacer cosas iguales a esa"*). Si el niño no tiene memoria de las situaciones vividas o si aún no se han abordado de manera directa, el acercamiento del terapeuta será más cauto (*"Yo sé que muchos niños hacen estas cosas porque dentro de sus cabezas hay guardado algo que los hace hacerlo. Puede ser que sea que ellos hayan visto a otros hacer lo mismo, o que les hayan hecho esto a ellos. A veces no lo recuerdan porque sus cerebros han hecho un esfuerzo muy grande para taparlo, pero es como si el recuerdo se les escapara por otro lado, como disfrazado, y los empujara a hacer las mismas cosas que sufrieron"*); desde allí el terapeuta comenzará a trabajar con el reconocimiento de la secuencia de situaciones que dispararon la conducta y un análisis en cadena: qué emociones estaba sintiendo el niño, qué pensaba en ese momento, qué sentía en su cuerpo.

Recordemos que los niños disociativos pueden responder a muchas de estas cuestiones con un "no sé". En ese caso, se puede intentar preguntando *"¿qué crees tú que un niño que hace eso pensaría/sentiría?"*. Estas conductas también deben entrar en el acuerdo de no dañar al otro, y será importante que el terapeuta evalúe el nivel de impulsividad, repetición de la conducta y tipo de la misma y considere la necesidad de una interconsulta psiquiátrica para agregar una intervención psicofarmacológica. Las intervenciones cognitivo-conductuales suelen ser de gran ayuda en este tipo de situaciones.

Partes protectoras: Pueden asumir diferentes roles: en mi experiencia personal, estas partes protectoras siempre fueron mayores que el niño, o bien fueron representadas por personajes de una alta valoración (por ejemplo, un ángel que da buenos consejos). En el caso de partes protectoras mayores que el niño, se trató de versiones de sí mismos mayores (las he encontrado mayormente en aquellos niños cuyas madres estaban presentes y hacían sus mejores esfuerzos por cuidarlos y protegerlos, pero que tenían a la vez un componente muy infantil en su personalidad), o de personas mayores (a veces conocidas, como una abuela o tía), a veces inventadas por el niño (una señora buena, un señor de pelo blanco). Superhéroes o personajes fantásticos también pueden saltar de la vereda de la fantasía y encarnarse en partes disociativas. En general podemos decir que estas partes se han nutrido de experiencias positivas que el niño ha tenido efectivamente, o bien contienen recursos y habilidades con los que el niño de hecho cuenta.

Desde ambas perspectivas, este tipo de partes protectoras, que no están teñidas de hostilidad y por lo tanto no usan el ataque como la mejor forma de defenderse, son excelentes aliados en la terapia. Estas son las partes con las que todo terapeuta quisiera tener que lidiar únicamente. Y de la misma manera que el terapeuta debe ser consciente de los sentimientos negativos y de rechazo que una parte hostil le puede generar, y aprender a trabajar con tales sentimientos, debe saber que dejarse llevar únicamente por los buenos sentimientos que le generan las partes protectoras, puede convertirse en un obstáculo para el establecimiento de confianza con aquellas partes cuyo "trabajo" ha sido lidiar con lo más complejo, doloroso y miserable del trauma sufrido.

Debemos tener en cuenta que las partes protectoras no necesariamente van a colaborar espontáneamente y con la mayor voluntad, si por ejemplo, queremos que ayuden al niño a cumplir con un contrato de no dañar. La niña puede invocar una parte protectora que le ayude a lidiar con el miedo nocturno a que su papá se meta en su cama. Pero el clínico debe indagar específicamente si esa misma parte protectora puede y está dispuesta a ayudar a la parte enojada que en los ataques de nervios de la niña despliega conductas autoagresivas.

Recuerde: cada una de estas partes de las que estamos hablando no es sino un aspecto de la personita total que usted tiene enfrente. Algunos de estos aspectos han aprendido a estar siempre alertas y vigilantes, siempre presentes; esa estrategia ha tenido un propósito en una época en la cual la supervivencia era un objetivo permanente porque el peligro también era permanente. Es fácil y tentador aliarse a los aspectos positivos, y es difícil y oscuro intentar aliarse a los aspectos negativos. Ambos, sin embargo, forman parte del mismo ser. Y es ese ser *en su totalidad* a quien usted se ha comprometido a atender y a ayudar.

Partes más infantiles: Pueden contener las necesidades insatisfechas del niño a la edad en la que el trauma comenzara, o que fueran interrumpidas como consecuencia del trauma. También pueden ser las partes que contienen la mayor información acerca de lo que sucedió, como si una parte del niño hubiera quedado completamente varada en el momento en el cual el trauma comenzara. Como fuera explicado anteriormente, también es posible encontrarse con dos tipos de partes infantiles en un mismo niño: una que conserva la experiencia normal de vida y otra que conserva el recuerdo o parte del recuerdo del trauma sufrido. Las partes infantiles son aquellas que pueden recurrir a formas de autocalma o a expresiones de la ansiedad y el temor más regresivas (por ejemplo, acurrucarse y chuparse el dedo, hacerse pis encima, querer subirse a la falda del terapeuta para ser acunado). Si bien pueden ser más difíciles de distinguir cuanto más pequeño es el niño, no se debe descartar por ello la posibilidad de su presencia.

Finalmente, las experiencias de malos tratos y abusos sexuales a las que muchos niños severamente traumatizados se han visto expuestos, suelen facilitar la aparición de una parte disociativa que encontramos con mucha frecuencia. Como fuera explicado anteriormente en este libro, los malos tratos enfrentan al niño con una paradoja: el temor que genera la conducta de daño solo puede ser calmado por aquel que genera el mismo daño. Para poder mantener el apego a la figura maltratante, el niño maltratado se sostiene de cualquier gesto que pueda interpretar como de amor o cariño y que el progenitor maltratante le provea: puede ser una sonrisa, un comentario positivo, una sola caricia en la cabeza. No importa si detrás de esos gestos se despliega una avalancha de golpes. Con un gesto alcanza para sostenerse ligado a la figura de apego como lo que esa figura debiera poder encarnar siempre: la fuente de confianza, seguridad y calma que todo niño necesita para crecer y desarrollarse amónicamente.

La parte disociativa que queda **ligada a la figura de apego** es la que se conforma para contener cada uno de esos pequeños gestos y desentenderse de las conductas abusivas. Casi podríamos decir que la conformación de esta parte es de las primeras que se pueden esperar cuando el niño debe enfrentar este tipo de circunstancias. Es también la parte con la que esperan fervientemente encontrarse muchos operadores judiciales cuando deben tomar decisiones relacionadas con la vinculación de estos niños a sus padres abusivos. Entender cómo se conforman estas partes disociativas es de fundamental importancia en todos los pacientes con trauma complejo, pero en los niños mucho más, porque ellos aún dependen efectivamente de una figura de apego.

Van der Hart y colaboradores (2008) plantean que la disociación estructural de la personalidad se mantiene sobre la base de una serie de fobias, entre ellas lo que llaman la *fobia al apego* y la fobia *a la pérdida del apego*. La convivencia con cuidadores abusivos y/o negligentes activa el sistema de defensa en el niño, impulsándolo a alejarse no solo del peligro, sino además de la fuente que le da origen. Así se constituye la *fobia al apego*: dar curso a las necesidades de apegarse puede ser peligroso, en vista de que quien puede satisfacer tales necesidades también puede dañar. Sin embargo, la distancia de la figura de apego – que permite recuperar un cierto sentido de seguridad, diluye la percepción del peligro y activa nuevamente el sistema de apego, y con ello, la necesidad de apegarse: nace así la *fobia a la pérdida del apego*. Ambas fobias no se dan de manera separada, por el contrario parecen retroalimentarse en un círculo vicioso que refuerza el patrón de acercamiento-distanciamiento, y pueden estar presentes en distintas partes disociativas, de acuerdo a los autores de la teoría de la disociación estructural de la personalidad.

En el contexto de los niños en guarda para ser adoptados, la parte ligada a la figura de apego puede ser la que le dificulta al niño el establecimiento de una (nueva) relación de apego con sus padres adoptivos, como si ligarse afectivamente a éstos fuera una traición al progenitor biológico. En los niños que se encuentran en hogares sustitutos, es la parte que les advierte que ya es tiempo de salir de allí cuando empiezan a establecer relaciones con otros adultos en las que el cuidado y el interés genuino aparecen, algo que podemos encontrar muchas veces en adolescentes y pre adolescentes que se fugan de los hogares sustitutos que los han acogido, solo para volver al contacto con el o los progenitores abusivos y abandónicos responsables de que debiera ser ubicado en otro hogar. Estos niños vuelven después a estar en las calles o en contextos institucionales, escapando del peligro "olvidado" de lo que significaba vivir con sus familias de origen, para, más tarde, volver a escaparse y buscar retornar al hogar familiar. Y así sigue perpetuándose esta sucesión de partes activadas por la necesidad de apego y la defensa ante el apego traumático.

Esta parte disociativa es también un gran desafío para los terapeutas. Así como algunos operadores pueden sentir que es un alivio que el niño desee estar con su padre abusador, otros pueden sentir que es la peor de las injusticias, y que es necesario mostrarle a ese niño la verdad de lo ocurrido para que no se olvide de lo que le pasó, y así entienda que su elección, su amor y su cariño están dirigidos a un monstruo.

Para ambos tipos de terapeutas va una advertencia: eso que están viendo es solo un reflejo de las propias necesidades, no de las del niño. Las del niño son extremadamente más complejas y abarcan los dos mundos opuestos.

Así como es imprescindible trabajar con la hostilidad y la violencia de una parte para que deje de ser derivada contra sí o contra otros, como forma de perpetuación del daño, también es necesario acompañar al niño en el duelo por lo perdido, así sea que lo perdido fuera un único gesto, una sola vez, en medio del maltrato. Este trabajo dual también es parte de un camino hacia la integración.

Una integración que tal vez sea de las más complejas a lograr, aquella que conlleva poder ver a los propios padres en las dos dimensiones paradojales en las que el niño los ha conocido: como fuente del peligro y como fuente de alguna forma –aunque incompleta o deficitaria- de cuidado.[32]

9.6
Ya las conocemos.
¿Y ahora qué hacemos?

En los trastornos disociativos más severos, las partes suelen estar separadas por barreras amnésicas más fuertes. Esto favorece la vivencia de separación y fragmentación de los contenidos de cada una de las partes disociativas, como si tales experiencias, sentimientos, recuerdos y sensaciones, le pertenecieran a otra persona. En los niños, estos límites entre las partes suelen ser más flexibles y fluidos (Silberg, 1998), incluso en los casos más severos. Esto estaría explicado por el hecho de que –debido a la edad, y posiblemente a la cercanía con el desarrollo del proceso disociativo en sí mismo-, estas partes disociativas, no han tenido el tiempo de desarrollarse de manera tan completa como en los pacientes adultos (ISSTD, Disociación en Niños y Adolescentes. Preguntas más comunes formuladas por los padres; Gonzalez Vazquez & Baita, 2008).

El hecho de que estas barreras sean más permeables en los niños que en los adultos, es reconocido como un factor que facilita la co conciencia, es decir, el reconocimiento y conocimiento interno de la existencia y de las experiencias (conductas, sentimientos, pensamientos, sensaciones, percepciones) de los distintos estados o partes (Gonzalez Vazquez & Baita, op.cit).

---

[32] En el plano de la intervención en el campo del maltrato infantil en todas sus formas, esta paradoja debe ser resuelta siempre por los operadores a cargo de la intervención, y lo que debe primar es la valoración del riesgo real o potencial (o del peligro, para utilizar las mismas palabras que veníamos usando) que puede implicar para el niño la permanencia o el retorno con su familia de origen.

Tanto para el tratamiento de pacientes adultos como para el tratamiento de niños y adolescentes, este es un objetivo primordial sobre el cual se trabaja desde los inicios mismos de la terapia. De hecho, las Guías para la Evaluación y el Tratamiento de Síntomas Disociativos en Niños y Adolescentes de la ISSTD (2004) ubican como primer objetivo del tratamiento *ayudar a los niños a lograr un sentido de cohesión entre sus afectos, sus cogniciones y las conductas asociadas.* Algunos de los objetivos propuestos para el trabajo con las partes disociadas en adultos (Gonzalez Vazquez, 2010), son igualmente aplicables al trabajo con niños: establecer una buena alianza terapéutica con todo el sistema, tender hacia la resolución del conflicto a través de la cooperación y la ayuda interna, enfocar la colaboración entre partes para conseguir objetivos más adaptativos en el mundo externo, y buscar una nueva finalidad adaptativa para cada parte, son todos objetivos que no se pueden lograr si el terapeuta no considera a todas las partes disociativas que componen el sistema interno.

Este es un punto crítico en el desarrollo del tratamiento. Si el terapeuta no se siente cómodo con la idea y el concepto de partes disociativas, probablemente tampoco se sienta cómodo con ninguna de las estrategias utilizadas para trabajar con todo el sistema interno. Esto puede llevar a un tratamiento ineficaz dado que mucha de la sintomatología disociativa seguirá estando presente por no haber sido adecuadamente tratada.

Richard Kluft, clínico experto en el tratamiento de pacientes adultos con TID, y uno de los pioneros en tratar de identificar el trastorno en poblaciones infantiles (tomando como muestra para la evaluación, a los hijos más pequeños de pacientes que él atendía con TID severo y recurrentes hospitalizaciones, ver Kluft, 2010), nos advierte que eludir o ignorar a las partes disociativas, crea una psicoterapia en la cual se le niega una escucha empática a importantes áreas de la salud mental y la memoria autobiográfica de los pacientes (Kluft, 1999, 2006). Recomienda además que −al igual que hacen los clínicos experimentados- no veamos a estas partes disociativas como meros fenómenos que despiertan nuestra curiosidad, sino como la expresión de la estructura, los conflictos, los déficits y las estrategias de afrontamiento de la mente del paciente que tenemos delante (Kluft, 2006).

Tales advertencias y recomendaciones son igualmente válidas para el tratamiento de niños y adolescentes disociativos. Así como negar la existencia de estas partes, eludirlas o ignorarlas, es desde todo punto de vista contraproducente para el tratamiento de niños disociativos, dejarse llevar y actuar solo por curiosidad, también lo es.

Curiosidad. Desconcierto. Fascinación. Duda. Usted puede experimentar todo esto cuando se enfrenta a un paciente disociativo. Y no solo la primera o la segunda vez, sino con cada nuevo paciente disociativo que atienda.

Haga la prueba. A continuación usted se va a encontrar con una viñeta de una parte del tratamiento de la niña que tempranamente en la terapia me presentó a sus *hermanas* y a quien atendí entre los 4 y los 7 años de edad. El nombre de la niña es Dalma, y sus "hermanas" tienen los nombres de Débora, Lily, Nada y Myriam. Lea atentamente este fragmento y al terminar de leerlo explore sus propias sensaciones. No haga interpretaciones, solo déjese llevar por lo que siente, por lo que experimenta al leerlo:

"Unas semanas después (...) Dalma entró a mi consultorio y parecía una niña completamente diferente. A diferencia de otras sesiones en las que inmediatamente empezaba a jugar o se sentaba a dibujar, Dalma estaba muy quieta y miraba todo a su alrededor como si fuera la primera vez que entrara a esa habitación (...) Tenía una voz pequeñita, infantil, no armaba bien las frases, y no hablaba espontáneamente, solo respondía preguntas. Cuando le pregunté por Dalma, me dijo que no sabía quién era Dalma. Le pregunté acerca de las otras hermanas, y me dijo que solo conocía a Débora y a Nada porque le habían dicho sus nombres. Entonces la invité a presentarse, y me dijo que era Lily (...). Le pregunté si sabía quién era yo, y me contestó que no, y que tampoco conocía el lugar (el consultorio). Lily dijo que esta era la primera vez que venía a mi consultorio y que había venido porque le habían dicho que tenía que hacerlo (...) La parte Lily al principio había sido completamente incapaz de armar ningún juego (...) De repente, empezó a jugar, y tomó a una muñeca playmobil y la puso en el medio de otros juguetes (...) Le pregunté qué estaban haciendo. Con una voz vital y segura me respondió 'Están mirando' (...) Noté el claro cambio de su actitud –de estar quieta y casi perdida en el consultorio a mostrarse activa y empezar a jugar– y en la forma en que modulaba su voz –de tímida, casi hablando en suspiros, a vital. Decidí preguntarle a quién le estaba hablando yo. Y me dijo 'Soy Dalma'. (Baita, 2010, pgs 43-44.)

Cuando trabajamos con pacientes disociativos es posible que tengamos un intercambio de estas características u otras similares. Imagínese una intervención diferente. Imagínese a una terapeuta que solo nota que la niña se comporta de manera diferente de lo habitual, y no indaga sobre ese cambio; que actúa con ella como la niña a la que conoce de las notas que ha tomado en su historia clínica: Dalma.

Ahora imagínese la experiencia subjetiva de esa niña, a la cual algún estímulo ha llevado a cambiar o *switchear*[33] entre diversos estados disociados, y se encuentra actualmente experimentando un lugar desconocido, frente a un adulto desconocido, sin saber exactamente qué es lo que debe hacer. Esa parte ni siquiera sabe que existe la persona en cuyo cuerpo habita- Dalma. Y como eso, desconoce muchos otros datos más de la vida de una niña que es ella también, pero que no sabe que ha vivido. A esto se refiere Kluft cuando habla de que desconocer a las partes disociativas es negar una escucha empática a una parte importante de la memoria autobiográfica de los pacientes que atendemos.

La curiosidad, la fascinación, la duda, y el desconcierto del que hablaba previamente, nos pueden llevar a actuar reconociendo que existen esas partes, pero sin la cautela necesaria para trabajar con ellas ayudando al niño que tenemos delante.

¿Qué se debe hacer? ¿Actuar como si no hubiéramos visto ese cambio? ¿Preguntar? ¿A quién? ¿Y qué? ¿Debemos preguntarle cosas a esa nueva parte, alentarla a que nos hable de ella? ¿Debemos pedirles a las otras partes que también se presenten con nosotros? ¿Debemos explicarle lo que no sabe o dice desconocer?

La viñeta de Dalma nos ayudará a introducirnos de manera más profunda en el por qué de la necesidad de lograr co conciencia de partes y en los diversos modos de hacerlo.

En primer lugar, es importante tener en cuenta que –una vez abierta la caja de Pandora- esto no garantiza que salgan todas las partes que el niño efectivamente tiene. Si no lo tenemos en cuenta puede ser que la aparición de una parte disociativa desconocida hasta el momento, sea pasada por alto, bloqueando nuevamente los esfuerzos terapéuticos. Muchas veces, las partes que contienen el miedo más intenso permanecen ocultas hasta que logran una sensación interna de que "aparecer" ya no es riesgoso. (Waters, 2010).

Una vez que se han identificado las partes disociativas es recomendable que el terapeuta realice lo que se conoce como *mapeo del sistema* (Putnam, 1989). Hacer un mapa puede ayudar no solo a reconocer las distintas partes sino, además, a conocer cómo el niño se siente respecto de las mismas o interactúa con ellas, y cuál es el tipo de

---

[33] Es el término que se utiliza en el mundo de habla inglesa para referirse al cambio abrupto y repentino entre partes disociativas, como cuando se cambian los canales de TV con el control remoto.

comunicación o contacto que existe, o no, entre tales partes (Putnam, 1989; Baita, 2010). En la Figura 4 se muestra un ejemplo.

Fig. 4. Mapa de partes disociativas armado con muñequitos en el dibujo de adentro de la cabeza. Hay una parte que roba, "el Líder", identificado con el muñequito con traje a rayas a la izquierda; debajo de él, el muñeco más pequeño es "el Pequeñín", identificando a una parte pequeña e indefensa; a su lado "el Ayudante", parte protectora que tendrá por objetivo ayudar a evitar las conductas desajustadas; arriba de éste, el muñeco con traje blanco es "el que tiene hambre". Los otros dos muñecos permanecen sin identificación en un principio, no les asigna función, desaparecen más adelante en el tratamiento.

*

Hay múltiples formas de hacer un mapa de las partes de un niño, el único límite es la creatividad del clínico. Se pueden hacer dibujos utilizando la técnica de adentro y afuera de la cabeza, descripta anteriormente en este libro. Se le puede pedir al niño que dibuje a cada una de esas partes tal como él las conoce y las percibe. Se puede armar con muñecos, títeres o playmobil, o con masa. En estos últimos casos, si por alguna razón el clínico no puede conservar el esquema hecho por el niño con los muñecos o juguetes, se puede tomar una fotografía del mismo, luego imprimirla y utilizar de esta forma tal imagen para poder ir chequeando a lo largo del tratamiento cambios y/o agregados que pudieran ir surgiendo.

También se puede alentar al niño a hacer un collage o una escultura con materiales descartables; en esos casos recomiendo que dicho trabajo se realice en el consultorio y no como una tarea para el hogar, para que el clínico pueda realizar preguntas o clarificar información mientras va observando y siguiendo el desarrollo de la obra.

Es importante tomar nota de la información que surge sobre las diversas partes. Cuando esto es posible, dicha información se coloca en el mismo mapa realizado junto con el niño, de lo contrario, el terapeuta toma nota de lo que el niño le va comunicando sobre cada una de las

223

partes. Puede ser útil armar una suerte de cuaderno o carpeta con el mapa y toda la información que va surgiendo sobre cada parte.

Como una forma de fomentar y aumentar la comunicación interna entre partes, el terapeuta puede pedirle al niño que cierre los ojos y vea y escuche adentro de su cabeza, lo que otras partes están sintiendo o piensan sobre aquello que se está discutiendo. Si bien cerrar los ojos favorece la visualización y la concentración en la experiencia interna, algunos niños pueden mostrarse renuentes a hacerlo si les resulta atemorizante, o si el tener los ojos cerrados se encuentra ligado a algún aspecto del trauma. En ese caso se le puede pedir al niño que utilice un teléfono para comunicarse con sus partes, o que se retire a alguna parte del consultorio (algunos pueden elegir ponerse bajo la mesa, otros, en un rincón de espaldas al terapeuta). Otro modo de hacerlo puede ser dramatizar el diálogo entre dos muñecos que el niño elija, este suele ser el modo que yo elijo con los niños más renuentes a hablar, o poco comunicativos en general.

Con algunos pacientes pre adolescentes y adolescentes he utilizado también un diálogo escrito, hecho en silencio. Yo escribo mis preguntas en un block de notas que les extiendo para que ellos respondan. Esto suele ser muy efectivo con los hiporresponsivos y también con aquellos que han estado severamente amenazados en situaciones de abuso prolongado, y tienen la idea de que el abusador puede escucharlos y saber lo que ellos están diciendo incluso aunque no esté presente allí.

Es fundamental, como parte de dicha indagación, que el terapeuta pregunte: ¿se conocen todas las partes entre sí? Si la respuesta es negativa, ¿qué partes se conocen y cuáles otras no? Si la respuesta es afirmativa ¿existe algún conflicto entre ellas? ¿Cuál? ¿Se puede saber mejor cómo, cuándo, por qué surgió ese conflicto?

Una niña habla sobre tres partes disociativas, que se conocen entre sí. Sin embargo, una de ellas es la que contiene toda la hostilidad por el abuso sufrido y está mediatizada por la defensa de lucha. Rabia y lucha no solo se expresan en el mundo exterior con problemas en las relaciones con sus pares en la escuela. También se manifiestan "puertas adentro": las otras dos partes no quieren saber nada con esta tercera, pero ésta tampoco quiere tener nada que ver con las otras dos. La razón es *que tiene que compartir la misma madre y ella solo quiere una mamá para sí.*

En el ejemplo anterior, las partes disociativas están identificadas, y hay conocimiento mutuo. En este caso, entender por qué la parte hostil estaba también enojada con las otras dos partes, fue fundamental para comprender mucho más sobre aquello que contenía tal parte: la percepción de haber sido abandonada por su mamá, quien en realidad no había abandonado a su hija, sino que había tenido que hacer miles de movimientos estratégicos para protegerla de un padre abusivo que estaba amparado por la Justicia en su "derecho" a ver a la niña.

En general es más habitual encontrar conflicto que cooperación entre partes. Ese conflicto puede estar determinado por sentimientos contradictorios, por percepciones diversas sobre un mismo acontecimiento, por valoraciones diversas hacia una misma persona, porque una parte sostiene que ha sucedido algo que otra parte niega, y tantas otras razones más.

El grado e intensidad del conflicto puede ser variado, y como se explicara anteriormente en el apartado sobre la descripción de las partes hostiles, puede incluso intentar resolverse con una acción de daño contra sí mismo. Cuando el conflicto es identificado, es importante averiguar de qué manera las partes han intentado alguna vez resolverlo, si es que lo han hecho, y cómo desearían hacerlo, si es que desean hacerlo, o cómo se imaginan que podría resolverse de una manera diferente a la que utilizaron hasta ahora. Si el conflicto implica acciones que eventualmente pongan en riesgo al niño, es necesario intentar un contrato de no dañar, incluso aunque no se haya podido completar el mapa de partes disociativas.

Si el terapeuta evalúa que es poco probable que se pueda sostener este contrato al menos hasta la siguiente sesión (ya sea porque el nivel de desregulación conductual e impulsividad es muy alto, o porque los cuidadores adultos no parecen demasiado fiables a la hora de cooperar en este contrato y ayudar al niño a sostenerlo), debe considerar seriamente la necesidad de otro tipo de intervenciones tales como una interconsulta psiquiátrica o incluso una internación que permita controlar de manera más segura esta situación.

En los casos menos graves, con menor impulsividad y desregulación afectiva y conductual, los conflictos se pueden comenzar a resolver a través de un contrato de cooperación. Más adelante se desarrollarán algunas estrategias que permitirán una mejor ilustración de estos acuerdos.

El terapeuta también necesita conocer si las partes saben que comparten el cuerpo con el niño que tenemos delante. Si no es así,

¿creen que tienen un cuerpo separado? ¿Qué es lo que les hace creer eso? Una parte puede tener la percepción de que el cuerpo en el que habita es propio, y no le pertenece al niño. Asimismo el niño puede tener la percepción de que su cuerpo no le responde de acuerdo a su voluntad, sino como si estuviera siendo "controlado" por alguien más. Como vimos anteriormente la disociación también se manifiesta a nivel de la experiencia, percepción y sensación del propio cuerpo.

El caso más claro, y el que tal vez podamos ver con mayor frecuencia, es el de los niños con encopresis o enuresis que –habiendo aprendido el control de esfínteres- no registran las señales previas (las ganas de hacer pis, por ejemplo), o las señales posteriores (el olor o la sensación de tener la ropa interior mojada).

Otro ejemplo es el de los golpes, cortaduras o lastimaduras que el niño no recuerda cómo llegaron a su cuerpo (ya sea que se las hiciera él mismo, ya sea que se las hiciera otro). El hambre o la saciedad, las sensaciones de frío o calor, también pueden ser disociadas, al igual que una gran cantidad de patrones de movimiento o posturas que en su momento fueron necesariamente aprendidas como estrategias defensivas, y que quedaron almacenadas en la memoria implícita, reactivándose incluso en ausencia de peligro (Scaer, 2005), como -por ejemplo- el niño que levanta los brazos y los coloca delante de su cara ante un gesto del adulto que tiene enfrente, anticipando que dicho gesto se continuará con un golpe, porque esto es lo que quedó almacenado en su memoria.

La gran mayoría de las veces es necesario primero ayudar a los niños a que puedan reconocer sus sensaciones corporales: éstos carecen de un lenguaje que les permita nombrar emociones y sensaciones, pero también carecen mucho antes de una experiencia que les permita reconocer que están, e incluso, a veces, que las sienten. Niños que han sufrido negligencia severa pueden mostrar mayores dificultades a la hora de registrar, y en consecuencia expresar, sensaciones corporales. Este trabajo muchas veces es un requisito previo a poder identificar si alguna sensación corporal o la misma experiencia del cuerpo, está disociada, y se encuentra presente en una parte, mientras que ausente en otra. Se puede comenzar jugando a alentar el reconocimiento sensorial táctil, olfativo, visual, auditivo y gustativo, a través de tocar diferentes superficies, texturas, temperaturas; oler distintos olores y tratar de describirlos, sentir las sensaciones asociadas a la comida o la bebida, y cómo éstas van pasando de los labios a la cavidad bucal, y luego van bajando por el cuerpo. Esto requiere de un esfuerzo de atención y concentración por parte del niño y de paciencia por parte del terapeuta, pero si un niño no puede estar consciente de sus sensaciones corporales, difícilmente se puedan integrar aquellas que han quedado disociadas.

También es importante chequear a qué personas del entorno del niño conocen las partes. ¿Y cuál es la relación que tienen con esas personas? ¿Es negativa, positiva? ¿Le temen, los enoja? ¿Por qué? ¿Hay alguna persona significativa del entorno del niño a la cual las partes no conozcan? ¿Hay alguna razón especial por la cual esto sea así?

La disociación cumplió un propósito importante en el manejo de las relaciones interpersonales primarias cuando el trauma crónico se dio por la acción y/o la omisión de las figuras de cuidado, por lo que es perfectamente lógico plantear que las partes han surgido, en gran medida, como consecuencia de la asincronía, la exposición al peligro y el descuido en dicha relación. El adulto solo "ve" un comportamiento diferente, o un cambio abrupto, o una conducta desajustada y descontextualizada, pero no necesariamente "sabe" que está interactuando con lo que el niño experimenta como una parte diferente de sí mismo, o fuera de su control.

Si las relaciones interpersonales primarias están o han estado tan comprometidas en la traumatización –ya sea por acción u omisión-, lo esperable es que todas las relaciones interpersonales sean vivenciadas por la niña como pasibles de funcionar de manera similar, y este principio es válido también para la relación terapéutica.

El clínico deberá entonces contar con la información necesaria que le permita ponderar si es necesario y conveniente "abrir" la existencia de estas partes o de alguna/s de ellas al entorno del niño, y cuál será el propósito de hacerlo en el momento preciso del diagnóstico o del tratamiento en el que se encuentre. Cuando lo haga debe ser consciente de acompañar la información con una dosis adecuada y comprensible de psicoeducación (sobre lo cual se hablará en el siguiente capítulo).

Finalmente, ¿conocen todas las partes al terapeuta y a su oficina y a las cosas que hay en ella? ¿Siente alguna de las partes incomodidad, desconfianza o malestar hacia el terapeuta? ¿Es posible saber por qué?

Si la terapia implica una relación interpersonal, tal como se señalaba en párrafos anteriores, es esperable que se repitan ciertos patrones de interacción previos, aprendidos en los vínculos traumatizantes. Los niños disociativos pueden cambiar su actitud y modo relacional con el terapeuta de manera abrupta y aparentemente incomprensible, tanto durante una misma sesión, como entre una sesión y la siguiente. Cuando esto sucede, el terapeuta puede intervenir de una manera similar a la que se presenta en este ejemplo:

La última vez que nos vimos querías que jugáramos con la casita de muñecos y que yo les hiciera la comida. Pero hoy veo que no quieres que yo juegue, me das la espalda y te vas a un rincón, y si yo te hablo o te pregunto algo, te tapas los oídos. Me pregunto si habrá algo dentro de ti que no quiera que yo juegue contigo o que te hable. ¿Podríamos averiguarlo?

(La niña escribe en la pizarra "Dice que no")

Bien, entonces voy a respetar a "quien dice que no". Me gustaría que le pudieras comunicar que yo voy a estar aquí esperándole hasta que desee que le conozca. Tal vez no sepa mi nombre, ¿podrías por favor decirle cómo me llamo?

En la viñeta presentada, la sesión continuó con la niña sentada en un rincón, sin interactuar conmigo, y yo –en concordancia con lo propuesto- esperando. De tanto en tanto le hacía alguna pregunta del tipo *"me pregunto si "quien dice que no" sabe dónde está, o si sabe que vienes a verme todas las semanas, o si sabe que puede revisar los juguetes y los libros"*. Dependiendo de la respuesta de la niña, mi intervención estaba siempre dirigida a alentar a la niña a comunicar a esa parte la información que le faltara.

A continuación se presentarán a título ilustrativo algunas estrategias que el terapeuta puede utilizar ya desde las primeras etapas de evaluación y tratamiento para favorecer la cooperación y comunicación internas y la co conciencia.

Si bien el objetivo principal de este libro no es hablar sobre tratamiento, decidí introducir estas estrategias porque considero que pueden ayudar al terapeuta desde los inicios, sobre todo con niños que tienen un mayor registro de sus partes, o que comunican al clínico sobre las mismas durante las instancias de evaluación.

9.7
Estrategias de cooperación
y comunicación interna.
Acuerdos. Co conciencia.

Dice Silberg: "*La información que los niños disociativos ocultan puede ser avergonzante, encolerizante, terrorífica o repugnante. La evitación de las memorias traumáticas y el afecto doloroso asociado, se ha generalizado a la evitación de las representaciones internas de tales afectos o recuerdos ligados al trauma. La energía mental que se gasta en alejar [estos] contenidos mentales debe ser aprovechada para desarrollar una actitud de curiosidad, amabilidad y, en última instancia, gratitud hacia los contenidos mentales que hasta este momento han sido sentidos como extraños e inescrutables.*" (Silberg, 2013, pg. 78)

Todo esto es lo que, desde la teoría de la disociación estructural de la personalidad, se nuclea en las fobias a los estímulos, contenidos y acciones relacionados con el trauma, y que también contribuyen a mantener la disociación estructural.

Silberg propone un enfoque que apunte a "reclamar" para sí mismo lo que es propio –pero desconocido o rechazado: no se trata solo de las emociones, o de las experiencias, o del recuerdo fragmentario de tales experiencias. Se trata también de la interpretación que el niño ha hecho de tales experiencias, dando así la posibilidad de corregir distorsiones que el trauma ha colaborado en generar.

En el apartado anterior se describió una breve viñeta de una niña que tenía tres partes, una de las cuales estaba mediatizada por la defensa de lucha y conservaba sentimientos de rabia. Esta niña había sido víctima de abusos por parte de su padre, que su mamá había denunciado. Sin embargo, como muchas veces sucede lamentablemente, la respuesta que la madre recibió del sistema judicial fue contraria a la esperada: lejos de proteger a la niña, y aún sin desconocer ni negar que el abuso hubiera ocurrido, la Justicia ordenó que la niña siguiera viendo a su padre e incluso que pernoctara con él. Esta situación llevó a la mamá a implementar diferentes estrategias para proteger a su hija, entre ellas, que la niña fuera a vivir con los abuelos en un lugar alejado. Pero, para poder seguir trabajando, la mamá debía permanecer en el lugar en el que originalmente vivían ambas, y ver a su hija los fines de semana. Esta situación fue "interpretada" en ese momento como un abandono, aunque no lo fuera. Al acceder al material disociado contenido en esta parte, fue posible entonces trabajar para corregir esa distorsión.

Distintas técnicas pueden facilitar la conexión, comunicación y cooperación interna. La ventaja en el trabajo con niños respecto del trabajo con adultos, es que los límites entre partes son más flexibles y permeables. A continuación se presentan algunas estrategias.

Escuchar/Hablar a través de...

En la acción de escuchar o hablar a través de... (Gonzalez, Baita & Mosquera, 2012; Silberg, 2013) el clínico invita al niño a conectarse con la experiencia interna y a ser, a la vez su interlocutor para con nosotros. El terapeuta no busca ni alienta conectarse de manera directa con las partes disociativas, a menos que éstas se expresen de manera directa con él, pero la idea de comunicarse a través del mismo niño tiene por objetivo facilitar que esas barreras que separan a las partes disociativas y a sus contenidos, se vayan debilitando.

Una advertencia importante debe ser tenida en cuenta: el terapeuta debe ser cuidadoso, ya que no siempre puede ser beneficioso hacer conexiones prematuras. Diversas razones pueden apuntar hacia esta cautela, por ejemplo: la falta de seguridad real en el mundo exterior es una contraindicación para trabajar disolviendo las barreras disociativas; la presencia de partes muy depresivas o poco cooperadoras, la gravedad de las conductas disruptivas o la presencia de ideación suicida pueden requerir primero de estrategias de estabilización más contundentes (medicación, internación).

Las estrategias de escuchar o hablar a través del niño se pueden hacer vía visualización o utilizando representaciones externas de las partes con las cuales el niño se comunicará. La visualización es una estrategia que yo suelo utilizar más con púberes y adolescentes, mientras que con los niños prefiero utilizar objetos externos que representen a las partes. Esto último también es recomendable cuando la visualización produce fácilmente desestabilización o facilita una mayor desconexión en el niño. En ocasiones la técnica puede verse facilitada si la misma niña menciona que la voz le está hablando, o que su amigo imaginario está presente, en cuyo caso el clínico puede intervenir de la siguiente manera:

"La voz no quiere que te escuche más."

(¿Podrías preguntarle de mi parte si quisiera compartirnos por qué no quiere que me escuches más?)

"Dice que solo quiere dormir, y que hablas mucho"

(Me gustaría saber si tal vez algo de lo que dije o de lo que estábamos haciendo, le dio sueño y ganas de dormir, ¿podrías preguntarle?)

"No quiere que digas la palabra ´papá´, es eso."

Visualizando.

Para llevar adelante una visualización que implique la conexión con una o varias partes, es recomendable que primero se haya trabajado en otras técnicas tales como crear un lugar calmo o un lugar de reunión común. El terapeuta debe guiar esta visualización usando un tono de voz que sea amable pero firme y presente, ya que el objetivo no es inducir un trance hipnótico. También debe estar atento a posibles signos que le indiquen que su paciente se está desconectando del entorno, o que está demasiado sumergido en su experiencia interior. Puede ser útil chequear de tanto en tanto que el niño o adolescente esté escuchando efectivamente la voz del terapeuta.

A continuación se cita un ejemplo:

Te voy a pedir que cierres los ojos y uses todos tus sentidos para ver, sentir o escuchar cualquier cosa que haya dentro de ti en este momento. Puede ser una voz, puede ser un movimiento del cuerpo, o una sensación, o un pensamiento que viene y no se quiere ir, cuéntame ¿qué aparece?

"Tengo algo en la garganta"

Y ¿es posible que nos acerquemos un poco más a eso para saber de qué se trata?

"Sí, creo que sí, está ahí, no se va."

Bien, hay algo en tu garganta que aparece y tal vez quiera que le prestemos atención en este momento. Si eso que aparece en tu garganta pudiera hablar ¿qué diría?

"Dice ¡basta!"

¿Podemos saber a quién le dice "¡basta!"?

"Me lo dice a mí. Cree que te voy a contar cosas."

Entiendo que eso que aparece en la garganta no quiere que cuentes cosas, tal vez te está protegiendo, ¿tal vez cree que si cuentas cosas algo malo podría pasar?

"Sí."

Bien, me gustaría que puedas agradecerle de mi parte a eso que aparece en la garganta por haberme permitido conocerle. También, si es posible, me gustaría que te tomes unos minutos para ver si eso que aparece en la garganta puede sentir que está en un lugar donde nada malo va a pasar.

A través de representaciones externas.

Pueden usarse muñecos, figuras hechas con masa, figuras recortadas, dibujos hechos por los niños, títeres. A mí me gusta preparar con los niños títeres de dedo hechos en cartón, pintados por ellos mismos, en los que representen a esas partes. Preparamos además un lugar donde esos títeres de dedo sean guardados en cada sesión, puede ser una cajita o un sobre, y da la idea de que todas las partes están contenidas en un mismo lugar; es importante chequear si hay, por ejemplo, una parte que atemoriza y entonces tener cuidado de colocar a otra parte infantil o vulnerable con la que atemoriza en el mismo lugar. En ese caso se trabaja con el niño dónde ubicarla. La acción de hablar y escuchar a través de, se convierte entonces en un juego. Siempre se debe alentar que el títere se comunique con el niño y no con nosotros:

Veo que el guardián "Ar" no quiere que trabajemos con este dibujo que elegiste junto con el guardián "Mar". ¿Qué tal si le preguntas si te puede contar por qué?

(La niña me acerca el títere)

Creo que va a ser importante que él te lo cuente, tú eres quien mejor puede entender su idioma, ¿te parece? Luego tú me lo puedes contar a mí.

(Pone el títere en su oído)

"Dice que tiene sueño pero que si quieres puede tratar de prestar atención."

Me parece importante que preste atención, pero también creo que si tiene sueño tal vez algo de lo que estamos haciendo sea muy difícil para él. ¿Qué te parece si hacemos un trato? Le podrías proponer que él escuche con atención lo que hacemos pero que cuando ya no pueda más, nos avise con una señal que se va a ir a dormir, ¿puede ser?

***

Todo el trabajo de conexión, comunicación y cooperación interna se puede hacer gradualmente considerando la historia del niño, la situación actual en la que se encuentra, el tipo de conductas que presenta y el nivel de incidencia en su vida cotidiana. Esta propuesta de trabajo gradual puede incluir (Gonzalez Vazquez, Baita & Mosquera, op.cit.):

a) Dos o más partes experimentan juntas un estímulo neutral en el mundo exterior: partiendo de la base que un estímulo neutral puede ser más fácil de tolerar que un estímulo traumático, este ejercicio puede ayudar al terapeuta a chequear la disponibilidad de las partes a comunicarse y unirse en un objetivo. Sin embargo, es necesario tener en cuenta que lo que para una parte puede constituir un estímulo neutral, para otra puede no serlo. Al trabajar con niños, el terapeuta puede incluir el juego o el dibujo como una forma de compartir un estímulo neutral:

Tal vez podrías mostrarle a la niñita pequeña que hay dentro de ti los juguetes con los que te gusta jugar cuando vienes a verme. Luego puedes dejar que ella misma elija cuáles son los juguetes que le gustaría utilizar, y tal vez ver si es posible que cada una tenga un tiempo para jugar con lo que le gusta.

"A ella le gustan las casitas de muñecas. A mí también, pero esta no me gusta, es muy pequeña."

¿Qué opina la niñita pequeña que hay dentro tuyo?

"Le gusta la más grande. A mí también, y también la de madera. ¿Puedo jugar con las dos?"

¿Crees que la niñita pequeña que hay dentro tuyo podría aceptar jugar con ambas casitas un rato? Tal vez luego puedas aceptar jugar con la que a ella más le gusta.

"Bueno. ¿Nos tomarías el tiempo? Así cada una puede tener la misma cantidad de tiempo para jugar a lo que quiere."

Bien, lo importante es que mientras juegues veas si es posible que la niñita pequeña también sienta cómo es jugar con las dos casitas. Y cuando sea el momento de esa parte tuya, veas cómo es jugar solamente con la casita más grande. ¿Qué te parece ese experimento?

b) Partes que trabajan juntas para resolver necesidades y conflictos: este ejercicio permite no solo identificar necesidades y conflictos, sino también recursos y posibilidades *en el mismo niño*, y ver la posibilidad de que se comience a trabajar internamente en esta conexión. Esta tarea tiene mucho para ofrecer a la hora de trabajar en el reconocimiento y validación de emociones, en la conexión de partes más infantiles o muy asustadas, con fuentes de seguridad real, y en la regulación de las propias conductas. Previo a intentar este ejercicio es necesario asegurarse de que la conexión se va a hacer entre partes dispuestas a ello, y no entre partes que se temen o repelen, o entre las cuales hay una dinámica de hostilidad-temor. Si no se tiene en cuenta esta situación, se puede estar precipitando una conexión interna sin los elementos necesarios para que la misma funcione, con el riesgo de retraumatización.

Si volvemos a la Figura 4 veremos el mapa interno de un adolescente de 14 años. "El que tiene hambre" es una parte que tiene conductas de voracidad, come con desesperación, esconde la comida y parece no tener una sensación de saciedad nunca. Luego de reconocer este sistema de partes, hemos dibujado una casa que funciona como el lugar tranquilo de todas las partes, con espacios comunes y privados.

Te voy a pedir que cierres los ojos y te dirijas a la casa de todos tus "yo" y veas dónde está en este momento "el que tiene hambre".

"Sentado al lado de su heladera. Los otros no quieren saber nada con él. Están jugando a la Play"

En este momento necesitamos ayudar a "el que tiene hambre" a darse cuenta de que ya no tiene que tener miedo, que ya vive con unos padres que le dan de comer y no van a permitir que le falte nunca nada. Sería muy bueno encontrar a otro "yo" que tenga ganas de ayudarlo.

"El ayudante", los otros dicen que no, que no les importa nada porque siempre los mete en problemas."

¿Sería posible que "el ayudante" se acerque donde está "el que tiene hambre"? ¿Podrías ver si "el que tiene hambre" puede aceptar su ayuda?

"Sí, quiere. No le gusta estar solo."

Bien. La otra vez me contaste cómo te dabas cuenta de que "el que tiene hambre" había aparecido.

"Me doy cuenta porque termino de comer y no tengo más hambre, pero de repente tengo que seguir comiendo hasta que ya no haya nada más. A veces me duele la panza porque ya no me entra más comida, pero no puedo parar de comer."

¿Y cómo te das cuenta de que no tienes más hambre? ¿Hay alguna sensación o alguna señal en el cuerpo que te lo avise?

(Piensa) "Algo que tengo aquí no lo tengo más" (señala zona de esófago)

Bien. ¿Podemos ver si es posible acordarse de cómo es esa sensación?

"La tengo ahora, porque no tengo hambre."

Perfecto. Quiero entonces que les pidas a "el que tiene hambre" y al "ayudante" que presten mucha atención a este ejercicio. Quiero que lleves tu mano al lugar donde tienes ahora esa sensación de no tener hambre y me cuentes cómo es. [Aquí se alienta a que el paciente haga una descripción lo más amplia posible]

"Está tranquilo, cuando tengo hambre me quema, ahora no me quema. Cuando tengo hambre tengo mucha saliva en la boca, ahora no tengo"

Te voy a pedir que te quedes con esa sensación hasta que "el que tiene hambre" y "el ayudante" también puedan sentirla, y que cuando la hayan sentido me avises, ¿sí?

"Ya está"

Muy bien. Este trabajo es muy importante. Ahora veamos si es posible pensar una señal de "el ayudante" para avisar al "que tiene hambre" que en realidad tu sensación de hambre ya se terminó. [Aquí si el paciente no puede pensar en ninguna, el terapeuta le puede sugerir]

"Si me pongo la mano aquí me calmo, estoy bien"

Entonces vamos a dejar la mano allí, sintiendo esa sensación de no tener hambre, de que ahí no quema, de que no hay saliva, mientras "el que tiene hambre" y "el ayudante" también lo sienten.[34]

Se alienta siempre al paciente a intentar el ejercicio entre sesiones, llevando en lo posible una planilla de registro que le permita indicar si le fue posible hacerlo o no, y en caso negativo si puede apuntar la razón por la cual no lo pudo hacer; en el trabajo con niños y adolescentes es fundamental convocar a padres y familias a involucrarse en este ejercicio, ayudando al niño en la tarea de chequeo y registro. Plantearles a niños y adolescentes este ejercicio como un "experimento" o como una "investigación" permite quitarle la dimensión de

---

[34] Los terapeutas EMDR pueden agregar a estas instancias breves sets de estimulación bilateral con el objetivo de ampliar las sensaciones y conexiones positivas, recordando que, de surgir material negativo, es necesario parar, estabilizar y reformular los siguientes pasos a seguir.

obligatoriedad, estimula la curiosidad y ayuda a tolerar la frustración frente a la ausencia de logros, ya que un investigador científico no cierra con llave el laboratorio y se va si el experimento no resulta como estaba esperando, sino que evalúa qué debe cambiar y vuelve a empezar otra vez.

Recordar: cuando nos encontramos con grupos familiares sostenedores y que acompañan la terapia, es importante trasladar esta consigna de trabajo a la familia también para que puedan colaborar, acompañando y apoyando la estrategia. Sin este acompañamiento, el funcionamiento más integrado que se pretende lograr en el niño termina siendo *disociado* entre el espacio terapéutico y su vida diaria.

Los acuerdos

Los ejemplos que se presentaron implican una negociación para llegar a un determinado objetivo. Sin embargo aquí vamos a hablar de acuerdos que, con idéntico fin, suelen ser planteados en otros términos, más contundentes, porque lo que está en juego es más complejo. Estos acuerdos tienen por objetivo más concreto el control de conductas desajustadas o impulsivas, así como los comportamientos auto y heteroagresivos.

Los acuerdos no deben ser tomados en sí mismos como un fin, sino como un medio para disminuir en lo posible un nivel de tensión interna que lleva a los pacientes a las conductas y comportamientos más desajustados y muchas veces, dañinos y peligrosos. En este sentido, establecer un acuerdo no implica más que ganar un poco de tiempo, porque no se puede sostener ni un tratamiento ni la eventual mejoría de un paciente si no se modifican las cuestiones de raíz que sostienen esas conductas desajustadas. Lo recomendable es que estos acuerdos contengan las piezas fundamentales por escrito, y que sean firmados por el niño y el terapeuta. Puede ser de utilidad establecer al principio un límite de tiempo (por ejemplo, *desde hoy y hasta la próxima vez que nos volvamos a ver aquí*) que se irá tratando de ampliar en la medida en que el acuerdo funcione. Nuevamente, es importante incluir a los adultos que rodean al niño, familia y escuelas, informándoles de las estrategias planteadas, y asignándoles un rol muy específico (por ejemplo, es mucho más útil que funcionen recordándole al niño el acuerdo, o las conductas alternativas para calmarse, que retándolo o amenazándolo por su no cumplimiento).

El acuerdo debe incluir las conductas a controlar de manera específica y explícita (*no robar, no lastimarme a propósito, no tocar las partes privadas de mi hermana*), y si es posible debe incluir una serie de conductas alternativas cuando el niño puede reconocer qué lo ayuda a calmarse (*voy a ir a mi cuarto y voy a hacer 40 abdominales, voy a tomar papel de diario y lo voy a romper en pedacitos muy pequeños, voy a pintar mandalas, etc.*). Cuando se ha logrado identificar que hay una parte responsable de dicha conducta, se especifica en el acuerdo que el mismo se establece entre el niño, esa parte y el terapeuta. Si se ha identificado más de una parte, entonces es necesario dejar establecido el lugar que las otras partes tendrán en el cumplimiento de este acuerdo (testigos, ayudantes, etc.). También es importante establecer el uso de planillas de seguimiento que permitan identificar si las conductas estuvieron presentes, cuándo, si es posible identificar qué las disparó, qué hizo el niño, si pudo controlarse, cómo lo logró, cómo se sintió luego, etc.

Estos contratos deben seguirse a lo largo del tratamiento hasta que el terapeuta tenga evidencia clara de que la conducta desajustada y aquello que la alimenta han podido ser resueltos o que por lo menos ha disminuido su gravedad. Es importante no perder de vista que, como parte de las estrategias evitativas en las que la disociación ha hecho expertos a estos pacientes, éstos pueden intentar por todos los medios no tratar el tema. Estos acuerdos pueden tener limitaciones (Brand, 2001) y es necesario que el terapeuta esté al corriente de esto. Establecer un acuerdo de no dañar es una necesidad, pero no implica garantía absoluta de cumplimiento. En todo caso aquello que se espera que suceda pero no sucede, debe ser tenido en cuenta por el terapeuta, el niño y los adultos que lo rodean, como una oportunidad para seguir explorando maneras de modificar la conducta problemática. Cuando una parte disociativa aparece como "responsable" de la conducta a trabajar, su involucración y participación en el acuerdo deben ser reconocidos y valorados por el terapeuta.

Por ejemplo, un niño quiebra dos de las tres reglas principales que establezco yo para trabajar en la consulta: no agredirse a sí mismos a propósito, no agredirme a mí y no romper nada a propósito. Esta situación llevó a la interrupción de una sesión. La consigna era que en la siguiente sesión era necesario que habláramos de lo que había sucedido, y que lo invitaba a que pudiera pensar sobre esto junto a su "lado malvado", a quien él hacía responsable de tales conductas. En la sesión siguiente el niño pudo trabajar sin problemas, por lo cual yo le dije:

"Quiero agradecerle a tu lado malvado, porque hoy te permitió estar aquí sin romper nada, y sin intentar agredirme, y sé que puede haber sido un esfuerzo muy grande, pero esta vez lo logró y es importante reconocérselo."

Asumir la responsabilidad por la conducta desajustada de una parte es siempre algo engorroso, que avergüenza al niño. Ninguno de nosotros desea mirarse en un espejo que refleja nuestras peores miserias. La disociación ayuda mucho en ese sentido al despegar esa experiencia o conducta de la sensación de agencia y autoría: *ese no soy yo, eso no lo hice yo, eso no lo siento yo.* Sin embargo, parte del trabajo en el cual la comunicación interna tendrá un lugar preponderante, será el asumir la responsabilidad por la propia conducta, aún cuando no se la sienta como tal.

CAPITULO 10

PSICOEDUCACION
COMO HABLARLES A LOS PADRES Y A LAS ESCUELAS ACERCA DEL TRAUMA Y LA DISOCIACION

Tal vez uno de los mayores inconvenientes que solemos encontrar a la hora de explicarles a otros adultos que interactúan con el niño, qué es la disociación y cómo se manifiesta, radica en la dificultad del interlocutor para comprender lo que le estamos explicando, en la interpretación de lo que escucha desde sus propias dificultades, distorsiones o conocimientos pre adquiridos, y en el miedo que le puede generar aprender a lidiar con algo nuevo.

Un ejemplo puede ser el del niño que escucha voces. La primera interpretación que se suele hacer de tal conducta, es la de un niño que ha perdido o está perdiendo su contacto con la realidad. Antes de entender el sentido de lo que está pasando, nuestro interlocutor (padre, profesional de la salud, maestro), anticipa consecuencias nefastas y hasta irreversibles de lo que está sucediendo. Y sin quererlo se posiciona en un lugar que –lejos de ayudar al niño a enfrentar la vida de una manera más adaptativa que disociando- colabora en seguir manteniendo la fragmentación de la experiencia, así como de la visión de sí mismo que estos niños tienen.

Otro obstáculo que podemos encontrar habitualmente en la práctica es el de la *intencionalidad* que se le atribuye a las conductas del niño. Esta intencionalidad es atribuida al niño por los adultos, generalmente por conductas del niño que el adulto no sabe o no puede manejar, o que ha intentado manejar de diversas formas sin éxito. A partir de esta supuesta intencionalidad, el adulto ve al niño como malo, ingobernable, irresponsable, y profundiza una mirada no solo negativa, sino errónea. Dentro de estas alegadas conductas *intencionales* se encuentran los estallidos de ira, las conductas disruptivas como agredir, robar o mentir, y las dificultades atencionales o los olvidos recurrentes (desde una consigna hasta un objeto material) que le agregan al niño – además- la etiqueta de *irresponsable, desinteresado, vago*.

El ejemplo de Alan, el niño descripto al inicio de este libro, que iba a una escuela que ya no sabía cómo deshacerse de él, es una ilustración de estas dificultades, o de la forma en la cual leemos lo que está sucediendo. Yo estaba convencida de que la presentación de mi pacientito bajo otro nombre y la persistencia en pretender ser alguien diferente, era una más de las manifestaciones de la conducta desafiante y disruptiva de las que la escuela y la familia se quejaban. La escuela estaba convencida de que la conducta desafiante del alumno ya no encajaba con los esfuerzos que ellos podían hacer, ya que veían en él poca *voluntad* de cambio. La familia a su vez estaba convencida de que la conducta de este niño de tan solo 7 años era ni más ni menos que una elección de vida: él había *decidido* ser como era, y no quería aceptar las consecuencias de semejante elección. Al final de cuentas, todos los que rodeábamos a este niño estábamos convencidos de nuestras propias teorías, pero ninguno lograba acertar a entender *el por qué de la conducta* desde una perspectiva diferente. Esta perspectiva diferente requiere comprender cabalmente que nuestras conductas no son aleatorias, y que todo sucede por alguna razón.

Las conductas que suelen despertar nuestra mayor preocupación se desarrollan en un intercambio interpersonal: el niño le miente, le roba, agrede, *a alguien*, a otro ser humano. El o los eventos traumáticos a los que ha sido expuesto, se han desarrollado también en un espacio interpersonal. Muchas de estas conductas, cuando las rastreamos, han sido desde el vamos las consecuencias de y las adaptaciones a esa relación, a ese contexto, a ese trauma.

El niño —o su cerebro, mejor dicho- no aprende de manera inmediata que algo cambió. Por el contrario se acostumbra a esperar que lo mismo que vivió siga sucediendo, siempre, en cualquier lugar y con cualquier persona. Ford (2009) nos lo enseña brillantemente cuando nos explica que el trauma psicológico temprano interfiere en el desarrollo, provocando un cambio de un cerebro focalizado en aprender a un cerebro focalizado en sobrevivir. Según este autor: "El *cerebro que aprende* está involucrado en la exploración... impulsado y reforzado por la búsqueda de un balance óptimo entre lo nuevo y lo [que ya es] familiar. El *cerebro que sobrevive* busca anticipar, prevenir o proteger del daño causado por peligros potenciales o reales, impulsado y reforzado por la identificación de amenazas, y en un intento por movilizar y conservar los recursos corporales, al servicio de esta vigilancia y de estos ajustes defensivos, para poder mantener el funcionamiento corporal." (pg. 32, la traducción me pertenece.)

Cuando podemos entender esto, nuestra posibilidad de explorar el sentido de la conducta del niño nos da, entre otras cosas, la chance de ofrecerle una matriz diferente de relación y contexto en el cual una respuesta distinta se geste, y el cerebro pueda aprender nuevas experiencias que ya no hagan necesarias a las viejas respuestas. Un ejemplo clarísimo es este: el niño que ante el más mínimo gesto de un adulto que se le acerca se cubre la cara con los brazos, nos dice que aprendió que ese acercamiento es indicador de un golpe, y que es prudente sentir miedo y defenderse. Solamente en el contexto de una relación segura en la que el adulto le vaya mostrando al niño que ese *nuevo* acercamiento no solo no acarrea un golpe sino que puede traer cosas diferentes (como por ejemplo, un abrazo como demostración de afecto, una palmada en el hombro para alentarlo), el niño podrá dejar de defenderse permanentemente, y abrirse a nuevas experiencias positivas y beneficiosas para su desarrollo. Si nosotros lo entendemos, entonces ellos lo podrán entender.

Es cierto que a veces puede ser terriblemente frustrante. Pero también es cierto que muchas veces los adultos tendemos a interpretar las conductas de los niños como si fueran adultos y contaran con las mismas capacidades y con el mismo desarrollo que nosotros tenemos. Conducta y aprendizaje son dos preocupaciones importantes que los adultos tenemos respecto de los niños: que puedan "portarse bien", hacer lo adecuado, aprender y ser responsables, son objetivos loables, y sin lugar a dudas es importante que los niños puedan crecer y transformarse en seres humanos de bien. Pero a veces, determinadas circunstancias nos obligan a adecuar nuestros objetivos, o al menos la forma de lograrlos; nos obligan a tomar caminos diferentes, a buscar atajos, a experimentar nuevas estrategias, o sencillamente a tener paciencia y comprender que algunos logros pueden tardar un poco más de tiempo en adquirirse que lo que nosotros desearíamos.

La psicoeducación, si bien es uno de los objetivos que se sugiere implementar ya desde el inicio de la primera etapa del tratamiento de pacientes traumatizados, es en mi opinión, una herramienta de uso permanente a lo largo de todo el tratamiento. A veces es necesario recordarles a los pacientes algo que ya les habíamos explicado. Y cuando se trabaja con niños, a veces es necesario recordárselo también a padres y maestros[35]. Y que se entienda: no es que sean "duros" para aprender. Es que el aprendizaje es dinámico: transforma los caminos de la curación y se ve transformado a su vez con los logros de la misma.

Por eso es importante que el terapeuta tenga la flexibilidad y la paciencia necesarias para adaptar la psicoeducación a las necesidades no solo del niño, sino también de su familia y de la escuela a la que el niño asiste. En consecuencia, un primer paso fundamental es que el terapeuta pueda tener una idea cabal del interlocutor al cual se va a dirigir, y

---

[35] Al hacer referencia aquí a "padres" se pretende incluir de manera genérica al espectro de adultos que son responsables del cuidado de los niños que atendemos. Si los niños se encuentran a cargo de una familia sustituta o en una Institución, es igualmente imprescindible hacer extensiva la psicoeducación a esos adultos.

pueda captar qué puntos son los más relevantes a cubrir para cada caso en particular.

Un ejemplo muy común en las preocupaciones parentales, y a veces escolares, es el de las mentiras y los olvidos. Veamos el siguiente ejemplo.

Una madre le reprochaba fuertemente a su hijo el hecho de que ella había tenido que llevar a la escuela, una tarea cuya fecha de entrega ya había vencido, pero al llegar a la escuela, la maestra le dice que su hijo ya la había entregado, y que lo había hecho en tiempo y forma. La madre estaba enojada y a la vez confundida: la noche anterior se había acostado muy tarde ayudando a su hijo a terminar una tarea que él *ya había hecho y entregado*, pero que le había dicho que *no había hecho*. La madre interpretó esto como un desafío, una provocación más de las múltiples inconductas de su hijo, y lo increpaba preguntándole *por qué le había mentido, y por qué le había hecho eso a ella*. El hijo insistía con mucha angustia en que no le había mentido y que no recordaba haber hecho, ni mucho menos entregado, el primer trabajo. Con esta madre fue importante trabajar en la comprensión de los olvidos y ayudarla a poder discriminar entre las situaciones en las cuales su hijo verdaderamente mentía, y otras en las cuales sencillamente *no recordaba* haber hecho/dicho algo en particular.

Si bien, como vimos en la primera parte, la disociación desde la conceptualización que se presentó en este libro, no es en sí misma una defensa, sí podemos decir que −como efecto secundario- sirve a dichos fines. Hablarles a padres y maestros sobre los sistemas de acción puede ser engorroso e ineficaz. Pero sí podemos hablarles de cómo, frente a situaciones de peligro o emocionalmente incoherentes e inmanejables para el niño, su cerebro usa la capacidad que tiene y la pone al servicio de la supervivencia, alejando del campo de la conciencia todo aquello que pueda resultar potencialmente dañino o recordatorio de aquello que lo fue.

Les vamos a hablar de cómo las personas, todas, estamos preparadas para responder ante el peligro, y cómo eso está relacionado con nuestra necesidad de sobrevivir a las adversidades. Y les vamos a explicar qué tipo de respuestas tenemos disponibles para responder a dicho peligro, y por qué cuando somos pequeños, en especial frente a determinadas situaciones, algunas de esas formas de respuesta pueden no ser las más adecuadas, y nuestro cerebro es tan inteligente que elige la que mejor se adapta a la circunstancia. Luego les vamos a explicar que, si el peligro dura mucho tiempo, el cerebro se "acostumbra" a responder rápidamente y cada vez ante más y más estímulos. De esa forma, cuando el peligro pasa, el cerebro ha quedado tan sensibilizado que le cuesta poder darse cuenta de que verdaderamente el peligro ya pasó, y entonces cualquier cosa que pueda recordarle aquella vieja amenaza–por ínfima que sea-, va a hacer que el cerebro vuelva a responder como aprendió a hacerlo entonces para proteger al niño.

Les vamos a explicar que a veces nos podemos dar cuenta de qué cosas les disparan a los niños esas reacciones: por ejemplo, supongamos que en alguno de los eventos vivenciados estuvo involucrada la policía de alguna manera (ya sea porque la hayan visto o porque hayan escuchado amenazas relacionadas con la policía); un día escuchan una sirena o ven un policía parado en una calle y tienen una reacción de miedo intenso, o se hacen pis encima, o lloran sin poder parar y se llevan el dedo pulgar a la boca aunque tengan 7 años. En una situación así pareciera ser fácil para el adulto identificar el nexo entre el pasado y aquello que en el presente lo reactiva. Pero otras veces, no es tan fácil identificar ese estímulo, porque a veces puede ser un estímulo interno, inaccesible a los ojos del adulto. Veamos el ejemplo que sigue.

Beatriz era una niña de 12 años que se hacía pis encima día y noche. Descartado todo factor orgánico, quedaba claro que era algo a trabajar en el contexto de la psicoterapia. La incontinencia se pudo trabajar como un síntoma solo cuando fue posible reconocer que, cuando la niña sentía deseos de ir al baño, la sensación corporal la remitía a una sensación que ella tenía en la misma parte del cuerpo tras las repetidas violaciones a las que era sometida por parte del padre y del primo. La superposición -por su localización corporal- entre ambas sensaciones, la retrotraía directamente a los eventos traumáticos, y el recuerdo la paralizaba. Como consecuencia de dicha parálisis activada por el recuerdo traumático, los esfínteres se relajaban, y Beatriz se hacía encima. La identificación de esta cadena de estímulos enlazados entre el pasado y el presente se pudo lograr dentro del espacio terapéutico, pero fue importante trabajar también con la cuidadora de esta niña para ayudarla a ayudar a Beatriz a ganar control sobre sus esfínteres, diciéndole, cuando esto sucedía, que ella estaba bien, que ya no estaban allí quienes le habían hecho daño, que tener ganas de hacer pis era una función normal de todos los seres humanos, que sucedía cuando uno tomaba mucho líquido, etc. De esta forma, Beatriz podía ir volviendo de a poco al aquí y al ahora y sentirse confiada de que su cuidadora la ayudaría cuando esto le volviera a suceder, en lugar de enojarse con ella por haber mojado nuevamente la ropa y la cama.

Es importante normativizar la disociación como forma de respuesta y adaptación a situaciones traumáticas. Por más que las conductas les parezcan a los adultos raras e incluso les resulten altamente preocupantes, saber de dónde vienen y cómo responder adecuadamente a ellas, es siempre de gran ayuda, y produce un impacto positivo en la modificación de dicha conducta.

El terapeuta debe estar seguro del diagnóstico antes de comunicarlo a los padres, en especial teniendo en cuenta que ciertos síntomas pueden estar asociados a otros diagnósticos con los cuales los niños hayan llegado a la consulta (el caso más habitual puede ser el de un niño diagnosticado con trastorno por déficit atencional, por ejemplo). A su vez, al hablar con los maestros y personal de las escuelas, debe acordar siempre con los padres qué tipo de información suministrará acerca de la traumatización vivida por el niño. En algunos casos las escuelas conocen la historia; por ejemplo, si un niño tiene una prohibición de acercamiento de su padre biológico debido a una situación de abuso sexual, la escuela posiblemente cuente con una copia de dicha orden de restricción para poder actuar en consecuencia; en ese caso, es muy posible que conozca que ese niño ha sido víctima de abuso sexual por parte de su padre. No es necesario que las escuelas conozcan los "detalles" de lo sucedido, pero sí se les puede explicar qué cosas funcionan como disparadores y qué hacer frente a determinadas conductas de los niños. Es importante comunicar a la familia y al niño qué se habla y qué se acuerda con el personal escolar. El respeto por los límites personales es importante y prioritario en estos casos, pero también es primordial explicar a los adultos acerca de la necesidad de trabajar en equipo. No hacerlo, favorece y potencia un funcionamiento disociativo.

En mi experiencia, una de las mayores dificultades que he encontrado a la hora de hacer psicoeducación, ha sido aquella relacionada con la explicación sobre las "partes" disociativas. Aún cuando muchos niños han encontrado esta explicación completamente adecuada para su propia experiencia interna, trasladarla de una manera entendible a los padres es una necesidad que a veces puede requerir de mucho esfuerzo, creatividad y paciencia por parte del clínico.

En algunos –pocos- casos, me he encontrado con madres diciéndome que comprendían lo que les estaba explicando ya que era lo mismo que les sucedía a ellas; en ninguno de estos casos a los que me refiero, estas madres habían recibido un diagnóstico de trastorno disociativo. Esta circunstancia puede ser tanto una ventaja como una desventaja; ahora veremos por qué. En un caso la madre llevó mi explicación sobre el trastorno disociativo de su hija a su propio terapeuta quien desestimó el diagnóstico (desestimando en consecuencia la explicación para lo que a esta misma madre le sucedía), y el resultado fue una interrupción temprana de la terapia. En otro caso la madre se encontró con una terapeuta mucho más sintonizada con su propia experiencia, lo cual le permitió acompañar mejor las indicaciones que se dieron para el manejo de la sintomatología de su hija en la casa.

Como Sandra Wieland sabiamente anticipa, hay muchos temas diferentes a tratar cuando se trabaja con disociación (Wieland, 2010, pg. 218) y es importante considerar la necesidad de tomar contacto con los terapeutas del resto de la familia para hacer del trabajo con nuestro paciente, algo coherente. En general suele ser menos complejo acercar la explicación sobre las partes disociativas cuando el clínico se puede referir a estas por el adjetivo que califica su principal característica: la parte triste, la parte enojada, etc. Esta denominación tiene la ventaja de que al hablar de *partes*, se está hablando de manera implícita de un *todo* al cual dicha parte pertenece, favoreciendo el trabajo hacia la integración que se pretende implementar desde el mismo principio de la terapia.

Sin embargo mayores dificultades y resistencias pueden aparecer cuando los niños hablan de partes que tienen una entidad subjetiva más separada, con un nombre, una edad y una característica concretos. En estos casos puede ser útil remarcar, en la explicación que se brinda a los padres, la característica propia de dicha parte (por ej.: la parte que guarda el enojo), o el propósito para el cual fue creada (por ej.: para advertir al niño de situaciones en las cuales protegerse del eventual daño proveniente de personas adultas).

Veamos el siguiente ejemplo. Ana es una niña capaz de hacer las tareas escolares correctamente, y tiene una habilidad para los deportes que le permite muchas veces ganar competencias. Ana tiene una parte disociativa a la que llama *Carla*. El funcionamiento de esta parte se contrapone de manera brusca con el funcionamiento de Ana: rompe cosas cuando está enojada, molesta a sus amigos y compañeros de escuela, desobedece a la madre. Para hablar con la madre de ambos estados, se le plantea que hay una parte de la personalidad de Ana que ha guardado todo lo que ella es capaz de hacer, las áreas en las que se siente fuerte, segura de sí misma y competente, y que a su vez la hacen digna de una mirada positiva. Pero esto es tan distinto de lo que Ana experimenta en muchas otras ocasiones, en las que se siente como si *no fuera ella misma*; esa parte es vivida de manera tan distinta que incluso tiene un nombre distinto. No obstante, la parte "Carla" de su personalidad (es decir, aquella que guarda el enojo y formas desajustadas de manifestarlo) y la parte "Ana" de su personalidad (es decir, aquella que guarda todas sus cualidades positivas) son "ingredientes" de una misma persona, que es su hija.

Es muy posible encontrarse con la siguiente pregunta de los padres: ¿es que tiene *doble personalidad*? Para aquellos que hayan visto

245

el film *Sybil* o leído el libro en el que se basó la película, les puede resonar a la protagonista y preguntar incluso si su hijo tiene "personalidades múltiples". Nuestra respuesta entonces irá en el sentido de explicar que no se trata de que haya más de una personalidad, sino una única personalidad con aspectos que no están adecuadamente integrados, y que por momentos el niño puede sentir internamente que algunos de estos aspectos no le pertenecen.

Cuando los padres aceptan y comprenden qué son las "partes", entonces podemos trabajar en conjunto con ellos para sostener determinadas pautas de funcionamiento no solo en el espacio terapéutico, sino también en la vida cotidiana del niño. En este punto es necesario alentar a los padres a aceptar a todas las partes, incluso aquellas que generan rechazo o son abiertamente hostiles o desafiantes. Éste es un trabajo que el terapeuta también debe aprender a hacer; solo así sabrá bien qué recomendarles a los padres que hagan, y de qué forma.

Volvamos entonces momentáneamente al ámbito de trabajo terapéutico. Pensemos cuántos de nosotros nos sentimos cómodos y a gusto lidiando con la hostilidad de nuestros pacientes, cualquiera sea la edad que éstos tengan. Algunos terapeutas por su estilo personal, pueden sentirse más cómodos trabajando con pacientes "difíciles", otros pueden sentirse más a gusto trabajando con pacientes que necesitan ser cuidados y maternados, otros pueden encontrar un desafío tentador en el trabajo con pacientes estructurados y de pensamiento rígido.

Cuando trabajamos con pacientes disociativos, cualquiera sea la edad, es posible que toda esa variedad la encontremos en una misma persona. Es saludable para nosotros, y lo es también en términos de nuestro trabajo clínico, poder reconocer cuáles son nuestros obstáculos, qué del paciente es aquello que nos dispara alguna reacción, pensamiento o emoción en particular. Cuando podemos hacer este ejercicio, nos encontramos en mejores condiciones de trabajar con aquellas partes que desafían nuestro estilo o nuestras características y habilidades.

Esto es absolutamente indispensable cuando hablamos de disociación. Si pensamos en las partes de la personalidad como relacionadas a un todo, y si estamos claramente convencidos de que distintas circunstancias han apoyado la fragmentación del mundo interno del niño, debemos ser nosotros primero quienes podamos funcionar de manera integrada. Veamos el ejemplo a continuación.

Daniela es una niña que ha vivido en la calle luego de haberse fugado de su casa a la edad de 8 años, huyendo de malos tratos y abusos sexuales múltiples. Estando en la calle comenzó a drogarse, y uniendo este factor a la vulnerabilidad de su edad, fue presa fácil para la explotación sexual. Reconoce haber cometido pequeños robos para poder conseguir dinero para drogas. Cuatro años más tarde está viviendo en un Hogar, a su pedido. Se siente feliz porque la cuidan, le dan de comer bien, a la noche no tiene frío, y está a punto de retomar la escuela.

Pero un día llega "transformada". El gesto duro, la mirada huidiza, habla poco, está inquieta. Dice que se quiere ir con su mamá, que es la única que la puede cuidar de verdad, la única que la quiere. Que le dijeron que es peligroso volver allí (donde siguen viviendo quienes abusaron de ella), pero que ella sabe muy bien cómo defenderse. Mi desconcierto es mayor. ¿Cómo es posible que quiera volver con la misma madre que negó los abusos de los que su hija estaba siendo objeto y que la castigó físicamente por contar *esas mentiras*?

Cuando me sacudo ese desconcierto de la espalda le digo que creo entender lo que le pasa. Tal vez la parte de ella que le enseñó a sobrevivir en la calle se siente fuerte e invencible y absolutamente capaz de cuidar de la niña pequeña que hay dentro de ella. Como esa parte fuerte está acostumbrada a responder ante lo que siente que es peligroso o malo para ella, toma el mando en esas situaciones, pero no piensa en las consecuencias. Debe actuar rápidamente, sin pensar.

Daniela se recuesta en el sillón y se tapa la cara. Su voz cambia. Dice: "No la quiero, me metió en problemas." Por supuesto que me siento tentada de afirmar enérgicamente esto. Pero, aunque lo hizo de manera desajustada, también sé que esa parte de Daniela trató de poner en marcha estrategias de lucha o huída cuando estuvo en situación de calle (situación que en sí misma es un peligro constante). Decido entonces decirle a Daniela: *"Me imagino lo difícil que debe ser para esa parte estar siempre alerta ante el peligro y salir a pelear para cuidarte sin pensar si lo que hace te trae problemas o no, si es bueno o no. Es un trabajo muy agotador, y ella también necesita ser cuidada y escuchada, para poder aprender a defenderte sin meterte en problemas. Me gustaría poder ayudarla."*

Daniela saca su cara del escondite en que la tenía, me mira de reojo y me responde: "Está bien, dale el elefantito (uno de los peluches que tengo en mi consultorio), a veces tiene miedo".

Este ejemplo nos muestra una parte clave del trabajo: la necesidad de aceptar y validar a cada una de las partes, *independientemente del contenido, de la experiencia, la emoción o la información que ésta guarde*. No obstante, esta aceptación no implica una tolerancia ciega a las conductas desajustadas. El hecho de que terapeutas, padres y maestros podamos reconocer que esa conducta es una reacción moldeada por el trauma, no significa que debamos justificarla ni alentarla.

Imaginemos esta situación en un adulto. Un hombre acaba de recibir una noticia inesperada y trágica. Sube a su auto y maneja hacia su casa, con el pensamiento empañado por el dolor. Pasa un semáforo en rojo. Podemos entender que estuviera embargado por una emoción intensa, con su juicio nublado respecto a poder tomar decisiones diferentes, y a poder pensar, y con su foco atencional limitado a su propio dolor. Podemos entender su situación y su dolor, pero esto no lo libera de la responsabilidad por haber hecho algo que no debía hacer y que era en sí mismo, además, peligroso para él y para otros.

El otro punto clave entonces es el de la aceptación de la responsabilidad por la propia conducta. Veamos otro ejemplo.

Luciano está en la escuela. La maestra lo llama a dar lección oral. Luciano pasa al frente, dice dos palabras y no puede seguir. Tartamudea, se queda "en blanco". La maestra lo manda a sentarse nuevamente y le dice que va a mandar una nota a su madre porque él no ha estudiado la lección. En ese momento, Luciano se da vuelta y le arroja a la maestra una regla que tiene en su banco. Al Director de la escuela le dirá que él no sabe por qué lo hizo, pero que tiene un *malo adentro* que a veces se porta muy mal. El Director de la escuela llama a la madre y le comunica que su hijo ha sido suspendido por un día por haber agredido a su maestra.

En este ejemplo nos vamos a detener exclusivamente en el tema de la responsabilidad. Para Luciano era claro que *no era él (sino su malo adentro) quien había agredido* a la maestra, pero también era claro que *él había recibido la consecuencia por dicha conducta*. Un trabajo hacia la integración incluye también el enseñar al niño (y luego a los padres y a los maestros cuando esto sea necesario) que esa parte conserva una emoción y una experiencia que le ha permitido a él no sentirla, no expresarla o no recordarla, pero que aún así, le pertenece. Entonces Luciano recibe una consecuencia (lo suspenden por un día de la escuela) a una conducta (la agresión a la maestra) porque precisamente una parte suya expresa un enojo que también es suyo, aunque en ese momento no lo sienta así, o no pueda darse cuenta.

248

10.1
Los acuerdos, pactos y contratos.

Tal como se desarrolló en el capítulo anterior, cuando la desregulación conductual o afectiva es la causa de comportamientos problemáticos, de autoinjuria o de agresión a otros, y cuando estos comportamientos son una forma de expresión de alguna parte disociativa, se trabaja con acuerdos, pactos o contratos internos de no agresión (la elección de la palabra que el terapeuta va a usar cuando trabaja con niños y adolescentes es indistinta y tiene que ver más con inclinarse por aquella que resuene de manera más comprensible para el paciente). Estos acuerdos son parte fundamental del trabajo terapéutico cuando el problema es la autoagresión y la agresión a otros (incluyendo no solo agresión física o verbal, sino también robos, o romper cosas que son del otro). Hay otros problemas ante los cuales pueden ser de utilidad igualmente, tales como la distracción en clase o en las tareas escolares como producto de la interferencia de una parte disociativa, o la presencia de comportamientos regresivos.

En todos los casos y para que estos acuerdos sean verdaderamente efectivos en el trabajo terapéutico con niños, es necesario tener en cuenta ciertos principios que le dan estructura y sentido a la intervención.

1. *El acuerdo no se hace solamente con el niño que usted ve y tiene delante.* Es necesario involucrar a todas las partes que puedan tener algo que ver con la conducta problemática. Puede ser de gran utilidad identificar si hay alguna parte en especial que podría funcionar como una suerte de "ayudante" y colaborar en detener la conducta antes de que esta se dispare.

2. *Recuerde siempre poner el acuerdo en términos positivos, no punitivos o restrictivos.* Este acuerdo debe dejar sentadas claramente el principio del por qué es importante detener y cambiar la conducta desajustada. Yo suelo utilizar una frase de Sandra Paulsen (2009): no nos vamos a deshacer de las partes, sino que les vamos a dar un nuevo trabajo.

3. *El acuerdo tiene que establecerse en límites temporales.* Especialmente con las conductas más disfuncionales que pueden poner en severo riesgo al niño/adolescente, se establecen pautas de tiempo para el respeto del acuerdo, que inicialmente son breves (por ejemplo, hasta la siguiente sesión). Este encuadre permite experimentar la posibilidad del cambio sin frustrarse de antemano. Establecer límites temporales es una pauta clara y estructurada de trabajo que le permita también al terapeuta chequear resultados y realizar ajustes. Cuando las

pautas temporales se van ampliando, el niño recibe además el mensaje de que tiene la capacidad de controlar sus dificultades.

4. *Los acuerdos no se dejan de lado: se modifican o se concluyen.* Puede ser fácil caer en la frustración cuando el acuerdo no está dando los resultados esperados. En ese caso, el terapeuta es claro a la hora de explicar que a veces es necesario hacer cambios en la estructura del acuerdo para que éste pueda cumplir su cometido. A veces, en los casos más graves, esos cambios pueden incluir alternativas tales como la interconsulta psiquiátrica y la inclusión de medicación psicofarmacológica o la internación. Cuando el acuerdo ha funcionado adecuadamente, es fácil que caiga en el olvido. Sin embargo, como parte de chequear sus resultados, el terapeuta y el niño sellan el final de ese acuerdo, resaltando los objetivos cumplidos y remarcando la posibilidad y capacidad que el niño ha tenido de resolver sus dificultades.

5. *Los acuerdos solo pueden ser efectivos cuando el mundo exterior también es incluido.* Es vital que los padres también sean parte del acuerdo o sean informados del mismo, y la escuela, cuando sea necesario. Los sistemas externos serán los encargados de monitorear la situación y podrán ayudar al niño a recordar los principios del acuerdo.

6. *Las consecuencias por no cumplir deben ser claras, y deben estar pre establecidas y ser adecuadamente comunicadas.* Cuando el acuerdo está hecho para controlar conductas tales como el robo, la mentira, la agresión, el niño debe saber que el no cumplimiento de lo pactado tiene una consecuencia. Estas consecuencias deben ser claras, y establecerse con anterioridad a sellar el acuerdo. Cuando la conducta está presente en la casa y también en el ámbito escolar, se deben establecer consecuencias por separado y no superponerse: si el niño roba en la escuela y la escuela cumple con la consecuencia pactada, los padres no deben agregar la consecuencia hogareña por la conducta del niño en el colegio, porque resulta confuso y sobrecargado. Es importante que el terapeuta explique esta intervención a las escuelas y logre el acuerdo y el compromiso de las mismas respecto de la puesta a punto de este contrato con el niño. Asimismo, los adultos deben tener en claro que no pueden cambiar aleatoriamente las consecuencias mientras esté en vigencia el acuerdo. Para eso tenemos la posibilidad de chequear si el mismo está funcionando como esperamos o no.

A continuación se presenta un ejemplo.

Lila es una niña de 12 años que en determinados momentos tiene accesos de furia, se encierra en el baño y se rasguña brazos y piernas hasta hacerse sangrar. Dice que una voz le susurra que ella es mala y que la van a abandonar. Entonces Lila se lastima para asegurarse que la cuiden, y en consecuencia que no la abandonen. Lila está en proceso de ser adoptada por los cuidadores que la tomaron a su cargo luego de que su madre la abandonara cuando ella tenía 5 años. La "voz" no hace más que expresar un temor genuino y basado en una experiencia real, acompañado de la creencia de que el abandono no pudo ser sino obra de alguna mala acción propia (pensamientos habituales en niños de esa edad). El trabajo consistió en poder acceder a esa voz a través de Lila *(Vamos a pedirle a esa voz si nos puede escuchar a través de los oídos de Lila)* para validar su sentimiento de temor ante un nuevo abandono, y comprender su función de "preparar" a Lila ante este posible evento *(¡Qué importante ha sido que la voz le avise a Lila sobre la posibilidad de que algo malo vaya a pasar! Pero tal vez la voz no sabe que Juan y Marta –que han cuidado de Lila y su voz durante muchos años- están haciendo muchas cosas para adoptar a Lila como su hija, ya no es necesario que Lila se lastime para que ellos la cuiden, ellos la van a cuidar tal como lo hicieron desde que Lila llegó a su casa).* A los padres sustitutos se les instruyó para que pudieran contener a Lila ante estos episodios, reasegurándole que ellos no la iban a abandonar y que ella no era mala, reforzando todo lo bueno y positivo que Lila tenía. Estando juntos Lila y sus padres, se pidió a la voz que escuchara atentamente a través de los oídos de Lila: cada vez que la voz sintiera algo que le hiciera sentir que iban a abandonar a Lila, en lugar de decirle que ella era mala, debía susurrarle otra palabra (una palabra que se acordara con Lila y sus padres sustitutos, en este caso Lila eligió la palabra "marinero"[36]), Lila a su vez debía decir esa palabra en voz alta a sus papás, y ellos responderían con un mensaje de reaseguro (abrazarla, decirle que ella era una buena chica, que ellos la querían y que la habían cuidado y seguirían haciéndolo).

10.2
Una última consideración
en el trabajo con familias y cuidadores.

¿Por qué es tan vital prestar atención al contexto familiar del niño que atendemos? La primera respuesta que me surge parece obvia: es el contexto en el cual el niño *está viviendo*. Lo que sucede en dicho

---

[36] Es importante no ponerse a hurgar en el significado de la palabra y en la posible interpretación que esta elección tenga; se lo podemos preguntar al niño, pero a veces debemos aceptar que es la primera palabra que se les aparece en la cabeza y que si ellos la eligen, es importante ser coherentes con nuestro mensaje de aceptación, y aceptar esa elección.

contexto impacta en la terapia, y viceversa. Es imposible pensar el tratamiento de un niño –cualquiera sea el motivo de la consulta- aislándolo del contexto de cuidados que ese niño tiene en el momento en el cual está transcurriendo la terapia. Sin embargo, al atender a los niños de los que hablo en este libro, nos podemos encontrar con contextos un tanto diversos. A grandes rasgos, me voy a referir a tres tipos de contextos: la familia de origen, la familia adoptiva, y los contextos alternativos de cuidado (hogares, instituciones, familias sustitutas que cuidan de varios niños). Nuestro trabajo con cada tipo de contexto presenta similitudes, diferencias, y siempre, grandes desafíos.

Hay dos cuestiones que a mi entender también forman parte del trabajo psicoeducativo: una está referida a la forma en la cual vamos a involucrar a estos cuidadores como parte activa del tratamiento, y a las dificultades que muchas veces se presentan para que esto se dé de la mejor manera. La segunda, derivada de la primera, tiene que ver con el encuadre del tratamiento: no solo qué les vamos a pedir a estos cuidadores, sino la fundamentación, explicada a ellos, de por qué se los vamos a pedir.

La familia de origen.

La familia de origen está impregnada por la traumatización sufrida por el niño. O bien el niño convive o tiene contacto con el progenitor que lo maltrató, o bien, convive con el progenitor que también sufrió el mismo tipo de maltrato que él. A veces tenemos cierto margen para trabajar con los progenitores que ejercieron alguna forma de maltrato; muchas otras veces, no. En el primer caso, estos cuidadores saben y reconocen que nosotros tenemos una cierta mirada de control: si sabemos que el maltrato sigue ocurriendo, no podemos mirar para otro lado. Y es algo que debemos comunicarles. El terapeuta se convierte –en el mejor de los casos- en alguien en quien desearían poder confiar, pero a la vez alguien que puede "traicionarlos" si levanta la voz de alarma sobre el maltrato que está ocurriendo. Esta dicotomía se traslada sin lugar a dudas a la relación terapéutica con el niño. ¿En quién debo confiar?, se pregunta. En mi experiencia clínica estos han sido –y siguen siendo- los casos más difíciles de manejar, los casos que sabemos que, tarde o temprano, van a desaparecer. A veces el solo hecho de ser claros respecto de nuestro deber de informar, hace que no vuelvan más.

Por otro lado tenemos a los cuidadores que han sufrido algún tipo de maltrato en la misma relación familiar (por ej.: las mujeres golpeadas por sus parejas, que también han maltratado físicamente a los hijos), o que han tenido que enfrentarse al penoso descubrimiento del abuso sexual de sus hijos por parte de sus parejas, sin haber vivido de manera directa malos tratos por parte de esa persona, o que cargan con su propia historia de traumatización infantil no resuelta, que les dificulta la posibilidad de responder de la manera más adecuada a las necesidades de sus hijos.

En estos casos, poblados en su inmensa mayoría por madres, éstas suelen estar tan sobrecargadas que parecen estar siempre al borde: al borde de sus fuerzas, al borde de sus posibilidades, al borde de sus recursos. Muchas veces deben lidiar con múltiples cuestiones a la vez, desde las que se relacionan con la organización de la vida cotidiana, hasta las derivadas, a veces, de las consecuencias de las intervenciones (citas en los Juzgados, pericias, audiencias, etc.), y todo lo deben hacer inmersas en sus propios sentimientos de culpa, vergüenza, dolor, enojo, lidiando con cuestiones económicas, con el riesgo de perder sus trabajos, y con la falta de soporte externo. A veces tratan de ser parte del proceso terapéutico, pero sus energías están al límite, y pequeñas consignas entre sesiones pueden ser inmensas tareas imposibles de llevar a cabo en el torbellino de asuntos pendientes. Otras, dejan a sus hijos en el consultorio del terapeuta y siguen rumbo a cumplir con otras tareas, como si la terapia del niño fuera una más de las múltiples y abrumadoras actividades a cubrir ese día. Están extenuadas, muchas veces solas, y tienen dificultades para responder de manera adecuada a los requerimientos de sus hijos. Este clima de inestabilidad es aquel en el cual el niño que atendemos vive a diario.

La terapia individual de estos cuidadores debe ser un requisito. Debemos explicarles que no existe posibilidad de que sus niños mejoren si no hay una mejoría significativa en el entorno en el cual viven, y nuestras habilidades terapéuticas no son mágicas, no se trasladan a los miembros de la familia a través del niño. Los terapeutas debemos mantener contacto con los terapeutas de estas madres o de quienes estén ejerciendo el cuidado de esos niños, y tratar de estrategizar en conjunto nuestras intervenciones. A veces es posible, otras veces no, pero bien vale la pena intentarlo. Cuando no es posible, el terapeuta puede tratar de trabajar con la madre las cuestiones puntuales que vayan surgiendo en las sesiones con el niño, y considerar incluso la posibilidad y necesidad de realizar encuentros vinculares. En caso de que ésta sea la opción, el terapeuta debe ser claro en especificar que ese es el espacio del niño, y que el trabajo con la madre es parte de ese espacio, pero que no debe ocuparlo ni reemplazarlo.

Como terapeutas de los niños, es imprescindible trabajar también con las dificultades de sus cuidadores, alentándolos a intentar nuevas alternativas, nuevas soluciones; a veces, pequeños cambios también sirven. Debemos ser cuidadosos de no entrar en la desesperanza que estas mismas madres pueden sentir cuando se encuentran con todo lo que deben hacer, con lo complejo que les resulta afrontarlo, y con la escasez de recursos que tienen para hacerlo. Esa desesperanza contagiosa nos puede llevar a nosotros mismos a reproducir una dinámica que el niño conoce y vive a diario, y la terapia se convierte así en un lugar estéril e ineficaz. Aún cuando la vida sea intensamente abrumadora, no debemos perder de vista que son los cuidadores, y no los terapeutas, los responsables últimos por el bienestar del niño. Este es un lugar común en el cual muchas veces es fácil caer.

Las familias adoptivas.

Adoptar niños que han vivido situaciones de traumatización temprana a manos de su familia de origen, es –creo yo- uno de los mayores desafíos de la parentalidad. Algunos pocos son los que salen de sus familias de origen siendo apenas bebés recién nacidos (por ejemplo, aquellos que provienen de familias que tienen un largo historial de maltrato severo y que han sido separados de otros hijos, más grandes). Tantos otros han pasado los primeros años de vida en contacto con ese maltrato y negligencias permanentes. No siempre son adoptados apenas el maltrato salta a la luz y son desvinculados de sus familias; muchas veces pasan tiempo, incluso años, "en el sistema", a la espera de que se resuelva si serán dados en adopción o no, y luego, a la espera de que aparezcan los padres adoptivos candidatos, dispuestos a adoptar niños más grandes, muchas veces con hermanos.

Los padres adoptivos no siempre conocen la historia de los hijos que adoptan, a veces conocen generalidades, otras, detalles más concretos. Esta falta de información puede deberse a que sencillamente no existe o es muy poca, o a que ellos toman la decisión de no conocerla, o de no ahondar en ella. (Moreno, 2011).Esto los puede llevar a tener expectativas desajustadas (Moreno, op.cit.), a querer focalizar en la modificación de la conducta sin profundizar en las raíces de la misma, a sentir temor por aquello del pasado que pueda aparecer en el presente, y no saber entonces qué hacer con ello, o cómo manejarlo. Sin embargo, este desconocimiento es el que puede llevarlos a repetir –sin desearlo, sino por la fuerza de la frustración misma en haber intentado *todo*-dinámicas conductuales que el niño ha conocido en su familia de origen, a las que está acostumbrado, que repite sin intencionalidad, y que "provoca" en los otros, respuestas conocidas para ellos.

Las conductas que suelen generar mayor rechazo, desconcierto y temor, son las sexualizadas. Los padres adoptivos se preguntan si lo que a los hijos que han adoptado les pasa, durará por siempre, tienen temor de ser estigmatizados, y sin quererlo, contribuyen a la estigmatización de estos niños. Para estos padres es muy difícil entender cómo es posible que no alcance el amor que les prodigan, pero ahí es donde radica el problema: el significado y la experiencia de amor que estos padres tienen en mente, dista mucho de lo que estos niños han vivenciado como tal en sus familias de origen.

Los padres adoptivos deben a veces afrontar el reclamo de sus hijos por los padres biológicos: porque no están, por lo que hicieron, por la idealización de los aspectos positivos, por la negación (o la disociación) de los aspectos negativos y del daño sufrido. Otras veces deben ayudar a estos niños a enfrentar el temor por los padres biológicos: ¿y si me encuentra? ¿Y si sabe dónde estoy? ¿Y si conoce mi nuevo apellido, mi nueva casa? Para estos padres la psicoeducación es el pilar más importante de su lugar en el acompañamiento de la terapia de estos niños. La información los prepara para entender y para actuar, para responder en lugar de reaccionar, y ser así los protagonistas más importantes del cambio contextual que estos niños requieren para seguir viviendo esta nueva oportunidad. Para que puedan entender el por qué de las conductas de los niños que han adoptado, será necesario que conozcan la experiencia por la cual éstos han pasado.

Cuando la información existe pero los padres no han deseado conocerla, o han tenido experiencias muy dolorosas al leer –sin acompañamiento ni preparación previa- los informes presentes en los legajos de estos niños, será parte del trabajo terapéutico acercarlos progresivamente a esa información, para que puedan entender mejor las causas de las conductas que hoy les generan tanta desazón, y para que, en consecuencia, puedan estar mejor preparados para actuar.

Por otro lado será importante tener en cuenta qué lectura podría hacer el niño que se encuentra con la negativa de sus padres adoptivos a conocer su historia. En virtud del aprendizaje postraumático, es posible que este niño interprete que sus padres no desean saber nada de su historia previa porque encarna a un niño malo o responsable de las cosas que le sucedieron, y que si los padres no quieren hablar de eso posiblemente sea porque no quieren a ese niño que él fue, sino a éste en el que lo han transformado ahora. Es lógico entender que una lectura de esas características puede contribuir a la consolidación o incluso a la creación de partes disociativas.

Instituciones y hogares.

Podríamos llenar páginas enteras hablando de las instituciones y de los hogares que albergan transitoriamente a los niños que son desvinculados de sus familias de origen. Yo he tenido experiencias buenas y experiencias malas.

En las instituciones y hogares se juntan diversas variables: hay personal profesional y no profesional, y a veces, personal asignado a la seguridad del lugar; las estructuras administrativas y económicas de las cuales dependen dichas instituciones y hogares (las que deciden cuánto dinero ingresa y para qué, las que cambian las reglas, las que favorecen –o no- la formación de sus recursos humanos, así como el ingreso, la salida y el recambio de tales recursos humanos) también juegan un papel preponderante no solo por su rol de gestión, sino por la supervisión que hagan –o no- de los recursos que gestionan. Hay instituciones gubernamentales y otras no gubernamentales, y esa diferencia es también en sí misma una variable. En mi país, en algunas zonas menos pobladas o con menores recursos, se llegaron a constituir hogares sustitutos sobre la base de la buena voluntad y generosidad de personas, que decidieron dedicarse al cuidado de niños en situación de calle o que eran abandonados por sus padres, vecinos a su vez del barrio en el cual este nuevo "hogar sustituto" comenzaba a funcionar. Las realidades pueden ser muy diferentes.

¿Es que un terapeuta debe trabajar con *todas* esas variables? No necesariamente, pero sí las debe tener en cuenta. Cuando es posible, debe identificar a un trabajador, profesional u operador que sirva como referente del niño que estamos atendiendo. Cuando es posible, debe intentar mantener reuniones regulares con todo el personal para aportar pequeños consejos y sugerencias relacionados con la conducta del niño. En esas reuniones el terapeuta debe entender la importancia de hacer una buena alianza con la institución o el hogar, para no ser sentido como *"alguien que viene de afuera a decirnos lo que tenemos que hacer.... Debiera estar aquí adentro para saber de qué se trata".*

Muchas veces, las instituciones que albergan niños pueden contar con personal que no tenga la capacitación suficiente o necesaria para el trabajo con esta problemática. Otras tantas, la cantidad de población albergada puede exceder los recursos humanos disponibles, y quienes trabajan allí pueden sentirse agobiados, abrumados y al límite de sus fuerzas. Los niños que han vivido en familias altamente maltratantes y abusivas, reproducen sus modos de relación en cualquier lugar en el que se active nuevamente la necesidad de apegarse a otro adulto. Cuando los adultos que están a cargo de su cuidado toman sus conductas como una muestra de "desagradecimiento", es porque no pueden entender a qué se debe la misma, y es absolutamente necesario que alguien los ayude a comprender.

En algunos casos, la conducta del niño que atendemos puede ser tan disruptiva que toda la institución en bloque tiene una mirada negativa de él, y una visión poco esperanzada y esperanzadora de que algo pueda cambiar. Esto, a su vez, suele reforzar la conducta disruptiva del niño. Y los terapeutas podemos sentirnos enojados y frustrados, ya sea con el niño o con la Institución. A veces, podemos cometer el error de "tomar partido" y colocarnos en un enfrentamiento que sigue dejando al niño sin referentes seguros y claros.

El terapeuta debe cuidarse de ser el depositario de la desesperanza que las personas que trabajan en las instituciones y hogares sienten, y que está multideterminada por las variables enunciadas más arriba. El terapeuta puede ofrecer su comprensión y escucha, y validar los sentimientos que surjan, pero debe ser muy claro a la hora de explicar los alcances (la terapia del niño que está atendiendo y vive en dicha institución/hogar) y limitaciones (el manejo de variables externas al caso específico y puntual del niño) de su intervención.

El encuadre de nuestra intervención terapéutica.

El mundo y la historia de los niños severamente traumatizados están plagados de eventos impredecibles. El factor sorpresa raramente se asocia a algo agradable. Por el contrario lo novedoso puede generar una escalada de ansiedad, temor y angustia. Una niña de 6 años me ilustró sobre esto una vez: *"A mí no me gustan las sorpresas. No tienen nada lindo. Te pueden hacer llorar las sorpresas"*. En consecuencia, actuar de modo "predecible" deberá ser una guía permanente en todas nuestras intervenciones.

- *El lugar.* Cuando trabajemos en lugares como hospitales, o instituciones en los que es posible que el consultorio u oficina de trabajo cambie a diario, es bueno avisarle de antemano al niño que eso es algo que puede suceder. Cuando el niño requiere ver y recorrer el lugar se debe atender a este pedido. Asimismo si el terapeuta puede mostrarle que algo de lo que utilizan en su trabajo permanece estable (por ejemplo, los lápices o algún juguete que utilizan), vayan donde vayan, es importante señalarlo cada vez que sea necesario.

- *El horario.* Quienes traen al niño a su terapia deben ser respetuosos del horario de inicio y finalización de la misma. Deben saber de antemano que puede ser necesario que permanezcan en la sala de espera, o que participen de la sesión del niño, en cuyo caso es imprescindible que estén 100% *presentes* (sin atender llamados de su teléfono móvil, por ejemplo). A veces es una persona quien deja al niño y otra quien lo retira. El niño y el terapeuta deben saber quién es esa persona, no solo por cuestiones de seguridad, sino porque de lo contrario el niño se encuentra con que ir a su terapia puede implicar, en algún punto, no saber a qué atenerse, y la experiencia le enseñó que lo impredecible no trae buenos augurios para él. El respeto por los horarios y las rutinas debe ser también sostenido en los otros ámbitos en los que se desenvuelve, no solo para organizar lo cotidiano, sino para que el niño pueda ser un integrante activo de la comunidad en la que vive (por ejemplo, respetando los horarios de entrada y salida de la escuela).

- *Los cambios.* Si es necesario o forzoso por razones ajenas al niño hacer cambios en el encuadre (cambiar un día, cambiar un horario, suspender una sesión), se le debe informar al niño sobre esto y sobre la posibilidad de reprogramar la sesión. Esta regla es igualmente aplicable si van a darse cambios en alguno de los contextos en los cuales el niño se desenvuelve en la casa, por ejemplo, si comienza a trabajar una nueva persona, si habrá una mudanza, etc.; en la escuela, si la maestra debe tomar una licencia prolongada, si un maestro renuncia y es reemplazado por otro, si por razones edilicias el niño debe cambiar de aula, etc.

- *Las vacaciones.* Las vacaciones pueden ser sentidas como períodos muy largos de tiempo cuando se dan en el medio de un tratamiento. Es recomendable que durante la última sesión el terapeuta trabaje con el niño en un cierre transitorio de su espacio, remarcando los logros, y aclarando que volverán a verse y si es posible, dejando establecido cuándo lo harán.

- *Las consecuencias.* Las consecuencias pautadas con el niño y su familia o escuela por las conductas desajustadas, no deben cambiarse aleatoriamente, ni agregarse nuevas. Es por ello que cuando se establecen consecuencias determinadas para tales conductas el terapeuta ofrece un tiempo de prueba de las mismas y un re chequeo de su utilidad y conveniencia. Esto es válido para todos los ámbitos en los cuales el niño se desenvuelve.

- *El cierre del tratamiento.* La situación ideal es la del tratamiento que se cierra porque todos los objetivos planteados para el mismo han sido completados. Ese cierre incluye una historización del tratamiento. A mí me gusta armar un cuento sobre el niño que atiendo: contar por qué vino, qué le pasaba al principio, cómo se encuentra al final, qué cosas aprendió, qué se lleva de esta experiencia. Cuando es posible, sumo a los padres en esta tarea, preguntándoles a ellos qué cambios han notado, alentándolos a hablar positivamente del niño, y a reforzar el esfuerzo y los logros. Sin embargo, un cierre planificado no siempre es lo que sucede. A veces los tratamientos concluyen abruptamente por cambios en el funcionamiento familiar cotidiano (mudanzas, cambios laborales o económicos, cambios de horarios), a veces porque las conductas más disruptivas han cesado, a veces por cansancio del niño y/o de la familia. Lo más serio de estos cierres inconclusos y abruptos es que se dan sin previo aviso; en realidad, ni siquiera son cierres en el verdadero sentido de la palabra, son más bien abandonos, deserciones, aunque las familias no lo vean así. El cierre de este espacio es vital aunque los objetivos terapéuticos establecidos al principio no se hayan logrado. Un cierre permite recoger los frutos del esfuerzo, mirar el pasado, el presente y el futuro con una nueva perspectiva, aunque ésta incluya todavía trabajo por hacer. No he conocido en mi experiencia clínica con estos niños, uno solo que no haya obtenido algo positivo del tiempo en que estuvieron en tratamiento. Son sus logros, no los míos, los que merecen llevarse. Para muchos de ellos, el espacio terapéutico ha sido una experiencia reveladora de la posibilidad de confiar en otros y en sí mismos. Despedirse no es una opción: es un derecho legítimo. Esto debe ser clarificado a los adultos desde el inicio mismo del tratamiento, y en caso de que, hacia el final, lo hayan olvidado, es bueno que el terapeuta los vuelva a contactar para recordarles la importancia de cerrar esta etapa.

10.3
Trabajando con las escuelas

Muchas de las sugerencias que se han presentado hasta ahora en este capítulo son igualmente aplicables al trabajo con las escuelas. Sin embargo creo que el trabajo con los establecimientos educativos merece un apartado especial. Todos los terapeutas sabemos que –en mayor o menor medida- parte de nuestro trabajo en la atención clínica de niños, incluye a las escuelas, a los maestros y a veces, a todo el personal que trabaja en la institución. En este apartado en particular me gustaría poder compartir la experiencia que he aprendido de colegas cuyo trabajo específico con niños severamente traumatizados y disociativos transcurre no en un consultorio o en un servicio de salud mental, sino en las escuelas mismas.

Tal como mencionaba anteriormente, el aprendizaje es indiscutiblemente un objetivo importante en la vida de los niños. Sin embargo, muchos niños severamente traumatizados no pueden aprender como todos los adultos esperamos que lo hagan. Su bajo rendimiento académico, sus conductas disruptivas, su "falta de responsabilidad" en el cumplimiento de tareas y consignas, su desatención y aparente falta de interés, suelen ser rubricados de manera negativa por el personal escolar y muchas veces adjudicados a una suerte de intencionalidad. El niño se transforma entonces en vago, problemático, complicado, irresponsable, "colgado"[37], y básicamente en el autor intelectual y material de su propio fracaso.

---

[37] "Estar colgado" es una forma coloquial que se utiliza para referirse a la distracción.

Otras veces, cuando se pueden identificar habilidades y capacidades que le permitirían al niño mejorar su rendimiento académico, es posible que surja la explicación del autoboicot: el niño puede, sabe, quiere, pero llega un momento en que una fuerza negativa poderosa lo lleva en camino contrario. Y fracasa, cuando tiene todo para triunfar. Puedo entender la frustración que esto genera en maestros. Es la misma frustración que podemos sentir los terapeutas cuando avanzamos en una dirección, y una sesión más tarde es como si nada de lo que hicimos hubiera dejado marca. Pero luego recordamos lo que escribía Julian Ford sobre el cerebro focalizado en aprender y el cerebro focalizado en sobrevivir, y comenzamos de vuelta, o bien modificamos la estrategia o parte de ella.

Para las escuelas puede ser un poco más difícil: tienen un objetivo académico y los maestros son formados para lograrlo. A veces, es posible identificar barreras que impiden que la escuela tenga un enfoque sensible a la situación del niño, una situación en la cual el trauma crónico ha moldeado una manera de ver el mundo y de relacionarse con éste.

Algunas de estas barreras (adaptado de Cole et al, 2005) son:

- La tendencia a ver la situación traumática como un problema que no le pertenece al ámbito escolar sino al familiar: *"la escuela está para enseñar, no para hacer terapia/servicio social"*

- Culpar –ya sea de manera intencional o no- a los niños y/o sus familias por el problema: *"el niño es un problema, no le interesa, no hace caso, la familia no se interesa, no buscan/aceptan ayuda"*

- El impacto personal que la situación traumática genera en el personal educativo con el consiguiente sentimiento de impotencia, lo cual muchas veces produce una expulsión del niño de la escuela: *"hicimos todo lo que pudimos, el niño no se adapta, ésta no es la escuela para él"*

- La dificultad para balancear las necesidades individuales del niño traumatizado con las del total de la clase: *"tengo 27 niños en total, no puedo dedicarme con exclusividad a uno solo de ellos".*

Otras barreras pueden ser la falta de personal, la falta de apoyo a los maestros por parte de las autoridades, y en general la escasa información y formación que reciben los maestros para encarar los desafíos que implican estos alumnos. Las instituciones educativas pueden mostrarse rígidas e inflexibles cuando apuntan a un estándar académico alto; a veces, pueden no querer verse involucradas en casos en los cuales la Justicia esté implicada (por ejemplo, cuando un alumno no puede estar en contacto con alguno de sus progenitores por orden de un Juez en aras de la protección, la seguridad y el bienestar del niño). Cuando las instituciones educativas se encuentran con un número significativo de niños "con problemas", el agotamiento, la desesperanza y la sensación de que cualquier cosa que hagan es poco significativa en el complejo universo de estos niños, suele invadir al personal, minando su capacidad de responder de la manera más adecuada y eficaz.

Los terapeutas no tienen injerencia en el cambio de políticas sociales y educativas que contribuyan a modificar sustancialmente estas barreras. No obstante pueden reconocer cuáles son los obstáculos que presentan las instituciones educativas a las cuales sus pequeños pacientes concurren, e interactuar con éstas desde sus posibilidades. Una de estas posibilidades es acercarles la información que les permita comprender el cuadro que tienen por delante, y ayudarlos a pensar, practicar y sostener estrategias de trabajo.

Los maestros reclaman -con razón- que su formación no incluye el tratamiento o la adecuación especial de la currícula académica a las dificultades del niño severamente traumatizado. Tampoco le compete a una escuela lograr que –desde el lugar donde se diseñan las políticas públicas- se reconozca que la exposición a trauma severo en la infancia es un problema más común de lo que desearíamos. Sin embargo, en algunas comunidades podemos llegar a encontrar que en una misma escuela, en un mismo grado, la cantidad de niños que han padecido o padecen situaciones de trauma severo, excede el aislado número de uno o dos por clase.

En un artículo brillante sobre el lenguaje de la disociación en niños (Yehuda, 2005), Na´ama Yehuda, acostumbrada a trabajar en escuelas públicas del Bronx y Harlem, en la ciudad de Nueva York, explica que el lenguaje de todos los días y el lenguaje del trauma, no son iguales. Lo que ella llama *el lenguaje de todos los días*, es aquel que usamos en circunstancias ordinarias de vida, y que nos sirve para pensar, describir experiencias, comparar, razonar, deducir, predecir, comunicar nuestras experiencias internas (si tenemos miedo, si estamos tristes o enojados y por qué, si tenemos frío o hambre), y también las externas (si fuimos al cine, si nos gustó una película, si deseamos hacer algo en particular). Este proceso se va logrando y adquiriendo a partir de un intercambio comunicacional que el niño comienza desde muy temprano en su vida, en el cual sus cuidadores cumplen un rol fundamental enseñando, modelando, regulando la experiencia del lenguaje y la comunicación.

Sin embargo, continúa, los niños traumatizados han aprendido que el lenguaje puede quedar pegado a la experiencia traumática y convertirse entonces en un elemento amenazante. ¿Cómo hablar de lo terrorífico? ¿Cómo expresar lo que se siente cuando todo el tiempo algo despierta un estado de alarma, y el objetivo final es sobrevivir al peligro? Se pregunta y nos obliga a nosotros a preguntarnos: "Si los adultos tienen dificultades en verbalizar sus experiencias traumáticas, ¿cuánto más difícil puede ser para los niños que nunca adquirieron el vocabulario para comunicarse, y que carecen de cualquier concepto acerca de una realidad no abusiva?" (Yehuda, op. cit., pg. 13).

Creo que es fundamental comenzar por ayudar a las escuelas y a los maestros, a entender cabalmente el por qué de las fallas conductuales y académicas de sus alumnos cuando éstos han sido severa y crónicamente traumatizados.

Cole y colaboradores nos recuerdan que: "Aprender a leer, a escribir, a tomar parte en una discusión y a resolver problemas matemáticos, requiere de atención, organización, comprensión, memoria, de la habilidad de trabajar, de involucrarse en el aprendizaje y de confianza. Otro pre requisito (...) es la habilidad de auto regular la atención, las emociones y las conductas." (Cole et al, op. cit. pg. 22).

El trauma interpersonal, temprano y repetido, interfiere en la adquisición de esas cualidades. A continuación trataremos de entender por qué. [Lo que sigue está adaptado del trabajo realizado por Susan Cole y colaboradores como parte de la Iniciativa de Políticas de Aprendizaje y Trauma del Estado de Massachussets, USA.]

10.4
¿Por qué la escuela puede
ser una tarea difícil?

a. **¿Cómo aprender nueva información?** Los niños severamente traumatizados suelen estar atentos a posibles señales de peligro. Han aprendido que eso es lo que sucede y es aquello de lo que se tienen que defender. Este estado permanente de alarma aumentada, de hipersensibilidad a situaciones de peligro, les impide reconocer que el aula es un ambiente seguro o que la maestra no les va a pegar. En consecuencia, su capacidad de involucrarse en el proceso cognitivo de adquisición de nueva información, se verá severamente limitado, ya que las áreas del cerebro involucradas en dicho proceso, deben dejar lugar a aquellas otras áreas que "trabajan" en la identificación del peligro y en la respuesta ante el mismo.

b. **¿Cómo se comunican afectiva y socialmente?** Las investigaciones demuestran que el desarrollo comunicacional depende del estilo de interacción del niño con sus cuidadores y del contexto social en el cual se establece y crece el lenguaje temprano del niño. Esto afecta no solo las habilidades lingüísticas sino el cómo, cuándo y para qué el niño utilizará el lenguaje. (Coster & Cicchetti, 1993). Los niños severamente traumatizados pueden presentar dificultades a la hora de focalizar en el contenido del lenguaje, ya que están pendientes de monitorear los mensajes no verbales, la comunicación gestual. Esto es así porque el niño ha vivido o vive en un mundo en el cual la supervivencia solo es posible a partir de escrutar gestos, expresiones o movimientos mínimos que puedan anticipar la conducta maltratante del adulto. El lenguaje y la comunicación pasan a ser utilizados entonces para mantener al otro a distancia, y para determinar el tipo de relación con el otro (peligrosa versus segura), en lugar de ser utilizados para otorgar significado.

c. **La organización narrativa del material.** A medida que la escolarización avanza aumenta la complejidad y cantidad de tareas y consignas a las cuales el niño debe prestar atención y resolver. Para que esta tarea sea exitosa se requiere de la capacidad de organizar el material secuencialmente. El primer paso para lograrlo es el establecimiento de una memoria secuencial. A temprana edad la memoria del niño es *episódica*, es decir que consiste en una colección de eventos o hechos que no pueden aún ser ordenados en una secuencia narrativa coherente (*me acosté, me levanté, jugué* versus *tenía sueño y me fui a dormir, después me levanté y como estaba aburrido me puse a jugar*). Para que la memoria pueda pasar de ser episódica a secuencial el niño requiere de un ambiente estable y contenedor, coherente y con rutinas predecibles. En la vida de estos niños tal estabilidad, contención y predictibilidad han estado ausentes, muchas veces por el caos reinante y también por la arbitrariedad de las reglas (*mi papá me pegaba cuando tomaba, también me pegaba si no tomaba, y cuando me levantaba temprano los domingos, un domingo me levanté tarde y también me pegó*).

d. **Relaciones causa-efecto.** La crianza en un ambiente inconsistente e impredecible, dificulta la capacidad del niño de establecer relaciones causa-efecto y de reconocer su propia capacidad de influenciar lo que pasa en el mundo que lo rodea. Esto repercute negativamente en su habilidad para establecer objetivos, predecir resultados en base a las propias acciones, o hacer inferencias. El futuro se convierte entonces en algo peligrosamente incierto e impredecible, y el niño pierde la motivación y no logra perseverar en la consecución de un objetivo (aprender, completar una tarea, etc.).

e. Tomar/aceptar la perspectiva del otro. Los niños que han vivido o viven en ambientes signados por el maltrato, aprenden a adaptarse al humor parental como una estrategia de supervivencia. Explorar y elegir de acuerdo al propio gusto o necesidad, no son acciones seguras o promovidas desde la familia. Esta cualidad de dependencia respecto del otro condiciona el desarrollo y el reconocimiento de la propia perspectiva, limitando en consecuencia también la capacidad del niño de "ponerse en el lugar del otro". Esto afecta no solo el desarrollo de la empatía, sino también la posibilidad de explorar vías alternativas de resolución de problemas, o de aceptar puntos de vista diferentes.

f. Prestar atención. Tal como se explicó en el punto a. estos niños están pendientes de aquellas señales del ambiente que les anticipen una situación peligrosa. Acostumbrados a no saber qué esperar o a esperar lo peor, la novedad puede implicar peligro. El primer filtro consiste en determinar si el estímulo es peligroso o no. Si lo percibe como tal, la respuesta de alarma se activa; si por el contrario lo percibe como inocuo, directamente lo descarta. En consecuencia, cualquiera de las dos acciones dificulta el prestar atención e incorporar nueva información, porque el objetivo en el cual su cerebro está centrado no es el aprendizaje, sino la supervivencia (o en todo caso, el aprendizaje de nuevas estrategias de supervivencia). Muchos niños ven interferido el proceso de prestar atención con el agregado de intrusiones tales como imágenes, recuerdos, voces o cualquier otro contenido sensorial asociado al evento traumático. Nada de esto es visible a los ojos del maestro, quien solo puede observar la consecuencia de este proceso interno y rápido por el cual el niño está pasando: la falta de atención, la conducta disruptiva, el quedarse dormido.

g. Desarrollo de las funciones ejecutivas. Las funciones ejecutivas están presentes en casi todas las acciones de la vida cotidiana. Desde el establecimiento de objetivos, la planificación de acciones a seguir, la secuencia y realización de esas acciones, hasta la consecución del objetivo, el monitoreo de la tarea, el control inhibitorio, todo ello, requiere del desarrollo de las funciones ejecutivas. La corteza prefrontal, el área del cerebro responsable del desarrollo de tales funciones, se ve afectada por el trauma interpersonal temprano y repetido; si el objetivo permanente es la supervivencia, las áreas del cerebro más desarrolladas por su uso serán aquellas involucradas en la apreciación inmediata del estímulo potencialmente peligroso y en el establecimiento de las acciones necesarias para estar a salvo. La corteza prefrontal tiene poco qué hacer en este trabajo. El déficit en el desarrollo de las funciones ejecutivas (o como algunos autores lo llaman, la "disfunción ejecutiva", van Dijke & Steele, 2010) se manifiesta en la dificultad para controlar la propia conducta e impulsos, para permanecer focalizados, para resolver problemas y aprender de los errores, para dirigir la conducta de manera ajustada con el objetivo planteado, entre otras, dificultando en consecuencia el aprendizaje y potenciando las conductas disruptivas.

h. **Desregulación emocional y conductual.** Los niños que han crecido o siguen viviendo en ambientes maltratantes y negligentes, tienen un déficit importante en la regulación de las propias emociones. La regulación emocional es producto de un proceso interpersonal en el que el adulto, en sintonía con la tensión del bebé recién nacido, responde a esta tensión de manera adecuada, generando un efecto de calma. Este patrón de acciones, que están en la base del desarrollo de un apego seguro, en la medida que se van sosteniendo y desarrollando conforme el niño va creciendo, permiten que el mundo emocional del niño se convierta en algo conocido. El niño puede aprender a reconocer sus emociones, a relacionarlas con las situaciones que las provocan, a expresarlas, a modularlas, a calmarse de manera adecuada. Esto está severamente dificultado en los niños de los que venimos hablando. Básicamente el universo emocional en el que viven está inundado de miedo, rabia, vergüenza o carece por completo de un mínimo registro emocional (como es el caso de los niños que viven en situaciones de negligencia emocional severa). La expresión de las emociones puede ser peligrosa y retroalimentar el circuito de malos tratos. Sentir puede convertirse en un estímulo recordatorio del trauma y disparar las ya conocidas reacciones de alarma. El niño puede expresar su enojo, su miedo o su angustia de manera explosiva, impulsiva, desproporcionada e incontrolable (por ejemplo, el niño que responde anticipadamente y de manera explosiva a algo que percibe como una provocación). O bien puede cerrarse por completo a la experiencia, disociando las emociones y pretendiendo que nada ha pasado (se presenta entonces abúlico, con afecto aplanado, inmutable, depresivo). En muchos casos las emociones se expresan a través de síntomas somáticos tales como dolores de cabeza, estómago o cuadros gastrointestinales frecuentes. El niño en este estado pierde la capacidad de utilizar las emociones como guía para su conducta, resultando entonces en conductas desadaptativas o desajustadas. Muchas veces este desajuste consolida creencias de ineficacia, falta de control, o valoración negativa (*no puedo aprender porque no quiero, porque soy malo, porque soy tonto*) que aumentan a su vez la dificultad escolar, retroalimentando la falta de motivación, la dificultad para la planificación y anticipación de la propia conducta, la falta de atención, etc.

10.5
Pensando e implementando estrategias.

Aquí se ofrecen algunas sugerencias para poner en práctica con los niños severamente traumatizados y disociativos, desde la escuela. Es tarea del terapeuta poder adecuarlas a la comunidad en la que está trabajando y al personal escolar con el cual debe dialogar.

Recuerde que esto es una guía y que es esperable poder flexibilizar sus principios y sugerencias cuando se debe interactuar con otros sistemas que rodean al niño, sin olvidar que el principal objetivo es lograr que sea la mayor cantidad de gente posible la que se una a la tarea de ayudar.

En primer lugar es útil poder informar a la escuela cuáles son las señales de que el niño está disociando en el aula. El clínico podrá orientar de manera más concreta al personal de la institución educativa, en función de lo que conoce del niño que está atendiendo. Es importante recordar y señalar, si es necesario, que las manifestaciones pueden ir desde lo más sutil (quedarse "en babia") hasta lo más extremo (regresiones).

A continuación, hay una lista de algunas posibles manifestaciones disociativas de un niño tal como pueden ser observadas por el maestro u otros miembros de la institución educativa:

• Cambios abruptos y aparentemente sin razón en la actitud que incluyen: conductas regresivas, estallidos de rabia y agresividad o de llanto desconsolado, sensación de extrañeza (como si no reconociera el lugar o a alguna de las personas o alguno de sus elementos de clase); quedarse dormido repentinamente; mostrar miedo intenso sin razón que lo justifique.

• Negar una conducta que ha sido claramente observada por el maestro.

• Referir no conocer o no saber resolver una situación que ya había resuelto adecuadamente en otro momento, o desconocer algo que ya había aprendido anteriormente.

• Presentar respuestas emocionales atípicas o discordantes a situaciones, consignas o tareas (por ejemplo, mencionar/señalar como triste algo que es evidentemente motivo de alegría).

• Dificultades para recordar información significativa que se sabe que el niño conoce (por ejemplo, olvidar el nombre de sus compañeros con los que comparte la clase desde hace mucho tiempo).

• Fenómeno de la hoja en blanco: el maestro observa que la tarea/escritura se corta abruptamente y el niño deja una página en blanco sin poder dar cuenta de qué le sucedió.

• Cambios importantes y significativos en la escritura que no se pueden explicar por estar el niño en proceso de adquisición de la misma o por cansancio. Puede que el niño incluso no reconozca como propio algo de lo que ha escrito.

• Estar "en babia" la mayor parte del tiempo, mostrando dificultad para volver al aquí y al ahora cuando la maestra le llama la atención o mostrando sobresalto; sensación de que el niño está "en su propio mundo", como si desconociera el que lo rodea.

Esta es solo una muestra no exhaustiva de diversas conductas y manifestaciones que el niño disociativo puede mostrar en el aula. Usted puede profundizar esta información yendo a la página web www.isst-d.org/education/faq-teachers.htm donde encontrará la Guía de Preguntas Más Frecuentes de Maestros, realizada por el Comité de Niños y Adolescentes de la ISSTD. Puede ofrecer esta página como referencia informativa a la institución, con la salvedad de que la misma, al día de la fecha, todavía no ha sido traducida del inglés al español.

A continuación, usted encontrará algunas sugerencias importantes para trabajar con las escuelas, y para que las escuelas mismas trabajen con el niño que usted atiende. Recuerde siempre ser sensible a las posibilidades de la escuela y de la comunidad con la cual trabaja; su objetivo es que la escuela sepa más acerca de cómo trabajar mejor con el niño que usted atiende. Ese objetivo es importante para ellos, para su trabajo terapéutico y, fundamentalmente, para el niño implicado.

1. *Es importante que la escuela pueda brindar al niño un ámbito de seguridad real.* Como se ha repetido en otras partes de este libro, cuando hablamos de seguridad real nos referimos a evitar toda situación de retraumatización. En casos en los que el niño ha sido víctima de alguna forma de maltrato que derivó en una desvinculación del progenitor maltratante, es fundamental que la escuela esté al tanto de esta medida y que cuente con un instrumento para hacer valer en caso de que el progenitor incursione intempestivamente en la Institución (por ejemplo, una copia de la restricción de acceso). En algunos casos que he atendido a lo largo del tiempo, las escuelas se convirtieron en el espacio donde se reanudaban los contactos -supuestamente supervisados- entre el padre maltratante/abusivo y el niño. Esto está absolutamente contraindicado. No es función de la escuela ejercer una supervisión de estas características, como tampoco lo es monitorear la relación o trabajar en pos de su modificación. El reanudamiento de estos contactos siempre tiene consecuencias emocionales para estos niños, y es de vital

importancia que se den en contextos terapéuticos, liberando el espacio escolar de la tensión asociada a estos encuentros.

2. *Prestar atención a la relación con los maestros y otros adultos en la escuela.* Estos niños han aprendido de manera magistral a "leer" a los otros, pero muchas veces esa lectura puede ser errónea. Las relaciones interpersonales reproducen muchas veces los mismos patrones deficitarios que ellos han aprendido, y que a veces siguen observando y viviendo en sus hogares de origen. Esto hace que nos encontremos con niños que actúan en un rango de conductas que van desde la híper complacencia al desafío más pertinaz. Muchos niños con trastornos disociativos pueden mostrar cambios bruscos en sus conductas y actitudes dentro de la escuela, generando entonces confusión en los maestros si no se les informa acerca de la posibilidad de que esto suceda. El terapeuta puede ayudar a los maestros a manejar sus relaciones con estos niños sobre la base de lo que él mismo observa y ha aprendido de la forma de relacionarse del niño dentro del ámbito terapéutico. Es fundamental explicarles a los maestros que muchas de las reacciones de los niños con ellos –en especial las que despiertan rechazo en el adulto- no están direccionadas de manera individualizada a la persona del maestro, sino que son reacciones disparadas por algún elemento en común con el pasado, que el niño ha leído de manera equívoca. Si el adulto reacciona con enojo o con rechazo, estará reforzando la creencia del niño de que su conducta o actitud hacia ese adulto fue la adecuada. Si por el contrario el adulto puede "despegarse" de su propia reacción de enfado o rechazo, entendiendo que lo que está sucediendo no tiene que ver con él ni con el contexto actual, sino con otra persona en otro contexto diferente, estará en mejores condiciones de ayudar al niño a desactivar una respuesta automática en un ámbito en que no la necesita.

3. *Recordarle al niño que está en un lugar seguro. Ayudarlo a reorientarse en el aquí y ahora.* Cuando alguna situación dispara en el niño una manifestación disociativa, es primordial poder volverlo a conectar con el aquí y el ahora. En esos momentos, el pasado y el presente se funden en un solo momento, y al niño le cuesta reconocer que la realidad actual en la que se encuentra es diferente de la que vivió. El maestro cuenta con diversas estrategias que lo pueden ayudar en esta tarea.

- Dirigirse al niño siempre con una voz calma, tratando de lograr que el mismo haga contacto visual con el adulto. Recordarle dónde está: *"estás en el aula con (nombre del maestro), estamos en clase de matemáticas"*

- Alentarlo a que observe lo que hay a su alrededor y describir el lugar en el cual se encuentra. El maestro puede ayudarlo guiándolo: *"¿de qué color son las paredes? ¿Hay algo escrito en el pizarrón? ¿Podrías fijarte si tus cordones están atados?*

- Si el estado del niño es de mucha alteración, el maestro puede considerar la necesidad de acompañarlo o solicitar que lo acompañen al baño, o que salga al patio de la escuela a respirar profundo. Si el niño va al baño, puede ser útil abrir el agua e invitarlo a dejar correr el agua fresca por sus manos.

- Permitirle que tenga algún objeto que colabore en esta tarea tal como una pelotita de goma o una cinta. Debe acordarse previamente con la escuela, la familia y el niño, que este objeto tiene ese fin y no es un objeto de juego. La focalización en modalidades sensoriales (tacto, olfato, visión), suele tener un efecto de reubicación en el presente muy eficaz. Cuando el niño no posee un objeto que cumpla esa función, es bueno que el maestro sepa qué cosas lo pueden asistir.

4. *No preguntar qué pasó, más bien explicarlo.* Para el niño explicar qué le sucedió puede ser muy difícil, ya sea porque no lo recuerda, porque no lo sabe, o porque le produce miedo o vergüenza contarlo. Antes que indagar sobre cualquiera de estas posibilidades, es mejor que el maestro le cuente al niño lo que ha visto que sucedió: *"Estábamos leyendo el cuento y comenzaste a llorar muy fuerte y a pedir por tu mamá. Entonces me acerqué y te ofrecí si querías ir a llamarla por teléfono. Dejaste de llorar y te ofrecí un vaso de agua. Ahora estamos aquí y yo voy a hacer lo que necesites para que te puedas sentir más tranquila".*

5. *Evitar la confrontación y la escalada de reproches.* Si el niño incurre en una conducta desajustada o que merece ser reprobada y esta conducta es producto de una interferencia disociativa, es aconsejable que el maestro no confronte al niño con la conducta o la consecuencia de la misma hasta tanto éste no se encuentre completamente orientado en el presente. Una vez que esto sucede, el maestro narra los hechos y establece la consecuencia para los mismos, siempre con una voz lo más tranquila posible. Siempre recordar la posibilidad de pedir ayuda si siente que no puede manejar la situación con el niño o con el resto de la clase.

Muchas veces las escuelas hacen lo mejor que pueden. Muchas veces nos vamos a encontrar con interlocutores ávidos que desean saber cómo ayudar, y están dispuestos a cooperar. Muchas veces nos vamos a encontrar con maestros que buscan en nosotros contención para lo que están haciendo. Y otras tantas no nos vamos a encontrar con nada de esto. Son los casos en los cuales debemos plantearnos la difícil opción de sugerir un cambio de escuela (a veces los padres están dispuestos a hacerlo, y otras no). Cuando trabajamos con los recursos externos los terapeutas debemos ser conscientes de aquello que podemos hacer: poco es, siempre, mucho más que la nada. Como con tantas otras cosas que les pasan a los niños, formarnos y formar a los otros acerca de las consecuencias del trauma interpersonal temprano, y de las mejores formas de intervenir, es, también, una acción terapéutica.

CAPITULO 11

HACIA UNA INTERVENCION EFICAZ

En el film *Lars y una chica de verdad* (*Lars and the Real Girl*, Gillespie, C., Oliver, N., Metro Goldwyn Meyer, 2007), Lars Lindstrom es un joven solitario de una pequeña ciudad, con tremendas dificultades para las relaciones interpersonales. Un día decide encargar por Internet una muñeca en tamaño real (como los maniquíes que vemos en las tiendas) y comienza allí una relación de fantasía cuasi delirante con una muñeca que para él es una persona real, a quien llama *Bianca*, y a la que lleva sentada en una silla de ruedas presentándola a todos como una misionera de gran corazón y enormes aptitudes humanas, que ha cautivado su corazón y se ha transformado en su novia.

La reacción inicial de quienes lo rodean es imaginable: lo miran como a un loco, se niegan a interactuar con una muñeca *como si fuera real*, aún cuando para Lars mantener una conversación con ella, sentarla a la mesa a comer o llevarla a pasear es tan natural como si *Bianca* fuera un ser humano de verdad. Con la excusa de que no ven muy bien a *Bianca*, su hermano y su cuñada llevan a Lars y a su "novia" a ver a la médica de la familia, que también es psicoterapeuta. Ésta entiende que *Bianca* es una necesidad de Lars, el vehículo perfecto y único a través del cual él puede interactuar más cómodamente con sus familiares, sus compañeros de trabajo y su comunidad en general, y sugiere entonces que todos *le sigan la corriente.*

Pero ¿de dónde viene todo esto? Apenas nacido, Lars pierde a su madre, quien muere en el parto, y el padre, devastado por el dolor agudo de haber perdido a la mujer que amaba y compañera de ruta, intenta - como puede- criar a su hijo mayor y a un bebé recién nacido. Pero el dolor es tan grande que el hijo mayor no lo puede soportar y se va de la casa, dejando a Lars al cuidado de un hombre que, tal vez en circunstancias diferentes, lo hubiera podido amar mejor, pero que lo crió desde el dolor y la tristeza que su corazón no pudo sanar jamás. Para Lars el contacto físico es una tortura, tal es así que lleva guantes y varias capas de ropa; el contacto con el otro literalmente le duele en el cuerpo y en la piel. Con *Bianca* en cambio él puede recrear una relación de acuerdo a sus propias reglas, a sus propias necesidades y curiosidades, entonces el contacto con ella no solo es controlado: también es seguro.

A lo largo de la película la pequeña comunidad en la que Lars vive –incluyendo a su hermano y su cuñada- se sobreponen a la primera impresión de extrañeza, y adoptan a *Bianca* como la persona real que Lars cree que es, aprenden a hablar con ella, a bailar con ella, la peinan, la invitan a sus fiestas, le crean tareas y misiones comunitarias. *Bianca* se transforma en una persona importante de la comunidad, y, a través de ella, eso también sucede para Lars. Su contacto con la gente aumenta, aunque siempre mediado por *Bianca*. Hasta que en algún momento algo sucede dentro de su mente que le hace sentir que ya puede ser un poco más seguro relacionarse con seres humanos de verdad, estrechar sus manos, dejarse tocar, e incluso enamorarse de una mujer real. Pero *Bianca* no desaparece de manera inmediata. Va enfermando de una condición irrecuperable, hasta que finalmente muere y es sepultada en un funeral sencillo pero sentido, al que asiste toda la comunidad.

En medio de la agonía de *Bianca*, y viendo el sufrimiento de Lars, su familia le pregunta a la médica cómo pudo ella dejar que esto pasara. Y la profesional contesta sencillamente que ella no hizo nada, sino que es algo que decidió y creó Lars. La médica-terapeuta entendió desde el principio que la muñeca *Bianca* era aquello que le permitía a Lars no morir en el aislamiento absoluto de su cuerpo y de su mente. Lejos de rubricarlo con etiquetas diagnósticas, lo acompañó e instó a los otros a acompañarlo en esta suerte de fantasía delirante que Lars debió crear para poder seguir viviendo en contacto con la gente. Sin una mamá que pudiera criarlo, el contacto que su papá le dio en los primeros meses y años de su vida, fue un contacto humano atravesado y signado por el dolor; no parece entonces ni extraño ni bizarro que Lars sintiera que el tacto del otro duele literalmente.

***

La dimensión social del trauma.

Judith Herman escribió que en circunstancias de terror el ser humano siempre busca primero a sus figuras de cuidado y apego (Herman, 1997). Pero ¿es igual cuando esa persona no está disponible? ¿Y cuando está presente pero solo a costa de provocar un daño inmenso? ¿A quién se busca entonces? Cuando Liotti (2009) habla del apego como una disposición innata, tendiente a la búsqueda de otro ser humano del propio grupo familiar o social, para calmar la tensión y buscar confort y seguridad, nos recuerda que, incluso cuando la fuente del terror es la misma figura de apego, el niño irá allí a buscar consuelo. Esa paradoja del apego se resuelve con la disociación. La niña pequeña que es descuidada por su mamá, quien se debate entre la depresión y las adicciones, resuelve la compleja operación mental de sentirse desamparada, con miedo y a la deriva, asumiendo el rol de cuidadora de su mamá. En su pequeña mente no existe disonancia cognitiva alguna:

272

reconoce que los niños deben ser cuidados por los adultos y, *al mismo tiempo,* plantea que ella –niña- es la responsable de cuidar de su mamá –adulta-. Cuando el escape físico no es factible, el escape mental es un buen recurso:

"Mi mundo se había reducido a cinco metros cuadrados. Si no quería volverme loca en él, tenía que intentar conquistarlo para mí (...) Debía intentar crear en aquel siniestro lugar un refugio en el que, sin duda, el secuestrador podría entrar en cualquier momento, pero en el que quería que hubiera lo más posible de mí y de mi mundo anterior: como si fuera un capullo protector. (...) Por la noche, cuando estaba echada en la tumbona y no podía dormir, el tic tac del despertador era como una larga cuerda por la que podía escapar del zulo[38] y descolgarme hasta mi cama infantil en casa de la abuela. Allí podría dormir plácidamente, con la tranquilidad de que ella velaba por mí desde la habitación de al lado" (Kampusch, N., 2010, pgs. 87 y 88)

Natascha Kampusch fue secuestrada en Viena a la edad de 10 años, en 1998. Se escapó de su secuestrador en el año 2006, luego de haber sufrido años de vejaciones y torturas físicas y psicólogicas continuadas. El mismo día que Natascha escapó, su secuestrador se suicidó. La primera persona a la que Natascha encontró en su huida no entendía demasiado de lo que estaba sucediendo y actuó con cierto recelo y desconfianza. No obstante, y aunque no le abrió la puerta de su casa, hizo caso a la súplica de la joven, y llamó a la policía.

***

"Aunque mamá siempre descubría casi todos mis intentos de alimentarme, no podía cogerme todas las veces. Después de meses de estar confinado durante horas en el garaje, reuní el valor suficiente y robé pequeñas cantidades de comida del congelador del garaje. Era totalmente consciente de que, en cualquier momento, podía pagar por mi delito, por lo que comía cada bocado como si fuera el último. En la oscuridad del garaje cerraba los ojos y soñaba que era un rey, ataviado con las mejores galas, que comía los mejores alimentos que podía ofrecer a la humanidad. Al coger un trozo de tarta de calabaza o de taco congelado, **era** *el rey, y como un rey en su trono, miraba la comida y sonreía."* (Pelzer, D. "El niño sin nombre", 1995, pg. 73)

David Pelzer, siendo pequeño, fue víctima de malos tratos físicos y emocionales severos por parte de su madre. Su padre, conocedor de la violencia ejercida por su esposa, asumió siempre una actitud negligente

---

[38] Zulo: Lugar oculto y cerrado dispuesto para esconder ilegalmente cosas o personas secuestradas. Definición de la Real Academia Española.

hacia tales conductas, hasta que finalmente abandonó su casa. David fue rescatado de la situación de violencia crónica que vivió, gracias a la intervención que su escuela dio a los servicios de protección a la infancia, y a la respuesta eficaz de éstos y de la Justicia.

***

A los clínicos nos han enseñado a pensar en términos de patologías, de lo desajustado, en términos de aquello que no funciona o que funciona mal. Lo que necesitan los niños que han desfilado por este libro y siguen desfilando por nuestras consultas, al igual que el niño que Lars Lindstrom alguna vez fue, es que todos, desde el lugar que cada uno ocupe en su comunidad, seamos capaces de tomar contacto con la fuente de su sufrimiento, ese lugar donde todo lo que hoy les pasa, cobra sentido. Necesitan que los miremos más allá de la colección de síntomas o conductas desadaptativas que presenten, y que entendamos que todo sucede por alguna razón. Y que esa razón está oculta en su mundo interno, un mundo en el que han aprendido a utilizar la materia prima que los niños no traumatizados usan para explorar, para crecer y para disfrutar, pero que ellos han aprendido a poner al servicio de su propia supervivencia.

Quien mejor lo expresa es Joyanna Silberg en el Prefacio de su último libro, *The child survivor* ("El niño sobreviviente", no hay disponible traducción al español). Me permito traducir y citar textualmente aquí sus palabras:

"Los niños que pasan por múltiples cuidados sustitutos suelen ser diagnosticados con desórdenes del apego. Sin embargo, estos niños, en su sabiduría, no se han arriesgado a apegarse, porque saben que los cuidadores sustitutos pueden cambiar tan rápido como se acerca una nueva fecha de cumpleaños. ¿Es esta una adaptación adecuada, o un síntoma de desorden psicológico? Los niños expuestos a abuso y trauma severos, suelen ser diagnosticados como "bipolares", porque sus estados de ánimo resultan ser contradictorios y cambiantes. Sin embargo, los cambios del estado de ánimo pueden ser adaptativos cuando el medio ambiente del niño cambia rápidamente de ser seguro y adecuado a ser impredecible, terrorífico y abusivo. Algunos niños traumatizados escuchan voces que les ordenan pelear, o que los consuelan con palabras tranquilizadoras. Suelen ser diagnosticados como psicóticos. Sin embargo, a falta de apoyo y de una guía parental consistente, los niños se adaptan dándose a sí mismos la calma o la protección que necesitan con tanta desesperación. Las etiquetas que ponemos a los niños traumatizados suelen restringir nuestro pensamiento, y nos impiden reconocer la sabiduría y la lógica internas de los síntomas que nuestros pacientes han "elegido" como su única

esperanza de supervivencia en la zona de guerra de sus violentas y caóticas vidas" (Silberg, 2013, pg. xi)

El trauma también tiene una dimensión social. Esta se manifiesta tanto en el apoyo que las comunidades ofrecen a las víctimas, como en el silencio, la negación, la minimización, o la desidia. La dimensión social del trauma adquiere la medida de nuestra respuesta. Cuando la comunidad calla o da vuelta la cara, los niños víctimas de traumas son vueltos a arrojar a las manos de quienes los traumatizan, y pierden −con justa razón- la esperanza de que alguien podrá verlos, escucharlos, ayudarlos. La comunidad de la que hablo somos todos: los profesionales que tenemos contacto con niños en los más diversos ámbitos −dentistas, enfermeras, médicos, maestros, psicólogos, psicopedagogos, fonoaudiólogos, trabajadores sociales, abogados- así como los catequistas, sacerdotes, pastores, rabinos, monjas, laicos, responsables de comedores comunitarios o clubes, y ciudadanos de a pie. Tenemos la posibilidad −y la responsabilidad- de echar luz sobre estos dramas, y facilitar así que algo cambie para estos niños al visibilizar las condiciones de vida que indefectiblemente deben ser cambiadas.

Es el mediodía de un día de invierno en la Ciudad de Buenos Aires. En un local de comidas rápidas de un barrio de clase media-alta del norte de la Ciudad, una cantidad importante de niños acompañados por padres, tíos, abuelos, se vuelcan a las mesas a almorzar, disfrutando del receso escolar de invierno. De las más variadas edades, se los ve moverse ansiosos entre el juguete que acompaña su almuerzo y la comida misma. Los adultos, mientras tanto, intercambian alguna palabra con ellos, o se limitan a zambullir su atención en alguna de las funciones de sus celulares inteligentes.

En medio del bullicio y del ir y venir, se ve la silueta de dos niños caminar casi en puntas de pie por entre las mesas: en sus manos llevan una pequeña caja con hilos y agujas que ofrecen a la venta a cambio de un precio voluntario determinado por el eventual comprador. Logran camuflarse entre tanta gente que va y viene y así no ser echados del local por el personal del mismo. Se asoman apenas a las mesas, ofrecen su mercadería diciendo alguna palabra mecánicamente repetida en voz baja e incomprensible, y casi ni se quedan a esperar la respuesta: saben que siempre será negativa. Es más: la gran mayoría de la gente ni siquiera los mira. Se llaman Franco y Javier, no llegan a los 10 años, y son invisibles. Mientras otros niños de su misma edad, ahí, a pocos metros, comen y juegan tranquilos, ellos pasan los días enteros y varias noches también, en las calles. Muchas veces escapando de la violencia de sus casas, niños como Franco y Javier, terminan quedando expuestos a una violencia aún mayor en la calle, donde pueden seguir siendo víctimas de maltrato físico, emocional y abuso sexual, y donde pueden ser corrompidos para robar o prostituirse por centavos. Aprenden estrategias de supervivencia extremas que no podríamos imaginar ni aún si quisiéramos. Pero caminan entre nosotros en las grandes ciudades, nos tropezamos con ellos todo el tiempo, y aún así, son invisibles. Si, como comunidad, somos capaces de no ver a los *Franco* y a los *Javier* que caminan cerca nuestro y se tropiezan con nuestros zapatos, ¿cómo vamos a hacer para *ver* genuinamente, a los miles de niños que son víctimas de malos tratos, de negligencia física y emocional o de abuso sexual dentro de sus familias y no deambulan sin rumbo fijo por el peligro de la calle?

Atender estos problemas no debe ser visto como una buena acción alimentada por la bondad, la caridad y/o la solidaridad: debe ser visto, entendido y enfocado –antes que nada- como una responsabilidad política y social. Los profesionales que atendemos a estos niños, ya sea en instancias públicas o privadas, tenemos la obligación de procurarnos una formación adecuada para entender y enfocar lo que a estos niños les sucede. Y también para proveer a las familias de una ayuda eficaz, necesaria para recuperar –o incluso crear- su función cuidadora. Si esa ayuda se reduce a un monto de dinero transitorio o a la obtención de un lugar donde vivir, podemos decir que el aporte, aunque necesario, está excesivamente lejos de ser suficiente. Si seguimos concentrando los esfuerzos de nuestra mirada en *"el problema"* en el que el niño se ha convertido a raíz de su conducta disruptiva o que no encaja (porque no logra tener amigos, porque no logra los objetivos académicos, porque no juega, etc.), corremos el riesgo de perder de vista aquello que le dio origen. Y entonces, nuestra capacidad de abrirnos a la inmensidad del dolor y del sufrimiento, encapsulados en el interior de esos niños y adolescentes, se verá ferozmente limitada.

Por supuesto que eso tiene –aparentemente- enormes beneficios: sentimos, creemos, que si no nos metemos demasiado, podemos protegernos mejor. El costo no deja de ser alto: ni es tan cierto que nos sirva como escudo protector frente al horror, ni ayuda al otro en su propia vivencia del horror. Los profesionales de la salud mental asistimos a la cada vez mayor variedad de técnicas y tratamientos validados empíricamente, que demuestran ser efectivos en el tratamiento de los más diversos cuadros psicopatológicos.

Paradójicamente, se ha demostrado que la variable más efectiva en el tratamiento de los pacientes, no radica en las intervenciones puntuales correspondientes a los modelos de abordaje o a las técnicas específicas que el clínico aplique, sino en la capacidad de construir una relación terapéutica contenedora y en sintonía con el paciente y su sufrimiento (Schore, 2008).

John Briere plantea, con cierta ironía, que en la cultura occidental a los clínicos se nos enseña que –como terapeutas- debemos ser objetivos, empáticos e incondicionalmente positivos con nuestros pacientes. Salvo que nadie nos dice cómo lograrlo. Entonces, continúa diciendo, pareciera ser que hay tres caminos posibles: uno es que el clínico aprenda "intelectualmente" esas cualidades, como si leer sobre las mismas fuera suficiente para adquirirlas; otro es asumir que tales características se darían de manera natural en algunas personas, por lo tanto solo esas personas podrían ejercer la psicoterapia; y el tercero es que, si uno no logra sentirse compasivo y abierto a la aceptación y al no juicio hacia los pacientes, entonces debería aprender a fingirlo. El problema con esta última opción, plantea, es que los pacientes severamente traumatizados están tan acostumbrados a la hipervigilancia interpersonal, que pronto se darían cuenta y huirían de dicho tratamiento (Briere, 2012).

A quienes hayan pensado en "actuar" o "fingir" más que en "experimentar" una actitud de apertura, curiosidad, aceptación y empatía, la sugerencia es: aborten tal misión. No solo no le aporta nada al paciente, sino que además tampoco evita el desgaste ni el *burnout*. Los profesionales podemos cultivar las cualidades que hacen a un terapeuta un ser humano abierto al sufrimiento del otro, que logra no contagiarse ni hundirse en el mismo, sino acompañarlo en el camino hacia estar mejor. Con niños puede resultar muy difícil el ejercicio: cuando vemos a los niños traumatizados nos vemos a nosotros mismos en el niño que fuimos, a nuestros hijos, a nuestros sobrinos, a nuestros nietos, y vernos o imaginarnos tan siquiera en semejante nivel de desprotección puede ser profundamente doloroso e intolerable, más aún si en nuestra infancia vivimos de primera mano experiencias similares.Si le sumamos la posibilidad de que el daño haya sido causado por un adulto, un padre o una madre, será casi inevitable mirar a ese adulto con un enojo, una rabia y una ira cuya intensidad se iguale al dolor que nos provoca ver al niño herido. En ese dilema podemos quedar atrapados, e inutilizados como terapeutas.

Respecto del niño, que podamos hacer contacto con su sufrimiento tanto como con la forma que éste adquiere, es una condición indispensable para el tratamiento. Tanto, como hacer contacto con o desarrollar los recursos y las fortalezas que le permitirán superar la desdicha. Muchos recursos, sabemos, vienen del afuera: por ejemplo, ningún terapeuta puede por sí solo generar condiciones objetivas y reales de seguridad para un niño que debe permanecer en contacto con un padre sexualmente abusivo. Pero lo que sí puede hacer es reclamar tales condiciones. Y con el adulto, será necesario que los terapeutas aprendamos a buscar un balance: entre la posibilidad de conectar empáticamente con aquello de la historia del adulto que interfirió en un correcto desarrollo de su rol parental, y la necesidad de recordarle que superar esos obstáculos no es una opción, sino una obligación en la que debe poner todo su empeño y su esfuerzo para poder cortar el ciclo de transmisión intergeneracional del trauma.

Nuestra tarea será poder aprender a navegar las tormentosas aguas que nos enfrentan a la evidencia de que, a veces, esos adultos no podrán superar tales obstáculos, y que los niños tienen el derecho de crecer sanos en un ambiente que pueda proveerles seguridad, contención y valor a todas sus necesidades.

Los profesionales de la salud mental no estamos exentos de caer en miradas ideologizadas o atravesadas por nuestras propias historias, creencias y valores. Eso no es ni bueno ni malo en sí mismo: simplemente debemos estar atentos al peso que le damos en nuestra intervención. El trabajo en una institución puede contribuir a la forma en la que se mire el problema, y siempre es importante también ser conscientes de cuánto nuestra mirada coincide o no con esa mirada institucional, porque las divergencias se filtrarán en nuestra intervención y no necesariamente con resultados positivos.

Vivimos en comunidades con diversas realidades socioeconómicas. Con mucha esperanza, este libro tal vez llegue a colegas en distintos países que compartan, como el país en el que yo vivo, la irregularidad en la distribución de los recursos a lo largo de su territorio: grandes ciudades con mucho para ofrecer en materia de atención, pequeños poblados olvidados, o ciudades medianas a las que les faltan recursos indispensables. En distintos viajes por mi país me ha sorprendido en muchas oportunidades escuchar la alarmante escasez o falta de servicios públicos de atención en salud mental a niños en general, o a niños maltratados en particular.

¿Cómo se resuelve este problema? Sin lugar a duda sobre la base de decisiones políticas y económicas que están más allá de la intención de este libro, de las posibilidades de quien lo escribe e incluso de las posibilidades de la gran mayoría de quienes lo lean. Pero ¿depende solamente de eso?

También he escuchado a muchos colegas hablar elogiosamente −sin duda alguna desde la mayor sinceridad posible- de los terapeutas infantiles. Como si fuéramos una *rara avis* o tuviéramos habilidades o cualidades sobrenaturales. Paradójicamente, muchos de los que elogian el trabajo clínico con niños traumatizados, son terapeutas con vasta experiencia en la atención de adultos severamente traumatizados, adultos que en su interior tienen congelado al niño de carne y hueso que los clínicos infantiles atendemos a diario. Y pueden escuchar a ese niño congelado, pero se sentirían sobrepasados si lo escucharan –y lo vieran– en su real dimensión actual. Trabajan también con las representaciones internas de las figuras de apego de esos adultos, y las vivencias actuales que les depara el seguir relacionándose con las mismas; pero, a diferencia de los terapeutas infantiles, no deben enfrentarse ni trabajar con el progenitor abusivo o negligente de manera directa.

Aún así, no creo que seamos una rara especie. Y si nos vieran de esa manera, se estaría contribuyendo a pensar esta tarea desde un lugar de excepcionalidad, y correríamos el riesgo de caer en lo que apuntaba unos párrafos atrás, citando a Briere: si se tratara de algo único y excepcional, o de unas cualidades extraordinarias, entonces, solo algunas personas podrían ejercer como terapeutas infantiles de estos niños. Así estaríamos retroalimentando la dimensión social del trauma: si atender a estos niños solo dependiera de ciertas cualidades particulares del terapeuta, entonces la formación académica no tendría nada que hacer, ni los recursos sociales nada para aportar. En cambio, como dice Briere, esas cualidades también se pueden cultivar. Tal vez, un balance entre el conocimiento académico y el trabajo constante sobre la persona del terapeuta, sea una buena receta para intentar.

Otra pregunta que debemos hacernos permanentemente a lo largo de nuestra práctica es: ¿qué puedo hacer *hoy*? ¿Puedo seguir haciendo este trabajo? ¿Puedo seguir escuchando el dolor de los niños sin caer en él? Sin estas preguntas permanentes de auto observación, nuestra intervención se vacía, se distancia y se vuelve meramente técnica y completamente ineficaz. Los clínicos más experimentados pueden supervisar y transmitir su saber a los más jóvenes, actuar como mentores, acompañar un proceso de aprendizaje que va más allá de los libros, y en el cual la persona del terapeuta es aquello a lo que hay que nutrir, cuidar y alimentar permanentemente, porque sin contactar con esa persona que todos somos, el terapeuta enferma.

A los terapeutas infantiles que lean este libro, los animo y los aliento a seguir aprendiendo, incluso si decidieran, algún día, dedicarse exclusivamente a la atención de adultos. Puedo asegurarles que empezar por la atención de niños con estas historias solo aporta conocimiento, comprensión y sabiduría a la hora de sentarse a escuchar a un adulto cuya historia infantil sea la de los niños que inspiraron este libro. No puedo estar segura de que los terapeutas de adultos lean este libro, aunque una ráfaga de optimismo me alienta a creer que sí. Yo misma, desde hace ya varios años, dejé el rótulo único de "terapeuta de niños" para convertirme en terapeuta de seres humanos traumatizados. Aprendí que la edad, en este tema, solo implica ciertas modificaciones de procedimiento en la evaluación y en la intervención, y hoy, muchos de

279

mis pacientes adultos juegan con los juguetes del consultorio de niños, e incluso tienen alguna sesión entera allí mismo.

La frase que inaugura la Introducción al Capítulo 1, y la poesía con la que concluye este último capítulo, pertenecen a dos mujeres adultas, que tuvieron la inmensa generosidad de compartir conmigo sus vivencias infantiles y permitirme mostrar, a través de este libro, qué significa crecer sin que estas heridas hayan sido vistas o sanadas cuando ocurrieron, en la infancia. Son un tributo a los niños congelados e invisibles del pasado, para que en el presente puedan ser vistos y oídos, tal como espero que puedan ser vistos y oídos los niños que sigan pasando por mi consulta y por la de aquellos que lean este libro.

Conservar en nuestra mirada del mundo una perspectiva infantil no es tarea fácil. Puedo darme cuenta cuando no lo logro en la crianza de mis propias hijas, cuando pierdo la dimensión de lo que significa mirar con ojos de niño el mundo adulto, y tratar de entenderlo o de predecirlo. Pero es un objetivo de trabajo permanente, no solo para criar hijos, sino también para ser terapeuta de niños, adolescentes y adultos severamente traumatizados. Por eso conservo en mi consultorio una fotografía mía de cuando era pequeña: para mostrarles a mis pacientes que los adultos alguna vez también fuimos niños, y para recordármelo a mí misma.

**

Mi gran verdad

Parece que nunca van a terminar
ni el frío ni la lluvia
ni las nieblas profundas
guardianas de mi silencio....
...se me pasa la vida
encendiendo las luces, abanicando tinieblas
entrando en el congelado camino de recuerdos...
Quizá como dicen, el momento más oscuro
se da justamente antes de aclarar,
apostemos a eso, el viaje ya está hecho
es dar vuelta otra hoja que pasa a llenar
el álbum de mi historia, que cuando yo desee,
pueda revisar....y eso, no es poca cosa....
.....es mi gran verdad.

Norma.

Anexo

Fecha:___/___/_____Puntaje CDC_____ (A ser completado por el terapeuta)
Nombre de la persona que completa este cuestionario _____
Relación con el Niño a evaluar ____Padre/Madre____ Padrastro/Madrastra _____
Maestro____ Otro _____
Nombre del Niño a evaluar:
_____
Fecha de Nacimiento: _____/_____/_____   Sexo (marcar):   M   F

CDC

Child Dissociative Checklist
Escala de Disociación en Niños
(V.3.0 – 2/90)
Frank W. Putnam, M.D. - Unit on Dissociative Disorders, LDP, NIMH

Instrucciones

A continuación hay una lista de conductas infantiles. Por cada una de ellas que presente su hijo/a **AHORA** o haya presentado **DENTRO DE LOS ULTIMOS 12 MESES**, por favor marque **2** si el ítem es **VERDADERO** para su hijo/a. Marque **1** si es **VERDADERO A VECES**. Si el ítem **NO ES VERDADERO** para su hijo/a, marque **0**.

0   1   2   1.   El niño/a no recuerda o niega experiencias traumáticas o dolorosas que se sabe que han sucedido.

0   1   2   2.   Por momentos entra en estados tipo trance o suele aparecer "como en las nubes" Las maestras pueden informar que él/ella frecuentemente está en estado de ensoñación en la escuela.

0   1   2   3.   Muestra rápidos cambios en su personalidad. El/ella puede pasar de ser cauteloso/a a excederse, de ser femenino/a a masculino/a, de tímido/a a agresivo/a.

0   1   2   4.   Se muestra inusualmente olvidadizo/a o confuso/a acerca de cosas que debería saber, como por ejemplo, olvidarse los nombres de amigos, maestros u otras personas importantes, perder sus cosas o perderse fácilmente.

0   1   2   5.   Posee un pobre sentido del tiempo. Pierde el curso del tiempo, puede pensar que es la mañana cuando en realidad es la tarde, se confunde acerca del día que es, o aparece confundido/a acerca de cuándo sucedió algo.

0   1   2   6   Muestra marcadas variaciones diarias o incluso de hora en hora en sus habilidades, conocimientos, gustos sobre comidas, habilidades físicas, por ejemplo, cambios en la escritura, en el recuerdo de información previamente aprendida, (como las tablas de multiplicar, por ejemplo), ortografía, uso de útiles o habilidades artísticas.

0   1   2   7.   Muestra rápidas regresiones en el nivel evolutivo de conductas, por ejemplo, un chico de 12 años empieza a hablar como bebé, se chupa el pulgar, o dibuja como si tuviera 4 años.

A ser completado por el terapeuta

____+____=_____ (Total, pg. 1)

0 1 2   8.   Tiene dificultades para aprender de la experiencia; por ejemplo: las explicaciones, el uso de disciplina normal o las penitencias no cambian su conducta.

0 1 2   9.   Continúa mintiendo o negando su mala conducta aún   cuando la evidencia de la misma es obvia.

0 1 2   10.   Se refiere a sí mismo/a en tercera persona (por ejemplo, "él", "ella", "suyo/a"), o a veces insiste en ser llamado/a con otro nombre. También puede manifestar que cosas que de hecho le sucedieron a él/ella, le pasaron a otra persona.

0 1 2   11.   Cambia rápidamente de quejas físicas tales como – por ejemplo- dolor de cabeza o de estómago; puede quejarse de un dolor de cabeza y al momento parece olvidarse por completo de dicho dolor.

0 1 2   12.   Se muestra inusualmente precoz a nivel sexual y puede intentar conductas sexuales inapropiadas para su edad con otros niños o adultos.

0 1 2   13.   Sufre heridas o lastimaduras inexplicables o incluso puede –a veces- lastimarse deliberadamente.

0 1 2   14.   Manifiesta oír voces que le hablan. Las voces pueden sonar amistosas o enojadas y pueden provenir de "amigos imaginarios" o parecerse a las voces de los padres, de amigos, de maestros.

0 1 2   15.   Tiene un amigo o amigos imaginarios muy reales. Puede insistir en que tal/es amigo/s imaginario/s son responsables por cosas que el niño/a ha hecho.

0 1 2   16.   Tiene intensas explosiones de rabia, usualmente sin causa aparente, y puede desarrollar una inusual fuerza física durante tales episodios.

0 1 2   17.   Tiene frecuentes episodios de sonambulismo.

0 1 2   18.   Tiene experiencias nocturnas inusuales, por ejemplo, manifiesta que ve "fantasmas" o que suceden cosas de noche de las que no puede dar cuenta (por ejemplo, juguetes rotos, heridas inexplicables)

0 1 2   19.   Frecuentemente habla consigo mismo/a; a veces puede usar una voz diferente o discutir consigo mismo/a.

0 1 2   20.   Posee dos o más personalidades diferentes y separadas que controlan la conducta del niño/a.

A ser completado por el terapeuta

_____ + _____ = _____ (Total, pg. 2.)

+_____ (Total, pg. 1.)

=_____ (Total puntaje CDC: registrarlo en la línea superior derecha de la pg. 1.)

MCC – 01/29/1999

Sexo: M __ F __

Nombre:_____ Fecha:_____/____/_____

A-DES Escala de experiencias disociativas para adolescentes

Judith G. Armstrong, Ph.D., Frank W. Putnam, M.D., Eve Bernstein Carlson, Ph.D.,
Deborah Z. Libero, Ph.D., and Steven R. Smith, B.A.

Instrucciones

Estas preguntas son acerca de diferentes tipos de experiencias que tiene la gente. Para cada una, marca el número que mejor defina cuánto de esta experiencia te sucede. Marca un 0 si nunca te sucede; un 10 si te pasa siempre. Si te pasa a veces pero no todo el tiempo, marca el número entre 1 y 9 que mejor describa qué tan seguido te pasa. Solo responde cuánto de esto te sucede CUANDO NO ESTAS bajo la influencia de alcohol o drogas.

~

1. Cuando miro la TV, leo, o juego con la computadora, estoy tan ensimismado/a que no tengo idea de lo que pasa a mi alrededor.

0   1   2   3   4   5   6   7   8   9   10

2. Traigo pruebas o tarea que no recuerdo haber hecho.

0   1   2   3   4   5   6   7   8   9   10

3. Tengo sentimientos fuertes que no me parecen míos.

0   1   2   3   4   5   6   7   8   9   10

4. Puedo hacer algo realmente bien una vez y otra vez no puedo ni siquiera hacerlo.

0   1   2   3   4   5   6   7   8   9   10

5. La gente me dice que hago o digo cosas que no recuerdo haber hecho o dicho.

0   1   2   3   4   5   6   7   8   9   10

6. Me siento como en tinieblas y las cosas a mi alrededor me parecen irreales.

0   1   2   3   4   5   6   7   8   9   10

7. Me siento confundido/a acerca de si hice algo o si solo pensé en hacerlo.

0   1   2   3   4   5   6   7   8   9   10

Página uno:_____ (Para ser completado por el terapeuta.)

Armstrong, J.G., Putnam, F.W., Carlson, E.B., Libero, D.Z. & Smith, S.R (1997) Development and validation of a Measure of Adolescent Dissociation: The Adolescent Dissociative Experiences Scale. *The Journal of Nervous and Mental Disease*, 185 (8), 491-497. **"The A-DES is a public domain document and may be used and reproduced without copyright restrictions"** (pg. 493). "El A-DES es un documento de dominio público y puede ser utilizado y reproducido sin restricciones de copyright"

8. Miro el reloj y me doy cuenta de que pasó el tiempo y no puedo recordar qué sucedió.

0   1   2   3   4   5   6   7   8   9   10

9. Escucho voces en mi cabeza que no son mías.

0   1   2   3   4   5   6   7   8   9   10

10. Cuando estoy en un lugar donde no quiero estar, me puedo ir con la mente.

0   1   2   3   4   5   6   7   8   9   10

11. Soy tan bueno/a mintiendo y actuando que me lo creo yo mismo/a.

0   1   2   3   4   5   6   7   8   9   10

12. Me descubro como si estuviera "despertando" en medio de algo que estoy haciendo.

0   1   2   3   4   5   6   7   8   9   10

13. No me reconozco a mí mismo/a en el espejo.

0   1   2   3   4   5   6   7   8   9   10

14. Me encuentro yendo a algún lado o haciendo algo sin saber por qué.

0   1   2   3   4   5   6   7   8   9   10

15. Me encuentro en un lugar y no me acuerdo de cómo llegué ahí..

0   1   2   3   4   5   6   7   8   9   10

16. Tengo pensamientos que no parece que me pertenezcan.

0   1   2   3   4   5   6   7   8   9   10

17. Me doy cuenta de que puedo hacer que el dolor físico desaparezca.

0   1   2   3   4   5   6   7   8   9   10

18. No me puedo dar cuenta si las cosas realmente sucedieron o si yo solo las pensé o soñé con ellas.

0   1   2   3   4   5   6   7   8   9   10

19. Me encuentro haciendo algo que sé que está mal, aún cuando realmente no lo quiero hacer.

0   1   2   3   4   5   6   7   8   9   10

Página Dos:_____ (Para completar por el terapeuta.)

20. La gente me dice que a veces me comporto tan diferente que parezco otra persona.

o   1   2   3   4   5   6   7   8   9   10

21. Se siente como si tuviera paredes en el interior de mi mente.

o   1   2   3   4   5   6   7   8   9   10

22. Encuentro cosas escritas, dibujos o cartas que debo haber hecho yo, pero que no puedo recordar haber hecho.

o   1   2   3   4   5   6   7   8   9   10

23. Algo en mi interior parece hacerme hacer cosas que no quiero hacer.

o   1   2   3   4   5   6   7   8   9   10

24. Descubro que no puedo decir si estoy recordando algo o si de hecho me está pasando.

o   1   2   3   4   5   6   7   8   9   10

25. Me descubro parado/a fuera de mi cuerpo, mirándome como si fuera otra persona.

o   1   2   3   4   5   6   7   8   9   10

26. Mis relaciones con mi familia y amigos cambian de repente y yo no sé por qué.

o   1   2   3   4   5   6   7   8   9   10

27. Siento como si mi pasado fuera un rompecabezas y se hubieran perdido algunas piezas.

o   1   2   3   4   5   6   7   8   9   10

28. Me quedo tan ensimismado/a con mis juguetes o peluches que estos parecen estar vivos.

o   1   2   3   4   5   6   7   8   9   10

29. Siento como si hubiera diferentes personas dentro mío.

o   1   2   3   4   5   6   7   8   9   10

30. Mi cuerpo se siente como si no me perteneciera.

o   1   2   3   4   5   6   7   8   9   10

Página Tres:_____   (Para ser completado por el terapeuta.)

A-DES Escala de Experiencias disociativas para adolescentes

Puntaje - Nombre: _____

Fecha: _____/_____/_____   A-DES Puntaje: _____

Resumen de Áreas para puntaje:

Concentración & Involucración Imaginativa: ____

Amnesia Disociativa: ____

Influencia Pasiva: ____

Despersonalización & Desrealización: ____

~

Los autores (ver referencia al pie de página) del A-DES han agrupado estos ítems en cuatro áreas que reflejan los aspectos básicos de la disociación. Los puntajes separados se pueden calcular para cada una de la manera siguiente:

Área 1 **Involucración Imaginativa**		Área 2 **Amnesia Disociativa**		Área 3 **Influencia Pasiva**	
Ítem #	Puntaje	Ítem #	Puntaje	Ítem #	Puntaje
1	____	2	____	4	____
7	____	5	____	14	____
10	____	8	____	16	____
18	____	12	____	19	____
24	____	15	____	23	____
28	____	22	____		
		27	____		

Total: ____/6=_____   Total:____/7=_____   Total: ____/5=____
(Puntaje del área)   (Puntaje del área)   (Puntaje del área)

Área 4
Despersonalización & Desrealización

Dentro del área de despersonalización y Desrealización, los ítems se categorizan de la siguiente forma:

Ítem #	Puntaje
3	____
6	____
9	____
11	____
13	____
17	____
20	____
21	____
25	____
26	____
29	____
30	____

Total: ____/12=____
(Puntaje del área)

Disociación de la identidad

Ítem #	Puntaje
3	____
9	____
21	____
29	____
Total:____/4= _____	

Disociación en las relaciones

Ítem #	Puntaje
11	____
20	____
26	____
Total: ____/3= _____	

Armstrong, J. G., Putnam, F.W., Carlson, E.B., Libero, D.Z., & Smith, S.R. (1997) Development and validation of a Measure of Adolescent Dissociation: The Adolescent Dissociative Experiences Scale. *The Journal of Nervous and Mental Disease, 185* (8). 491-497. **"The A-DES is a public domain document and may be used and reproduced without copyright restrictions."** (Pg.493.) "El A-DES es un documento de dominio público y puede ser utilizado y reproducido sin restricciones de copyright"

NOMBRE_____ Fecha _____
Fecha de nacimiento/edad _____

Encuesta de Eventos *The Childhood Trust*
Niños y Adolescentes: Formulario para Padres
Version 2.0; 10/10/2006

Es importante para nosotros entender qué pudo haberle pasado a su hijo/a. Las siguientes preguntas describen algunas experiencias dolorosas. Dado que entregamos estas preguntas a todos, hemos colocado una lista de posibles eventos que hubieran podido sucederle a su hijo/a en cualquier momento de su vida. Si su hijo/a ha tenido una o más de estas experiencias en algún momento de su vida, por favor marque **S (Sí)**. Si la respuesta es **No**, marque **N**. Si no está seguro/a marque **NS (No sé)**. Muchas gracias por completar esta encuesta.

1. ¿Estuvo su hijo/a alguna vez en un accidente grave, como un accidente de auto?
S N NS

2. ¿Estuvo su hijo/a alguna vez en un desastre como tornado, huracán, incendio, gran terremoto o inundación?
S N NS

3. ¿Estuvo su hijo/a alguna vez seriamente lastimado o enfermo hasta el punto de tener que recibir severos tratamientos médicos?
S N NS

4. ¿Su hijo/a ha sido alguna vez amenazado o acosado por un compañero/a o por alguien ajeno a la familia (bullying)?
S N NS

5. ¿Ha recibido alguna vez su hijo por parte de un progenitor insultos o comentarios dolorosos tales como "No eres bueno/a", "Te voy a echar de aquí porque eres malo/a", o "Desearía que nunca hubieras nacido"?
S N NS

6. ¿Ha sido alguna vez su hijo/a separado de su/s progenitor/es por un largo período de tiempo, por ejemplo por tener que ir a instituciones o familias sustitutas, o porque el progenitor vivía lejos, o ha dejado su hijo/a de ver al progenitor para siempre?
S N NS

7. ¿Alguna vez ha tenido su hijo/a un familiar en prisión o que fuera arrestado por la policía?
S N NS

8. ¿Ha habido algún momento en la vida de su hijo/a en que éste/a no haya recibido cuidados adecuados, como por ejemplo, no tener suficiente qué comer, tener que cuidar de hermanos menores por mucho tiempo, o ser dejado al cuidado de un adulto que usaba drogas?
S N NS

9. ¿Ha habido algún momento en la vida de su hijo/a en que viviera en un auto, o en un refugio para gente sin techo, o en un refugio para mujeres golpeadas, o en la calle?
S N NS

10. ¿Alguna vez ha vivido su hijo/a con una persona que abusara del alcohol o de las drogas?
S N NS

11. ¿Alguna vez ha visto su hijo/a en su casa a alguien tratando de suicidarse, como por ejemplo, cortándose o tomando muchas píldoras o drogas?
S N NS

12. ¿Ha tenido su hijo/a alguna vez un familiar que estuviera deprimido o enfermo mentalmente por mucho tiempo?
S N NS

13. ¿Ha tenido alguna vez su hijo/a a un miembro de la familia o a alguien muy cercano que muriera inesperadamente?
S N NS

14. ¿Ha tenido su hijo/a en su casa a alguien que fuera físicamente violento con él/ella y le diera palizas, lo/a pateara o golpeara lo suficiente como para dejar marcas?
S N NS

15. ¿Alguna vez un adulto ha dicho que lastimaría seriamente a su hijo/a o que lo/a mataría, o actuó como si fuera a lastimarlo/a seriamente o a matarlo/a aún cuando no lo hiciera?
S N NS

16. ¿Alguna vez su hijo/a ha visto o escuchado a miembros de la familia actuar como si fueran a herirse seriamente o matarse, aún cuando no lo hicieran?
S N NS

17. ¿Alguna vez su hijo/a ha visto o escuchado que un familiar fuera golpeado, pateado fuertemente o asesinado?
S N NS

18. ¿Alguna vez ha visto su hijo/a a alguien en su barrio/comunidad a quien le pegaran, dispararan, o asesinaran?
S N NS

19. ¿Alguna vez alguien ha robado o tratado de robarle a su hijo/a o a su familia usando un arma?
S N NS

20. ¿Alguna vez su hijo/a o alguien cercano a él ha sido secuestrado?
S N NS

21. ¿Alguna vez su hijo/a ha sido seriamente lastimado por un animal, como por ejemplo, ser atacado por un perro?
S N NS

22. ¿Alguna vez su hijo/a ha tenido un animal o mascota que fuera herido o muerto a propósito por alguien conocido?
S N NS

23. ¿Alguna vez su hijo/a ha visto que mataran a un amigo?
S N NS

24. ¿Alguna vez alguien tocó las partes sexuales privadas de su hijo/a cuando él/ella no quería que lo hicieran?
S N NS

25. ¿Alguien le ha pedido alguna vez a su hijo/a que le tocara sus partes sexuales privadas?
S N NS

26. ¿Algún adulto alguna vez ató, amordazó, vendó los ojos a su hijo/a o lo/a encerró en un armario o en un lugar oscuro?
S N NS

Página 2 subtotales ____ ____ ____ Página 1 subtotales ____ ____ ____ Total ____ ____ ____

Si le ha sucedido más de un evento Y aún sigue molestando a su hijo/a, por favor señale el evento que usted cree que más le molesta a su hijo/a.

Trauma Treatment Training Center
The Childhood Trust & The Mayerson
Center for Safe and Healthy Children –
Cincinnati Children's Hospital Medical Center –
3333 Burnet Ave, MLC 3008 Cincinnati, Ohio 45229-3039

Formulario para Niños y Adolescentes
NOMBRE_____ Fecha _____
Fecha de nacimiento/edad _____

Encuesta de Eventos *The Childhood Trust*
Niños y Adolescentes
Versión 2.0; 10/10/2006

Es importante para nosotros entender qué cosas pudieron haberte sucedido. Las siguientes preguntas describen algunas experiencias dolorosas. Dado que entregamos estas preguntas a todos, hemos colocado una lista de posibles eventos que hubieran podido sucederte en cualquier momento de tu vida. Si has tenido una o más de estas experiencias en algún momento de tu vida, por favor marca **S (Sí)**. Si la respuesta es **No**, marca **N**. Muchas gracias por completar esta encuesta.

1. ¿Estuviste alguna vez en un accidente grave, como un accidente de auto?
S N

2. ¿Estuviste alguna vez en un desastre como tornado, huracán, incendio, gran terremoto o inundación?
S N

3. ¿Estuviste alguna vez seriamente lastimado o enfermo hasta el punto de tener que recibir tratamientos médicos dolorosos o severos?
S N

4. ¿Alguna vez un compañero/a o alguien ajeno a tu familia te amenazó o se metió contigo (bullying)?
S N

5. ¿Has recibido alguna vez por parte de alguno de tus padres insultos o comentarios dolorosos tales como "No eres bueno/a", "Te voy a echar de aquí porque eres malo/a",o "Desearía que nunca hubieras nacido"?
S N

6. ¿Has sido alguna vez separado/a de tus padres por un largo período de tiempo, por ejemplo por tener que ir a instituciones o familias sustitutas, o porque tu padre/madre vivía lejos, o has dejado de ver a alguno de tus padres para siempre?
S N

7. ¿Alguna vez has tenido a un familiar en prisión o que fuera arrestado por la policía?
S N

8. ¿Ha habido algún momento en tu vida en que no hayas recibido los cuidados que necesitabas, como por ejemplo, no tener suficiente qué comer, tener que cuidar de hermanos menores por mucho tiempo, o ser dejado al cuidado de un adulto que usaba drogas?

S N

9. ¿Ha habido algún momento en tu vida en que vivieras en un auto, o en un refugio para gente sin techo, o en un refugio para mujeres golpeadas, o en la calle?
S N

10. ¿Alguna vez has vivido con una persona que abusara del alcohol o de las drogas?
S N

11. ¿Alguna vez has visto en tu casa a alguien tratando de suicidarse, como por ejemplo, cortándose o tomando muchas píldoras o drogas?
S N

12. ¿Has tenido alguna vez un familiar que estuviera deprimido o enfermo mentalmente por mucho tiempo?
S   N

13. ¿Ha habido alguna vez un miembro de tu familia o alguien muy cercano que muriera inesperadamente?
S   N

14. ¿Ha habido en tu casa alguien que fuera físicamente violento contigo y te diera palizas, te pateara o te golpeara tanto como para dejarte marcas?
S   N

15. ¿Alguna vez un adulto te ha dicho que te lastimaría seriamente o que te mataría, o actuó como si fuera a lastimarte seriamente o a matarte aún cuando no lo hiciera?
S   N

16. ¿Alguna vez has visto o escuchado a miembros de la familia actuar como si fueran a herirse seriamente o matarse, aún cuando no lo hicieran?
S   N

17. ¿Alguna vez has visto o escuchado que un familiar fuera golpeado, pateado fuertemente o asesinado?
S   N

18. ¿Alguna vez has visto a alguien en tu barrio/comunidad a quien le pegaran, dispararan, o asesinaran?
S   N

19. ¿Alguna vez alguien te ha robado o tratado de robarte a ti o a tu familia usando un arma?
S   N

20. ¿Alguna vez alguien te ha secuestrado (llevarte lejos de tu casa cuando no debían hacerlo) o han secuestrado a alguien cercano a ti?
S   N

21. ¿Alguna vez has sido seriamente lastimado por un animal, como por ejemplo, ser atacado por un perro?
S   N

22. ¿Alguna vez has tenido un animal o mascota que fuera herido o muerto a propósito por alguien conocido?
S   N

23. ¿Alguna vez has visto que mataran a un amigo?
S   N

24. ¿Alguna vez alguien tocó tus partes sexuales privadas aún cuando no querías que lo hicieran?
S   N

25. ¿Alguien te ha pedido alguna vez que le tocaras sus partes sexuales privadas?
S   N

26. ¿Algún adulto alguna vez te ató, te amordazó, te vendó los ojos o te encerró en un armario o en un lugar oscuro?
S   N

Página 2 subtotales ____ ____ ____ Página 1 subtotales ____ ____ ____ Total ____ ____ ____

Si te ha sucedido más de un evento Y aún sigue molestándote, por favor señala el evento que más te molesta.

Trauma Treatment Training Center
The Childhood Trust & The Mayerson Center for Safe and Healthy Children -Cincinnati Children's Hospital Medical Center - 3333 Burnet Ave, MLC 3008 Cincinnati, Ohio 45229-3039

REFERENCIAS BIBLIOGRAFICAS

Allen, J.G., Fonagy, P., & Bateman, A.W. (2008). Mentalizing in Clinical Practice. Washington DC, American Psychiatric Publishing.

Armstrong, J., Putnam, F.W., & Carlson, E. B. (1997) Development and validation of a measure of adolescent dissociation: The Adolescent Dissociative Experiences Scale (A-DES). *Journal of Nervous and Mental Disease,* 185 (8):491-7

Baita, S. (2004). Defensa disociativa en niños y adolescentes que sufrieron abuso sexual infantil. *Revista de Psicotrauma para Iberoamérica,* Vol. 3, N°1, 34-40.

Baita, S. (2009). Prefazione. Verso una definizione di "trauma evolutivo": quale futuro?. En Ardino, V. (comp.) Il disturbo post-traumatico nello sviluppo, Milano, Edizioni Unicopli (pgs. 325-333).

Baita, S. (2010). Dalma (4 to 7 years old). "I´ve got all my sisters with me". Treatment of Dissociative Identity Disorder in a sexually abused young child. En Wieland, S. (Ed.) Dissociation in Children and Adolescents. Theory and Clinical Interventions. Kentucky: Routledge Mental Health.

Brand, B. (2001) Establishing Safety with Patients with Dissociative Identity Disorder. *Journal of Trauma and Dissociation,* Vol. 2 (4), 133-155

Briere, J. (2012) Working with Trauma: Mindfulness and Compassion (pgs. 265-279). En Germer, Ch. & Siegel, R. (eds.) Wisdom and Compassion in Psychotherapy: Deepening Mindfulness in Clinical Practice. New York, The Guilford Press.

Carlson, E.A., Yates, T.M. & Sroufe, L.A. (2009). Dissociation and Development of the Self. En Dell, P.F. & O´Neil, J.A. Dissociation and the Dissociative Disorders. DSM-V and beyond. New York, Routledge (pgs. 39-52).

Carlson, V., Cicchetti, D., Barnett, D. et al. (1989). Disorganized/disoriented attachment relationships in maltreated infants. *Developmental Psychopathology,* 25:525-31.

Cole, S., Greenwald O´Brien, J., Geron Gadd, M., Ristuccia, J., Luray Wallace, W., Gregory, M. (2005). Helping Traumatized Children Learn. Supportive School Environment for children traumatized by family violence. Massachussets Advocates for Children – Trauma and Learning Policy Initiative. USA.

Coster, W., & Cicchetti, D. (1993). Research on the Communicative Development of Maltreated Children: Clinical Implications. *Topics in Language Disorders.* 13(4):25-38;31.

Courtois, Ch. (2004). Complex Trauma, complex reactions: assessment and treatment. En *Psychotherapy: Theory, Research, Practice, Training.* 41, 4: 412-425.

D´Andrea, W., Spinazzola, J. & van der Kolk, B. (en prensa, manuscrito bajo revisión: 2009). Phenomenology and Nosology Symptoms Following Interpersonal Trauma Exposure in Children: A Review of Literature on Symptoms, Biology and Treatment.

De Bellis (2005). The Psychobiology of Neglect. *Child Maltreatment,* Vol.10, 2. 150-172.

Dell, P. (2009). Understanding Dissociation. En Dell, P. & O´Neill, J. (editores) Dissociation and the Dissociative Disorders. DSM V and beyond. New York, Routledge (pgs.709-825)

Diseth, T.H. (2006). Dissociation following traumatic medical treatment procedures in childhood: a longitudinal follow–up. *Developmental Psychopathology,* 18, 233-251.

Dutra, L. & Lyons-Ruth, K. (2005). Maltreatment, maternal and child psychopathology, and quality of early care as predictors of adolescent dissociation. Paper presentado en el encuentro bi-anual de la Society for Research in Child Development. Atlanta, GA, Estados Unidos.

Famularo, R. et al (1992). Psychiatric diagnoses of maltreated children. *Journal of the American Academy of Child and Adolescent Psychiatry,* 31:863-7

Felitti, R., Anda, V., Nordenberg, R.,Williamson, D.,Spitz, A., Edwards, V., Koss, M.P. & Marks, J. (1998). Relationship of Childhood Abuse and Household Dysfunction to Many of the Leading Causes of Death in Adults. The Adverse Childhood Experiences (ACE) Study. *American Journal of Preventive Medicine,* 14 (4), (pgs.245-258).

Foa, E. B., Johnson, K. M., Feeny, N. C., & Treadwell, K. R. H. (2001). The Child PTSD Symptom Scale: A preliminary examination of its psychometric properties. *Journal of Clinical Child Psychology,* 30(3), 376-384.

Ford, J. (2009). Neurobiological and Developmental Research. Clinical Implications. En Courtois, C. & Ford, J. *Treating Complex Traumatic Stress Disorders. An Evidence-Based Guide*. New Yourk: The Guilford Press.

Gonzalez Vazquez, A., Baita, S. (2008). Working through co consciousness with adults and children. Workshop presentado en la 25a. Conferencia Internacional de la ISST-D, Chicago, USA, Noviembre 2008.

Gonzalez Vazquez, A. (2010). Trastornos disociativos, 2ª. Edición. Ediciones Pléyades, S.A. España.

Gonzalez Vazquez, A., Baita, S., Mosquera, D. (2012). Trabajando de cara a la integración: co consciencia y conexión (pgs. 145-172), en Gonzalez Vazquez & Mosquera (comp.) EMDR y Disociación. El abordaje progresivo, Madrid, Ediciones Pléyades.

Greenwald, R., & Rubin, A. (1999). Brief assessment of children's post-traumatic symptoms: Development and preliminary validation of parent and child scales. *Research on Social Work Practice*, 9, 61-75.

Greenwald, R. (2005). Child Trauma Handbook. A Guide for Helping Trauma-Exposed Children and Adolescents. The Haworth Press.

Herman, J. (1997) Trauma and Recovery. The aftermath of Violence from Domestic Abuse to Political Terror. New York, Basic Books. [Hay edición en español: Trauma y recuperación. Cómo superar las consecuencias de la violencia. 2004. España, Espasa Calpe]

Hornstein, N.L. & Putnam, F. (1992). Clinical phenomenology of child and adolescent dissociative disorders. *Journal od the American Academy of Child & Adolescent Psychiatry*, 31, 1077-85

Hornstein, N.L. (1998). Complexities of Psychiatric Differential Diagnosis. En Silberg, J. (Ed). The Dissociative Child. Diagnosis, Treatment and Management. Second Edition. MD: Sidran Press.

Howell, E.F. & Blizard, R.A. (2009). Chronic Relational Trauma Disorder: A New Diagnostic Scheme for Borderline Personality and the Spectrum of Dissociative Disorders. En Dell, P. & O´Neill, J. (editores) Dissociation and the Dissociative Disorders. DSM V and beyond. New York, Routledge (pgs. 495-510).

Hughes, D.A. (2004) Facilitating Developmental Attachment. The Road to Emotional Recovery and Behavioral Change in Foster and Adopted Children. Maryland: Rowman & Littlefield Publishers, Inc.

International Society for the Study of Dissociation. (2004). Guidelines for the Evaluation and Treatment of Dissociative Symptoms in Children and Adolescents. *Journal of Trauma and Dissociation*, Vol. 5 (3), pgs. 119-150.

International Society for the Study of Dissociation. Disociación en Niños y Adolescentes. Preguntas más comunes formuladas por los padres. Documento abierto al público disponible en http://www.isst-d.org/default.asp?contentID=108

James, B. (1994). Handbook for Treatment of Attachment-Trauma problems in Children. New York, The Free Press.

Jones, R. T., Fletcher, K., & Ribbe D. R. (2002). Child's Reaction to Traumatic Events Scale-Revised (CRTES-R): A self-report traumatic stress measure (Available from the author, Dept. of Psychology, Stress and Coping Lab, 4102 Derring Hall, Virginia Tech University, Blacksburg, VA 24060).

Kahlo, F. (2010). Diario. El Diario de Frida Kahlo D.R. © Banco de México en su carácter de Fiduciario en el Fideicomiso Museos Diego Rivera y Frida Kahlo. Ediciones La Vaca Independiente, México.

Kampusch, N. (2010). 3.096 días. Editorial Aguilar.

Kluft, R.P. (1985) The natural history of Multiple Personality Disorder. En Kluft, R.P. (ed) Childhood Antecedents of Multiple Personality, Washington DC: American Psychiatric Press (pgs. 199-238).

Kluft, R. P. (1999). An overview of the psychotherapy of dissociative identity disorder. *American Journal of Psychotherapy*, 53, 289-319.

Kluft, R.P. (2006). Dealing with alters: A Pragmatic Clinical Perspective. *Psychiatric Clinics of North America*, 29, 281-304. [Hay versión al español. Ver Clínicas Psiquiátricas de Norteamérica]

Kluft, R.P. (2010). Foreword. En Wieland, S. (Ed.) Dissociation in Children and Adolescents. Theory and Clinical Interventions. Kentucky: Routledge Mental Health.

Lanius, R., Lanius, U., Fisher, J. & Ogden, P (2006). Psychological Trauma and the brain: Toward a Neurobiological Treatment Model. En

Ogden, P., Minton, K. & Pain, C. (eds.) Trauma and the Body. A sensorimotor approach to psychotherapy. W.W. Norton (pgs. 139-161)

Le Doux, J. (1996). The emotional brain. The mysterious underpinnings of emotional life. New York: Simon & Schuster.

Levendosky, A.A., Huth-Bocks, A.C., Semel, M.A., & Shapiro, D.L. (2002). Trauma symptoms in preschool-age children exposed to violence. Journal of Interpersonal Violence, 17, 150-164.

Liotti, G. (1999). Disorganized attachment as a model for the understanding of dissociative psychopathology. En J. Solomon & C. George (Eds.), Attachment Disorganization. New York: Guilford Press.

Liotti, G. (2009). Attachment and Dissociation. En Dell, P. & O´Neill, J. (editores) Dissociation and the Dissociative Disorders. DSM V and beyond. New York, Routledge (pgs. 53-65).

Lipina, S.J. (2006). Vulnerabilidad social y desarrollo cognitivo. Aportes de las Neurociencias. Buenos Aires, Universidad Nacional de San Martín y Jorge Baudino Ediciones.

Lyons-Ruth, K, Dutra, L., Schuder, M., Bianchi, I. (2006). From Infant Attachment Disorganization to Adult Dissociation: Relational Adaptations or Traumatic Experiences? Psychiatric Clinics of North America, 29, 63-86. [Hay versión al español. Ver Clínicas Psiquiátricas de Norteamérica]

Main, M. & Hesse, E. (1990). Parents´Unresolved Traumatic Experiences Are Related to Infant Disorganized Attachment Status: Is Frightened   and/or Frightening Parental Behavior the Linking Mechanism? En Greenberg, M., Cicchetti, D. & Cummings, M. (eds.) Attachment in the Preschool Years. Theory, Research and Intervention. (pgs. 161-182). Chicago, The University of Chicago Press.

Main, M. & Solomon, J. (1990). Procedures for Identifying Infants as Disorganized/Disoriented during the Ainsworth Strange Situation. En Greenberg, M., Cicchetti, D. & Cummings, M. (eds.) Attachment in the Preschool Years. Theory, Research and Intervention. (pgs. 121-160). Chicago, The University of Chicago Press.

Moreno, P. (2011). La adopción de un niño severamente maltratado. Revista Iberoamericana de Psicotraumatología, Volumen 1, No. 2, Año 2011. Disponible en http://revibapst.com

Moskowitz, A. (2012) Trauma, Dissociation and Psychosis. Disertación. 13th Conference EMDR Europe, Madrid, España.

Nader, K.O., Newman, E., Weathers, F.W., Kaloupek, D.G., Kriegler, J.A., & Blake, D.D. (2004). National Center for PTSD Clinician-Administered PTSD Scale for Children and Adolescents (CAPS-CA) Interview Booklet. Los Angeles: Western Psychological Services.

Newman, E., Weathers, F.W., Nader, K., Kaloupek, D.G., Pynoos, R.S., Blake, D.D., & Kriegler, J.A. (2004). Clinician-Administered PTSD Scale for Children and Adolescents (CAPSCA), Interviewer's Guide. Los Angeles: Western Psychological Services.

NCTSN DSM V Developmental Trauma Taskforce: *Complex Trauma in the National Child Traumatic Stress Network.* http://www.NCTSNet.org. Fecha 15/12/2008.

Nijenhuis, E. (2005). What is dissociation? Disertación. 20° Conferencia Internacional de la ISST-D, Chicago, USA.

Nijenhuis, E. & Reinders, S. (2012). Supporting Information S1: Fantasy proneness in dissociative identity disorder. PLoS ONE 7(6): e39279. doi:10.1371/journal.pone.0039279

Nurcombe, B., Scott, J., & Jessop, M. (2008). Trauma-based dissociative hallucinosis: Diagnosis and treatment. En Moskowitz, A., Schäfer, I. & Dorahy, M. (compiladores): Psychosis, Trauma and Dissociation. Emerging perspectives on severe psychopatholgy. (pgs.271-280) Wiley-Blackwell, London.

Paulsen, S. (2009). Looking through the eyes of trauma and dissociation. An illustrated guide for EMDR therapists and clients. Washington: The Bainbridge Institute for Integrative Psychology.

Pelzer, D. (1995). El niño sin nombre. Editorial Planeta.

Perry, B. (1997). Incubated in terror: Neurodevelopmental factors in the Cycle of Violence. En Osofsky, J. (ed) Children, Youth and Violence: The Search for solutions. New York: The Guilford Press. (pgs. 124-148).

Perry, B., Pollard, R.A., Blakely, T.L., Baker, W.L. & Vigilante, D. (1995). Childhood Trauma, the Neurobiology of Adaptation and "Use-dependent" Development of the Brain: How ´States´ become ´Traits´. *Infant Mental Health Journal* 16, N°4, 271-291.

Perry, B. & Szalavitz, M. (2006). The boy who as raised as a dog and other stories from a child psychiatrist´s notebook. Basic Books.

Perry, B.P. (2009). Examining Child Maltreatment through a Neurodevelopmental Lens: Clinical Applications of the Neurosequential Model of Therapeutics. *Journal of Loss and Trauma*, 14:240-255.

Perry, B. & Szalavitz, M. (2010). Born for love. Why empathy is essential and endangered. New York, Harper.

Pica, M. (1999). The evolution of Alter Personality States in Dissociative Identity Disorder. *Psychotherapy: Theory, Research, Practice, Training*. 36 (4), 4040-415.

Porges, S.W. (2003). Social engagement and Attachment: a phylogenetic perspective. *Annal of the New York Academy of Sciences*. Vol. 1008 – Roots of Mental Illness in Children, p.31-47.

Putnam, F.W. (1985). Dissociation as a response to extreme trauma. En Kluft, R.P. (ed) Childhood antecedents of Multiple Personality, American Psychiatric Press, Washington DC, pgs. 67-96.

Putnam, F.W. (1989). Diagnosis and Treatment of Multiple Personality Disorder. The Guilford Press, New York.

Putnam, F.W., Helmers, K., & Trickett, P.K. (1993). Development, reliability and validity of a child dissociation scale. *Child Abuse and Neglect*, 17: 731-741.

Putnam, F.W. & Peterson, G. (1994). Further validation of the Child Dissociative Checklist. *Dissociation*, 7: 204-211.

Putnam, F.W. (1997). Dissociation in Children and Adolescents. A Developmental Perspective. New York: The Guilford Press.

Read, J., Goodman, L., Morrison, A., Ross, C. y Aderhold, V. (2006). Trauma infantil, pérdida y estrés. En Read, J. , Mosher, L, y Bentall, R. (editores) Modelos de locura (pgs. 271-305). Barcelona: Editorial Herder.

Reinders AATS, Willemsen ATM, Vos HPJ, den Boer JA, Nijenhuis ERS (2012) Fact or Factitious? A Psychobiological Study of Authentic and Simulated Dissociative Identity States. PLoS ONE 7(6): e39279. doi:10.1371/journal.pone.0039279

Scaer, R. (2005). The Trauma Spectrum. Hidden Wounds and Human Resiliency. W.W. Norton & Co., New York.

Schäfer, I., Ross, C. & Read, J. (2008). Childhood trauma in psychotic and dissociative disorders. En Moskowitz, A., Schäfer, I. y Dorahy, M. (editores) Psychosis, Trauma and Dissociation. Emerging perspectives on severe psychopathology. (pgs. 137-150). United Kingdom: Wiley – Blackwell.

Schore, A.N. (2001). The effects of early relational trauma on right brain development, affect regulation and infant mental health. Infant Mental Health Journal, 22, 201-269.

Schore, A.N. (2003). Affect Dysregulation and Disorders of the Self. New York: W.W. Norton & Co.

Schore, A.N. (2008). Right Brain Affect Regulation: an essential mechanism of development, trauma, dissociation and psychotherapy. Conferencia plenaria dictada en la 25th International Annual Conference of the International Society for the Study of Dissociation, Chicago, USA.

Siegel, D. (1999). The Developing Mind. How relationships and the brain interact to shape who we are. New York: The Guilford Press.

Siegel, D. (2003). An Interpersonal Neurobiology of Psychotherapy: The Developing Mind and the resolution of Trauma. En Solomon, M. y Siegel. D. (editores) Healing Trauma. Attachment, mind, body and brain. (pgs. 1-56). New York: W.W. Norton and Co.

Siegel, D. (2007). The Mindful Brain. Reflection and Attunement in the cultivation of well-being. New York: Norton & Co. [Hay edición en español: Cerebro y Mindfulness, Editorial Paidós, 2010]

Siegel, D. (2011). Mindsight. La nueva ciencia de la transformación personal. Madrid: Paidós.

Silberg, J. (1998). Interviewing Strategies for Assessing Dissociative Disorders in Children and Adolescents. En Silberg, J. (Ed). The Dissociative Child. Diagnosis, Treatment and Management. Second Edition. MD: Sidran Press.

Silberg, J., & Dallam, S. (2009). Dissociation in Children and Adolescents: At the Crossroads. En Dell, P. & O´Neill, J. (editores) Dissociation and the Dissociative Disorders. DSM V and beyond. New York, Routledge (pgs. 67-81).

Silberg, J.L. (2013) The Child Survivor. Healing Developmental Trauma and Dissociation. New York, Routledge.

Spanos, N.P. (1994) Multiple identity enactments and multiple personality disorder: a sociocognitive perspective. *Psychological Bulletin*, 116: 143–165.

Steele, K., Dorahy, M., van der Hart, O. & Nijenhuis, E. (2009). Dissociation versus Alterations in Consciousness: related but Different Concepts. En Dell, P. & O´Neill, J. (editores) Dissociation and the Dissociative Disorders. DSM V and beyond. New York, Routledge (pgs. 155-169).

Steele, K., van der Hart, O., & Nijenhuis, E. (2009). The Theory of Trauma-Related Structural Dissociation of the Personality. En Dell, P. & O´Neill, J. (editores) Dissociation and the Dissociative Disorders. DSM V and beyond. New York, Routledge (pgs. 239-258).

Stien, P., & Kendall, J. (2004). *Psychological Trauma and the Developing Brain. Neurologically Based Interventions for Troubled Children.* New York: Haworth Press.

Stolbach, BC. (1997). The Children's Dissociative Experiences Scale and Posttraumatic Symptom Inventory: Rationale, Development, and Validation of a Self-Report Measure [dissertation].Boulder, CO: University of Colorado.

Stolbach, B.C., Dominguez, R., Rompala, V., Gazibara, T. & Finke, R.,(2009). Complex Trauma Histories, PTSD, and Developmental Trauma Disorder in Traumatized urban Children. Paper presentado en la 25º Conferencia Anual de la ISTSS (International Society for the Traumatic Stress Studies), Atlanta, USA.

Stolbach, B.C. (2013). Meaning of Developmental Trauma. Comunicación personal no publicada.

Teicher, M. (2010). Does Child Abuse Permanently Alter the Human Brain? *Pierre Janet Memorial Lecture*, 27a. Conferencia de la International Society for the Study of Trauma and Dissociation, Atlanta, USA.

van der Hart, O., Nijenhuis, E.R.S., Steele, K.: (2006). The Haunted Self. Structural Dissociation and the Treatment of Chronic Traumatization. W.W. Norton & Co., New York. [Hay edición en español: (2008). El Yo atormentado. La disociación estructural y el tratamiento de la traumatización crónica. Editorial Desclée de Brower, Bilbao, España] van der Kolk, B. (1996). The body keeps the score. Approaches to the Psychobiology of Posttraumatic Stress Disorder. En van der Kolk, B., McFarlane, A. & Wiesaeth, L. (eds). Traumatic Stress. The effects of overwhelming Experiences on Mind, Body and Society. New York: The Guilford Press. (pgs. 214-241).

Van der Kolk, B.A. (2005). Developmental trauma disorder: toward a rational diagnosis for children with complex trauma histories. *Psychiatric Annals*, 35(5), 401-408.

van der Kolk, B.A., Pynoos, R.S., Cicchetti, D., Cloytre, M., D´Andrea, W., Ford, J.D., Lieberman, A.F., Putnam, F.W., Saxe, G., Spinazzola, J., Stolbach, B.C., Teicher, M. (2009): Proposal to Include Developmental Trauma Disorder Diagnosis for Children and Adolescents in DSM-V. Final version, February 2, 2009. www.traumacenter.org

van Dijke, A. & Steele, K. (2010). Executive dysfunction in individuals with developmental trauma disorders across the life span. Workshop presentado en la 27a. Conferencia Internacional de la ISST-D, Octubre, 2010, Atlanta, USA.

Waters, F., Silberg, J. (1998). Therapeutic Phases in the Treatment of Dissociative Children. En Silberg, J. (Ed). The Dissociative Child. Diagnosis, Treatment and Management. Second Edition. MD: Sidran Press.

Waters, F. (2003). Spectrum of childhood dissociation: From the obscure to the Obvious. Workshop dictado en la 20a. Conferencia Anual Internacional de la ISSTD, Chicago, Estados Unidos.

Waters, F. (2010). Ryan (8 to 10 years old). Connecting with the Body: Treatment of Somatoform Dissociation (Encopresis and Multiple Physical Complaints) in a Young Boy. En Wieland, S. (Ed.) Dissociation in Children and Adolescents. Theory and Clinical Interventions. Kentucky: Routledge Mental Health.

Yehuda, N. (2005). The Language of Dissociation. *Journal of Trauma & Dissociation*. Vol. 6 (1), pgs. 9-29.

Yehuda, N., Waters, F. & Stolbach, B. (2008). When caring hurts: Medical Trauma and Dissociation in Children. Workshop presentado en la 25a. Conferencia Internacional de la ISSTD, Chicago, Estados Unidos.

Sobre la autora

Sandra Baita es psicóloga clínica graduada en la Universidad Nacional de Buenos Aires, Argentina, donde completó estudios de Postgrado en Clínica de Niños. Complementó su formación realizando una Especialización en Trauma Psicológico e Intervención en Catástrofes, dictada por la Sociedad Argentina de Psicotrauma, y el Entrenamiento Básico en EMDR y EMDR en Niños, siendo hoy Terapeuta Certificada y Supervisora aprobada certificada por EMDR Iberoamérica.

Fue miembro de los Equipos Profesionales del Programa de Asistencia del Maltrato Infantil (1993-1999), del Hogar de Madres Adolescentes "María Eva Duarte" (1999-2004) y de la Casa Refugio para Mujeres Víctimas de Violencia (2004-2007), todos programas dependientes de la Dirección General de la Mujer del Gobierno de la Ciudad de Buenos Aires.

Desde 2006 y hasta 2008 dictó capacitaciones en el tema de maltrato y abuso sexual infantil para el Poder Judicial de la Provincia de Chubut, supervisando además a los Equipos Técnicos de Familia de la misma Provincia. Desde 2008 y hasta la fecha, dicta -a través de UNICEF Uruguay- capacitaciones en la temática de abuso sexual infantil desde la perspectiva psicotraumatológica para los Funcionarios Judiciales y el Ministerio Público Fiscal de la República Oriental del Uruguay, y ha colaborado en la capacitación de profesionales y operadores de programas de INAU (Instituto del Niño y el Adolescente del Uruguay).

Fue profesora de postgrado invitada de las Facultades de Psicología, Trabajo Social, Derecho, y Filosofía y Letras de la Universidad Nacional de Buenos Aires, de la Facultad de Ciencias Jurídicas y Sociales de la Universidad Nacional de La Pampa, de la Facultad de Psicología de la Universidad Católica de Salta, de FLACSO Uruguay y de la Especialización en Clínica de Niños y Adolescentes de la Facultad de Psicología, Universidad de La Sabana, Colombia. Fue Docente Responsable de la Carrera de Especialización en Violencia Familiar de la Universidad Nacional de Buenos Aires en la materia "Abordaje Interdisciplinario del Abuso Sexual Infantil". Actualmente es Profesora de la materia "Tratamiento del Abuso Sexual Infantil" de la Carrera de Especialización en Violencia Familiar de la Universidad Nacional de Mar del Plata.

Ha dictado cursos, seminarios y conferencias sobre las temáticas de maltrato y abuso sexual infantil, trauma infantil y disociación en Argentina, Bolivia, Paraguay, Chile, Colombia, Ecuador, Estados Unidos, Holanda y España.

Es Fellow Member de la International Society for the Study of Trauma and Dissociation (ISSTD), y formó parte del Board of Directors de dicha organización entre 2008 y 2009. Actualmente es miembro del Comité de Niños y Adolescentes y del Comité de Entrenamiento en Psicoterapia de los Desórdenes Disociativos de dicha organización. Es además Co-Directora y Faculty Trainer del primer curso online en idioma español sobre Trastornos Postraumáticos Complejos y Desórdenes Disociativos, y Faculty Trainer del curso online en inglés en Trauma complejo y disociación en niños y adolescentes, ambos de la misma organización.

Es autora y co autora de artículos y capítulos de libros en publicaciones de Argentina, Estados Unidos, España e Italia.

En 2012 recibió, junto a la Dra. Anabel Gonzalez Vazquez, de España, el *Distinguished Achievement Award* de la ISSTD por la labor desempeñada en la difusión del tema de trauma y disociación en países de habla hispana.

Vive en la Ciudad de Buenos Aires donde desarrolla su práctica privada.

Made in the USA
Columbia, SC
19 August 2020